U0878048

读客

读客中国史入门文库

顺着文库编号读历史，中国史来龙去脉无比清晰！

秦始皇

创造力一统天下

秦始皇统一中国的每一步都充满了创造力！

度阴山 著

江苏凤凰文艺出版社
JIANGSU PHOENIX LITERATURE AND ART PUBLISHING LTD

目 录

第二章　挥戈扫六合：史无前例的灭六国计划 / 42

第一章

我应为王：权力斗争下的创造力萌芽

出生

公元前259年，秦始皇出生了，此时的天下已乱成一锅粥。降生于这锅粥里的他，不可能预料到，若干年后，自己会成为九五之尊，号令天下。

秦始皇本名赵政，后来叫秦王政，史书又称他为嬴政，还有人称他为吕政，众所周知，名字只是个标签，所以为了方便，我们在之后的叙述中统一称他为嬴政。

嬴政并非生于他的祖国秦国，而是生于敌国——赵国首都邯郸。他出生前后，天地万物没有一丝异象，按中国历史的传统，这似乎暗示了他不可能成为伟大人物。

他的亲爹嬴异人在产房外等待时，心中期盼着奇异景象的出现。他先是抬头望望天，那天邯郸城上空密布青灰色的云，使人呼吸不畅，感到压抑；他又低头看看地，似乎能看到地缝中悄无声息地渗出血来，那也并非关于他孩子的异象，而是一年前在秦赵两国长平之战中死掉的赵国战士的阴魂之血。

整个天地和以往一样，毫无奇特之处。只不过有一点让嬴异人感到奇怪，今天的时间仿佛停止了流逝，像块冰一样，冻住了。

多年以后，嬴政寻找不老药时，在广阔的大海边也有同样的体验。

就在这坚冰一样的时间中，空间似乎也发生了扭曲。嬴异人看到产房里有无数火星，这些火星簇拥着，留出了中间一小片空间。在狭窄的空间中，有七个火星被摆成北斗七星的模样，光芒刺眼。正在他为此时此地的时间和空间而感到迷惑时，产房里传来一声孩子的啼哭。

嬴异人马上从虚幻中惊醒过来，他确定了一点：孩子出生了。

多年后，中国的儒家史官们，哆嗦着手，在竹简上沉痛地写道：这天（公元前259年1月27日）嬴政出生了。

——儒家史官们在写这句话时，感觉不是在写一个人的出生，而是在写一个魔王的降生。之所以怀着这种情感，全是因为嬴政后来给他们带来的心灵痛击与肉体折磨。

对于这个孩子的出生，嬴异人没有男人第一次做父亲时的激动和新鲜感，因为他将所有的精力都放在另外一件大事上。这件大事表面上看只是他本人的人生关键点，但同时它也成了嬴政的人生转折点。

在嬴政出生的十年前，按“国际”惯例，嬴异人以秦国王室成员的身份被送到赵国做人质。人质的生活险象环生，因为两国之间的武装冲突持续不断。赵国赢了，赵国政府就会把嬴异人叫进宫廷，让他唱歌跳舞以示庆祝；倘若赵国输了，嬴异人就要挨赵国人的口水和脏话，这种羞辱随着秦国越来越强变得越来越频繁。

这种痛苦的日子过了几年，就在嬴异人被羞辱得快要崩溃时，改变他命运的贵人吕不韦出现了。

吕不韦把他从泥潭里拉了出来，不但让他重获新生，更让他飞黄腾达。

吕不韦本是个商人，靠精明的头脑和那个时代必不可少的运气赚了许多钱，同时他还是个具有高度政治智慧的人。在某次和赵国富商与官员的聚会上，他发现了正喝闷酒的嬴异人。

纯粹靠直觉，吕不韦立即断定嬴异人非比寻常。宴会散后，他遍撒金钱，通过多种渠道收集资料，最后理性地断定，嬴异人是个奇货——所谓奇货，就是那种一本万利的超级A货。

吕不韦何以断定嬴异人是奇货呢?

当时秦国国王嬴稷（昭襄王）已经六十多岁，嬴异人的老爹——太子嬴柱（安国君）已经四十多岁，而且身体一直不好。

吕不韦分析，老家伙嬴稷在位时间不会太长了，嬴柱同样如此。嬴柱的大老婆没有儿子，20多个儿子都是小老婆生的，嬴异人就是其中之一，也就是说，这20多个人中，任何一个人都有机会继承嬴柱的王位。

吕不韦打的算盘是，只要能让嬴异人成为继承人，那这笔投资的回报必定极为惊人。问题是，既然有20多个“潜力股”，吕不韦为何非要选嬴异人呢?

第一，当时，商人的地位很低，吕不韦不可能见到那些王子，嬴异人却就在他眼前；第二，嬴异人的处境很艰难，这个时候如果有人帮他，他会感激涕零，这在政治运作上就叫“烧冷灶”；第三，嬴异人性格上柔弱犹豫，容易操控。

人能成事，最要紧的一条就是判断。判断精准，事情就成了一半；判断错误，就可能事倍功半。吕不韦无疑有超绝的判断力，他通过关系和嬴异人接触、深交、给钱给肉给仆人，甚至还把自己的歌姬，也就是后来嬴政的母亲赵姬给了嬴异人。

在彻底感动了嬴异人后，他又跑去秦国，花费巨资说服嬴柱（安国君）的大老婆，让他说服嬴柱，将来立嬴异人为继承人。

一切搞定后，吕不韦又拿出大笔金钱在赵国上层活动，让他们为嬴异人保驾护航。如此一来，嬴异人的处境开始好转，而且过了段潇洒的、养尊处优的日子。

但人算不如天算，嬴政出生的前一年，秦赵两国发生了长平之战。此战的结果是赵国惨败，四十万人被秦军坑杀。虽然在吕不韦金钱保驾下，赵国没有杀了嬴异人泄愤，可嬴异人短暂的好日子还是到头了。

厄运之神始终在向嬴异人微笑，嬴政两岁时，又发生了一件事，令嬴异人和吕不韦，乃至嬴政如坠深渊。

这件事就是邯郸保卫战。

继位为王

邯郸保卫战，缘于赵国的失信。长平之战后，战败的赵国答应给秦国六个城。可当秦国来接收城池时，赵国不但不给，还准备联合齐国攻击秦国。

秦国想不到世界上竟然有如此不自量力的小人，立即发兵直奔赵国首都邯郸，邯郸戒严。此时就有不好的消息传来，说是赵国政府准备先宰了嬴异人，剁成肉酱，做成包子，送给围城的秦军当早餐。

嬴异人得知此事后，如遭雷击，他慌忙要吕不韦想计策。

吕不韦智谋如泉涌，他当然有计策，但他这次的计策，略显残忍。

吕不韦问嬴异人："你是只想保自己，还是保全家？"

嬴异人脱口而出："这不是废话吗，当然是保全家。"

吕不韦说："很好，我已经买通了守城卫，你和我偷偷出城去投奔秦军，然后回秦国。"

嬴异人不干，问："那我老婆和孩子怎么办？"

吕不韦说："你放心，赵姬在本地是大户，赵国政府不会为难她，你儿子还小，赵国人更不会为难他。等你在秦国站稳脚跟，把他们母子二人迎回秦国就是了。"

这是个痛苦艰难的选择，人在面临这两种选择时，通常都肝肠寸断，但最终，没有责任感的人会选择保自己。

嬴异人很快就做出了选择，他流着滚烫的泪水向赵姬和小嬴政道别，然后头也不回地就和吕不韦消失在邯郸城的黑暗中。

不久，赵姬就听说，丈夫嬴异人回到了秦国。小道消息说，嬴异人每天以泪洗面；但赵国人却说，嬴异人在祖国的小日子过得非常爽。

赵姬和小嬴政在赵国虽没有杀身之祸，可受欺负是常有的事。人在10岁前，记忆力超级发达，情感丰富，对任何幸福和耻辱的事都会铭记于心，这些事深入骨髓和血液，铸就一个人的性格。

小嬴政在赵国待了九年，这是充满灰暗、焦虑、阴沉的九年。除了他母亲，所有赵国人都把他当成异端、仇敌、阶下囚，所有人都对他肆无忌惮地发泄仇恨。

于是，嬴政的性格被扭曲了。他变得异常敏感、焦虑，没来由地暴躁，缺乏安全感，而他又不肯屈服于种种负面情绪，用顽强的意志来阻挡它们的进攻。所以，在这时，我们已经可以预料，若干年后，当他掌握权力，可以运用权力时，他会用各种方式来让自己获取安全感，包括毫无慈悲地血腥杀戮、天南海北地巡游以及寻找长生不老药。

就在他快要败给这些负面情绪时，命运之神向他发出狂笑。他风驰电掣般在通往秦国国王的路上奔驰，在路边欢迎他的是鲜花的海洋和如雷般的掌声。

一切顺利。公元前250年，嬴政被嬴异人赎回秦国。一年后，国王嬴柱去世，嬴异人继位。两年后，嬴异人升天，嬴政以13岁的年龄继位为王。至此，嬴政成为当时世界上最强大的王国——秦国的王。

不久之后，他将统一中国，成为中国第一个皇帝。

吕不韦的教育

嬴政做国王时不过13岁，对于气势如虹，跃跃欲试要统一天下的秦国而言，这个国王的年纪太小了。幸运的是，他不是一个人，他有吕不韦。

公元前249年，嬴异人继位时，吕不韦就常常从睡梦中乐醒，他终于完成了当初的那个伟大构想——奇货可居。嬴异人这个投资品给他带来了人生中最大的财富——当时世界上最强大的王国的相国、文信侯、食邑洛阳十万户，可谓暴名暴利双收。

从那以后，他就有了句口头禅：一切都是可以策划的。

嬴异人临死前，拉着嬴政的手，又拉着吕不韦的手，把嬴政的手放到吕不韦掌中，让吕不韦握紧了，然后对嬴政说："以后我就把你托付给吕先生了。"

嬴政睁着大而犀利的眼睛，看着吕不韦。吕不韦涕泪横流，伤心欲绝，好像根本听不到嬴异人在说什么。

不久，嬴政就称吕不韦为仲父。几百年前齐国称霸时，姜小白（齐桓公）就称他的宰相管仲为"仲父"。这是一种无上尊称，可能还有另外一层意思：生我的是我亲父嬴异人，而我的人生导师则是我仲父吕不韦。

吕不韦的确让嬴政收获了很多，这其中就包括当时的精英教育。

嬴政好读书，他回到秦国后，就从骨子里散发出那种求知若渴的精神。吕不韦给他请了很多老师，这些人都是来自各国的知识和思想精英。吕不韦喜欢招收门客，一旦在门客里发现人才，就会推荐给嬴政。这使得智商极高又好学的嬴政在短时间内知识量猛增，同时他在人事上的判断力也得到极大提高。

除了精英教育，吕不韦还让嬴政得到了另外一种对其人生产生冲击力的收获，那就是丰富的创造力。

创造力是人类进步的阶梯，一个人、一个国家乃至一个民族如果没有创造力，必将被历史淘汰。何谓创造力？就是大家都认为某件事是天经地义时，你能认为它不是天经地义的，这就是创造力。

嬴异人继位那年（公元前249年），吕不韦在异人宫中，展开了一副竹简，竹简上画了九个大锅。当时嬴政也在旁边，他一眼就认出这是传说中的九鼎。

九鼎就是九个大锅，看着是锅，但其实它从来没有煮过任何东西。传说中，九鼎是由大禹所铸，象征当时被划分为九州的中国，夏商周三代都把它当作传国之宝，所有人都认为，谁拥有这九个锅，谁就能号令天下。各路诸侯也必须听命于拥有这九个锅的人，因为这九个锅，不但象征着虚无的权力，还能活活煮死人。

吕不韦指给嬴氏父子看这九个锅，当然不是让他们鉴赏，而是告诉他们：咱们要把这九口锅搬来咸阳。

嬴异人张大了嘴巴，说："相国你疯了？这东西在东周（此时的东周，已不是王朝，只是个小政府，蜷缩在洛阳一带），你去搬，人家不给啊。"

吕不韦看着嬴政说："他们不给是他们的事，但咱们可以抢啊。"

嬴异人又把嘴巴张大了一回，足能塞进一个齐国烟台大苹果，他惊愕了半天才说道："你这是要灭东周啊，自从春秋五霸以来，哪个霸主没有力量灭东周？可人家都不灭，现在东方六国，任何一个国家都能灭它，可人家也不灭，这……吕相国怎么能有这种想法！"

吕不韦还是看着嬴政，道："大家都不灭东周，是因为觉得东周就应该存在，这是天经地义的。可这种天经地义已经过时了，灭东周，没有什么啊。"

就在这时，嬴政点了点头。嬴异人看着那描画精美的九口锅，不由得也心驰神往。

一个月后，吕不韦带兵轻而易举地灭掉了东周政府，自此，号称存在了八百年的周王朝灭亡。

——关于那九口青铜锅的结局，有两种说法。一种是吕不韦带兵进入洛阳后，到处寻找锅，结果一口都没有找到，东周国君只好实话实说："什么九鼎，我早就把它熔化后卖了当生活费了。"

吕不韦气得死去活来，说："你这个白痴，那可是天下的象征啊！"

东周国君气呼呼地说："你们这些诸侯不进贡，我吃什么啊？什么天下的象征，只有拥有它的人强大，它才是天下的象征，否则就是个破锅！"

另外一种说法是，吕不韦找到了九鼎，但回来的路上，有一只鼎掉进了泗水，后来嬴政还特意去捞了，却没有捞到。

嬴异人得知只有八口锅后，很是忧郁，他认为这是老天在警告秦国，不可能做天下之主。吕不韦可不管这些，给各国发邀请函，请各国派人来观赏八鼎。

东方六国恨得牙根直痒，却也毫无办法。

总之，吕不韦用灭东周、迁九鼎的事情给嬴政上了一课：天地间任何事、任何物都不是天经地义存在的，一切都是人为策划的，只要你敢想敢做，天下事就只是你掌中事。

成蛟之乱

吕不韦对嬴政的教育，除了创造力，对后来的嬴政影响最深远的还有当断则断、六亲不认的冷血风格。

公元前241年，嬴政称王的第六年，楚国国王熊完面对多年来东方诸国总被秦国攻击的局面，突然振作起来，他向东方诸国发出邀请函，建议重组联合军，给秦国点颜色瞧瞧。

东方各国顿时吃了一惊，自从吕不韦主政秦国以来，秦国国势蒸蒸日上，东方诸国只有挨打防守的份，从没有人敢跳出来反击。熊完的义胆雄心，激励了各国的斗志。赵国最先响应，然后是魏国和韩国，最后一个则是又弱又小的卫国。

五国联军在楚国丞相黄歇（春申君）的带领下，向秦国本土逼近。

嬴政闻听此事后，很是紧张，因为他从来没有经历过东方诸国“合纵”这回事，突然听说五个国家同时前来，他当然会紧张。

吕不韦却从容地对他说：“不碍事，东方那些笨蛋国家搞过多次合纵，后来就成了儿戏。”

嬴政虽然对吕不韦的智慧叹服，然而有生以来第一次面对五国联军，他心里还是没多少底。

就在这时，吕不韦下令，命守卫函谷关的秦兵团主动出击。

秦军大开函谷关大门，还没有在函谷关外摆开阵形，五国联军一见秦军的架势，顿时一哄而散。

东方诸国畏秦如虎，已成了心病。这种病，除了被灭亡，无其他药可救。

也正是因为这次五国联军的丑陋表演，才让嬴政后来对灭掉东方诸国信心百倍。有时候，人的信心，其实都是蠢货对手给的。

在庆祝五国联军逃之夭夭的宴会上，嬴政喝得特别高兴。吕不韦则在适当的时机，问他："大王，您觉得高兴吗？"

嬴政露出孩子般纯真的笑容，频频点头说："当然高兴，这些笨蛋，我们还没有抽出宝剑，他们就逃跑了，太有意思了。"

吕不韦严肃起来："这就有意思了？"

嬴政何其聪明，他马上意识到，吕不韦话中有话。他琢磨了一会儿，脸色就变了，愠怒道："这群家伙居然敢进攻我们，有仇不报是蠢材，我要给他们点颜色看看。"

吕不韦很满意地点了点头。

第二年，秦兵团开始对楚国进行军事报复，楚国只好迁都；第三年，秦兵团又对魏国进行军事报复，魏国割地赔款；那个又小又弱的卫国因参加五国联军而悔恨不已，把所有的城池都给了秦国。

公元前239年，吕不韦和嬴政开始对赵国进行军事报复。在军事统帅人选上，吕不韦选择了嬴政同父异母的弟弟嬴成蛟。

嬴政不太认可吕不韦的决定，因为嬴成蛟当时只有17岁，不懂军务。

吕不韦说，那就再派个将军辅助他。

嬴政还是不同意。

吕不韦只好对他说："你这个王位其实很危险，危险就来自你的弟弟嬴成蛟。"

嬴政大摇其头。

吕不韦说："记住一点，凡是危险，开始都不显现。一旦显现，就成了凶险。要把危险扼杀在摇篮里。成蛟是否会威胁你的王位不重要，他有这个资格就够了。"

嬴政只好同意。

于是，吕不韦搞起了小动作，嬴成蛟到赵国战场后，辅助他的人都不给他出主意，所以他接二连三地吃败仗。

吃败仗吃到最后，吃得太饱，他发现自己已陷入万劫不复之地。按秦国律法，吃败仗后就会受处分，虽然他是王的弟弟，但法律面前人人平等。

在经过数日痛苦的思索后，嬴成蛟决定起兵造反。他本要投靠赵国，但赵国不敢收留他，他只好孤军奋战。

嬴政闻听老弟造反，先是莫名其妙，然后就是大怒，最后是痛苦。他犹豫起来。吕不韦对他说："此时不断，必受其乱。"

嬴政和嬴成蛟并没有深厚的感情，但毕竟是兄弟，所以嬴政仍然在犹豫。

吕不韦早已替他做主，派出十万人的兵团平定嬴成蛟。

从嬴成蛟在和赵国多次的小战役屡战屡败中就可以知道，他的造反，只是一场闹剧。很快，他就被吕不韦派来的大军绞杀。

嬴成蛟是否有威胁嬴政王位的行为，用吕不韦的话说，根本不重要。当时的秦国，吕不韦是外来户，以嬴成蛟为首的嬴氏贵族始终瞧不起吕不韦，吕不韦除掉嬴成蛟，固然是为嬴政铲除后患，其实也是给他自己立威。

吕不韦用成蛟造反给嬴政上了一课：一定要知道自己想要什么，当你知道自己想要什么时，其他妨碍你的人，必须快速铲除，绝不留情。

嬴政心里认可吕不韦的话，他想要的是成为真正的国王，不是现在的橡皮图章国王。

但这需要等待，等待机会。

而主动把机会送到他面前的，正是把他变成橡皮图章国王的吕不韦。

嫪毐进宫

吕不韦表面很风光，实际上却陷入了进退两难的困境。

嬴异人去世后，赵姬恰好处于空虚寂寞的年纪，老情人吕不韦顺理成章地在后宫不停出没。

吕不韦有很多女人，可与赵姬的感情很特殊。十几年前，他极不情愿地将赵姬送给嬴异人，这在他心上留下无法消除的遗憾；如今，可以和赵姬再续前缘，减轻痛苦，他当然不会放过。

但这种情况绝不可能持久，原因有二：第一，吕不韦很忙，他不能像赵姬那样吃饱了睡，睡饱了吃，然后就是执行人类最基本的本能，他没有这个精力和时间；第二，嬴政年纪在增长，懂得了很多事，这种丑事一旦被嬴政知道，那可就大事不妙了。

有天早上，吕不韦从一场杀头的噩梦中惊醒，想到自己和赵姬的事，连胡子都开始发凉。这种身体预警，让他在床上就当机立断，要斩断和赵姬的这段孽缘。

但是，赵姬不干。

吕不韦苦口婆心，劝说赵姬。赵姬就是不干，还撒娇似的向吕不韦怀里钻。吕不韦就抱着赵姬提醒她，咱俩再继续下去，肯定没有好下场，因为嬴政长大了。

赵姬可不管嬴政长大不长大，她的头发太长，以至于只能看到性欲，见识不到性命之忧。

吕不韦无可奈何，日日寝食难安，愁眉不展。但苍天眷顾他，他一个最亲密的门客适时地发现了主人的苦衷，就给他出了个绝妙的主意。这个主意就是，既然赵姬只是想解决生理问题，而不存在情感问题，那吕不韦和别的男人就没有区别，如果没有区别，那找个男人代替吕不韦，岂不就解决问题了？

吕不韦又悲又喜，悲的是赵姬喜欢的是男人，而不纯粹是他吕不韦；喜的是，他可以轻松脱身。

人选很快就被吕不韦门客找到，这个人的出场，颇具传奇色彩。此人叫嫪毐，在咸阳城底层艰难地活着，他获取食物的技能是在马戏团耍杂技，这个杂技纯靠天赋：以生殖器插入车轮中央，将车轮举起，转上很多圈。

吕不韦并不相信传奇，他要亲眼见证。他的门客就把嫪毐偷偷抓进宰相府，当着吕不韦的面，让嫪毐表演天赋。

最后，吕不韦在瞠目结舌中相信了。这位精明的商人怎么都想不到，世间居然有这种奇货！

接下来的事情，吕不韦做得滴水不漏。他先假装把嫪毐阉割，然后带进赵姬宫中，偷偷告诉赵姬嫪毐的神技，赵姬一试之下，大喜过望，渐渐就把老情人吕不韦忘掉了。

人的终极命运，其实都取决于人在面对人生难题时的各种选择，当事人在当时做出选择时，都认为无比正确，但后来的事实证明，大错特错。

吕不韦如果不选择和赵姬旧情复燃，就不会有嫪毐进宫；嫪毐不进宫，就不会发生嫪毐造反；嫪毐不造反，就不会将吕不韦牵扯进来，吕不韦的人生就不会是后来的样子。

所以说，决定人生走向的关键，完全可以浓缩成两个字：选择。

嫪毐进宫后，一切都发生了变化。

从前，嬴政是图章国王，内政外交大权都在吕不韦手中，而军权则在赵姬手中。秦国若对他国采取军事行动，必须嬴政和赵姬同时盖章才能生效。

老天保佑嬴政的是，赵姬对情欲的兴趣远比权力大，所以她虽然掌控军权，对政治却没有多少兴趣。嫪毐进宫后，她一心一意扑在这个壮汉身上，对权力更加淡漠。于是，她拥有的权力悄无声息地滑落到嫪毐手中。

嫪毐有意识地发展自己。他的门客有一千多人，奴隶数倍于此，他在政府和宫廷中处处安插亲信，甚至连咸阳市长（内史）都是他的人。同时，在赵姬的帮助下，他又得到太原作为封国，嬴政封他为长信侯。

众所周知，嫪毐是靠老天爷吃上好饭的（他的巨大生殖器），这种人一旦得到虚无的成功，就会过度膨胀。

公元前238年，嫪毐的膨胀到达极限。他喜欢喝酒，而且只要喝了一定会喝多，一喝多就要酒疯。某日，他和几个政府官员喝酒，席间就发起酒疯来，由于那几个政府官员也没少喝，所以双方就开始言语攻击。

嫪毐一嘴难敌众口，最后败下阵来。他突然就大怒道：“你们这群猪，难道不知道我是大王（嬴政）的后爹吗？谁敢惹我！”

众官员大惊失色，嫪毐看到他们的脸色，很是得意。按老子的观点，得意之后必失意，嫪毐很快就用自己证明了这个老头的话千真万确。

调查后爹，嬴政首次出手

有人把嬴政突然多了个干爹的事告诉了嬴政，嬴政面无表情，一言不发。他已经23岁，具备了一个英明国王所应具备的大部分素质，比如最基本的，遇事要克制，不要让感情冲昏头脑，否则就无法做出理智的判断。

从他成为图章国王到今天多了个后爹这些年，他从未停止过训练自己，让自己成为一个英雄人物。前几年，在母亲的宫廷中，有不绝如缕的声音发出，这种声音传递的信息，让他对嫪毐产生了怀疑，但他从没有怀疑过嫪毐和他母后有染。

所以在经过长时间、缜密的思考后，他请来了吕不韦，因为如果嫪毐真是他后爹，吕不韦难辞其咎，或者更严重一点，吕不韦知法犯法，罪不容赦。

他把告密者的话一字不漏地说给吕不韦听。在说的过程中，他盯着吕不韦的眼睛，捕捉吕不韦的细微表情。

他发现，吕不韦的瞳孔在收缩，脸色变得铁青。不过，拥有超人智慧的吕不韦很快就稳住了自己的情绪，眼睛恢复正常，脸色红润，一副贵族气派。

吕不韦说："这是胡说八道，嫪毐可是阉人啊。"

嬴政说："对啊，我也是这样想的，可他怎么就能说出这种话来？"

吕不韦说："大概是喝多了吧。"

嬴政说："喝多了也不能说这种话啊，除非……"

吕不韦立即站起来，说："大王，没有什么除非不除非的，这件事只能有两种解释，一是有人在你面前撒谎，二是，嫪毐喝多了。"

嬴政也站起来，看着吕不韦。

吕不韦咬着牙补充道："嫪毐是我介绍进宫伺候太后的，如果这里面真有污秽之事，我负全责。”

嬴政说：“仲父，这是哪里的话，我想这是个误会。”

吕不韦说：“那就好。”

两人关于嫪毐是嬴政后爹的谈话到此为止，事情好像结束了，但两人一转身，就开始了紧张地忙碌——忙的事，都和嫪毐有关。

吕不韦一到家，马上就派人去找嫪毐，要嫪毐立刻来见他。去请的人回来说，嫪毐不能立刻来，因为他在替太后梳妆。吕不韦看了看天，此时已是中午。中午梳什么妆？！

他又派人去请，并且叮嘱道，让嫪毐那个王八蛋悄悄地来，千万不要兴师动众。

掌灯时分，嫪毐才懒洋洋地来了，一边走一边打着哈欠。

吕不韦像一头发狂的豹子，对着嫪毐就是一顿臭骂。嫪毐起先还受着，但吕不韦越骂越凶，向来都是骂别人的他，受不了了，开始回骂。

吕不韦发现嫪毐居然敢抵抗，突然就冷静下来，然后微微一笑，又猛地绷起脸说：“你好自为之吧，大王不是那么容易受蒙蔽的，如果我没有猜错，大王现在已经开始行动了。”

嫪毐转身就走，扔下一句：“咱们走着瞧。”

吕不韦说得没错，嬴政已经开始行动，他派出亲信，全方位地秘密调查嫪毐和母后。

几天后，所有的情报汇总在一起，嬴政确信一点，嫪毐是个假阉人。这么多年，这个王八蛋假阉人一直在做他的后爹。更要命的是，他和母亲还生了两个孩子。

让我们无法理解的是，嫪毐进宫已多年，他和赵姬纵然保密工作做得再好，也不可能瞒过所有人，太后宫中，有大批宫女和太监，赵姬和嫪毐不可能全部收买。嬴政23岁才知道这件事，大概是个伪命题。他可能早就知道，但因为力量不够，所以一直假装不知道。

嬴政的智慧在这次调查嫪毐的事件中得到充分发挥，他调查时故意装作一副隐秘的样子，却“很不小心”地泄露了很多。比如他会让人去吕不韦的门客中调查，这显然是让吕不韦通知嫪毐。这一招应该叫“打草惊蛇”，故意惊动嫪毐，让嫪毐先出招，然后他以静制动。

嫪毐那段时间，神情恍惚，体力下降，赵姬很不满意。最终，嫪毐调动自己的全部智慧，发现只有赵姬能拯救他，所以，他把嬴政调查他的事告诉了赵姬。

赵姬一身冷汗，但在嫪毐的安慰和分析下，冷汗散去，冷血上来，这位嬴政的亲生母亲，决心和情夫一起，干掉亲生儿子，再立自己另外的儿子为王——嫪毐的两个孩子中的一个。

世界上有两种东西可以让人丧失人性，一是金钱和权力，二是孽缘。老娘赵姬彻底丧失人性，要杀亲生儿子，这就是她和嫪毐的孽缘惹的祸。

嬴政智谋牛刀小试

嫪毐在积极准备时，嬴政在这件事上反倒偃旗息鼓，这就叫会家不忙。嬴政隐约觉得，嫪毐闹不出多大风浪。而且，嬴政有一种强烈的直觉：嫪毐是老天派下来帮他的。

按当时秦国的传统，一个人最迟到20岁时就要举行成人礼。但嫪毐说自己是嬴政的后爹时，嬴政已经23岁，还没有举行成人礼。不能举行成人礼，就不能亲政，嬴政就还是个图章国王，这是个不合理的现象。唯一的原因是，无论是吕不韦还是赵姬（其实是嫪毐），都不希望嬴政举行成人礼，或者说，不希望嬴政亲政。

不过，嫪毐的后爹事件爆发后，一切都被打破。

嫪毐和亲信们商议道：“在咸阳干掉嬴政不太现实，但可以把嬴政引出咸阳城，然后干掉他。但如何引嬴政出咸阳城呢？”

嫪毐的猪脑子想到了成人礼。他和赵姬商量，让嬴政按传统去雍都（陕西凤翔南，秦国的旧都）举行成人礼。嬴政一走，他们就在咸阳发动政变，先稳定首都咸阳，接着进攻雍都，干掉嬴政。

这个计划有可行性，因为赵姬手里有可以调动首都卫戍部队的印章，但必须和嬴政的印章同时使用。嫪毐本就是作假高手（他连自己的生殖器都能作假），他完全可以伪造嬴政的印章，这不是难题。

难题在于，万一嬴政不去雍都呢？

这很有可能，因为嬴政已经知道了他的丑事。谁会傻得明知有危险，还要去犯险？尤其是嬴政，不但不傻，而且还有超人的智慧。

但嫪毐经过思考后，觉得这也不是难题，因为他不是一个人在战斗，还有他的情妇赵姬。

赵姬派上了用场，她以母亲的名义召见嬴政。

她慈祥地对嬴政说："你也不小了，去雍都赶紧办了成人礼，回来亲政吧。"

嬴政欣喜若狂，但绝不表现出来，反而说："我的身体一直不好，亲政对我来说是负担啊，还是像从前一样，您和我仲父执政就行了。"

赵姬板起脸来说："你这是推卸责任，身为国王，必须尽国王的义务，不能只知享福。"

嬴政还是不同意，嫪毐在帘幕后，手抓着帘子，焦急得直流汗。

赵姬知道情夫在流汗，她心疼情夫，于是就拿出从未有过的威严对嬴政说："这是命令，你必须去，赶紧收拾下，去吧。"

嬴政这才假惺惺地流下几滴眼泪，站起来，走到母亲身边，握住即将要干掉他的老娘的手，说："那我就去了，您遇事千万要慎重，多保重身体。"

这句话，一语双关，但赵姬被嫪毐迷了心窍，根本就没有听进去。

嬴政离开赵姬后，马上去找吕不韦。他很清楚一点，嫪毐根本不算什么，但一旦吕不韦和嫪毐联合，那事情就麻烦了。所以他必须稳住吕不韦，让他不能和嫪毐联合。

吕不韦在自己的相国府中迎接嬴政，嬴政装出苦恼的情状说："母后让我去雍都举行成人礼，这是让我亲政啊，这么多年来，您和母后执政得很好，干脆就继续下去吧。”

吕不韦正为嫪毐的事发愁，听嬴政这么一说，更愁了。以他的智慧，哪里还听不出嬴政的话外之音？

他急忙从椅子上站起来，恭喜嬴政：“想不到大王已经成人，其实这成人礼早就应该办，我强烈支持您。”

嬴政也站起来说：“哎呀仲父，我怕亲政后能力不够，还希望您多多支持呢。”

吕不韦很惶恐，他有点被嬴政绕晕乎了，说：“大王您有话就直说吧。”

嬴政觉得再绕下去也没有意思，直截了当地说：“我走后，咸阳城全靠仲父打理，如果有人有非分之行，仲父能管就管，不能管也不要掺和。”

吕不韦故作惊讶，说道：“大王这是什么话，咸阳城太平得很啊。”

嬴政笑了，说：“仲父，你看，你让我有话直说，我说了，你又打马虎眼。”

吕不韦深吸了口气，站得笔直，说道：“大王放心，无论发生什么事，我都会站在您这一边，等您从雍都回来。”

嬴政说：“很好，那我走了。”

嬴政一离开咸阳，嫪毐兴奋得发了疯。他不知道，嬴政也兴奋得发了疯。

嫪毐马上召开亲信走狗大会，拿出赵姬的印章和伪造的嬴政印章说：“如今首都卫戍部队全在我们控制之下，要升官发财的跟我走！”

嫪毐的走狗们对他手中的印章深信不疑，对权势财富的贪欲，让他们毫不犹豫地做了他们国王的叛徒。

嫪毐在咸阳城所做的一切，吕不韦看在眼中，急在心上。

他不是急嬴政，而是急自己。无论是嫪毐还是嬴政取得胜利，他都没有什么好果子吃。但他只能干着急，却无能为力，因为他没有兵权。

他想去见赵姬，凭借那几年的感情，说服赵姬，改弦更张。但嫪毐封锁了一切，他见赵姬，就如同小鬼想见玉皇大帝一样。

后来，他干脆龟缩在家里，在门客的簇拥下，思考未来。未来的景象很模糊，他尽力睁大双眼去看，却根本看不清任何东西。有生以来，吕不韦第一次感觉无能为力，这种状态，对向来高度自信的他而言，非常不好。

就在他痛苦焦虑时，嫪毐已经带着效忠他的兵团出了咸阳城，直奔雍都。嫪毐出城前，有走狗劝他："咱们以逸待劳，在咸阳城等嬴政。"

嫪毐不同意，说："做事就该先发制人，不能为人所制，一旦嬴政在雍都号令全国，这里就成了孤城。"

嫪毐的想法很好，但他的兵团不足以实现他的战略目标，因为嬴政比他准备得更充分。

嬴政一抵达雍都，就开始小心翼翼地布置战场。当嫪毐兵团的前锋抵达雍都城下时，嬴政非但不据城坚守，反而大开城门，下令雍都部队出城和嫪毐兵团野战。

这让嫪毐顿时丧失了胆气，他以为在强悍的首都卫戍部队面前，嬴政会龟缩在雍都，瑟瑟发抖，甚至哭泣。想不到对手敢和自己硬碰硬，正是这种出其不意，让嫪毐和他的兵团大惊失色，刹那间全军崩盘。

嫪毐仅带着几十个贴身侍卫狼狈逃回咸阳，他觉得还有机会，因为咸阳城高大坚固，只要有毅力固守，还有胜算。

真正强大的东西不是城墙，而是人心，嫪毐因一次失败，人心丧失殆尽。

他逃回咸阳城，立即组织防御，但防御刚组织到一半，嬴政的雍都兵团已抵达咸阳城下。嬴政以国王身份向首都卫戍部队讲话，劝他们不要黑白不分，立即放下武器，否则城破之日，屠灭三族。

秦国的军队，在经过商鞅变法整顿后，有两个特点：一是强悍善战；二是忠于国王。所以首都卫戍部队一见活的大王，马上掉转矛头，向嫪毐进攻。

嫪毐见大势已去，扔下赵姬，带着他两个儿子从后城门逃跑，但早已等待他多时的嬴政警卫部队轻易就将他抓获了。

嬴政将嫪毐和他的两个儿子，以及嫪毐同党多达千人全部处死，同时诛杀嫪毐三族（父族、母族、妻族），诛三族从秦国开始，直到清朝末年，仍是中国帝王们乐此不疲的一种刑罚。

嫪毐叛乱，被嬴政轻而易举平定。当效忠于他的文武百官来叩拜这位英明天子时，许多人都认为嬴政必会得意扬扬，可他们看到的是一位不动声色的国王，好像什么事都没有发生过。

在清除嫪毐集团后，他又对他那位风流的母后祭起王权：将赵姬赶到雍都囚禁，发誓永生永世不再相见。

嫪毐团伙的覆灭，让嬴政正式走上秦国的大舞台。不过，清除嫪毐团伙不是他的根本目的，他的主要目标不是嫪毐，而是吕不韦。

吕不韦的预测

嫪毐被杀的第二天，嬴政就请吕不韦来谈话。他把嫪毐临死前的口供扔到吕不韦面前，让吕不韦看。

吕不韦根本不必看，就知道嫪毐那个窝囊废说了什么。嫪毐把自己知道的和不知道的全都说了。按嫪毐的意思，他走到今天这一步，全因为吕不韦这个老畜生。

当吕不韦假装看嫪毐供词时，时间慢慢凝固，咸阳城里每一朵石榴花都在拼命地绽放，它们提醒着天下，旧时代已经过去，新时代即将开始。

很久之后，嬴政才缓缓地问吕不韦："仲父，你有何话说？"

吕不韦抬头看了一眼嬴政，嬴政也看了他一眼。这是致命的一瞥。吕不韦猛然意识到，眼前这个人根本不是他所认识的嬴政了。嬴政高高在上，以君临天下的姿态俯瞰他，眼神明亮而犀利，仿佛能看清他吕不韦全身所有的汗毛。

他感觉到眼前一片虚幻，浑身没有力气，一屁股坐在地上，他没有说一句话。

嬴政说话了。

嬴政的话语缓慢而有节奏，以一个老练的说书人的口吻，字斟句酌地说道："仲父，你将并没有阉割的嫪毐介绍给我母后，这是欺君之罪，前些日子我问你，可知此事，你却说不知，这又是欺君。我才亲政，就遇到这种事，让我以后如何处理国事？”

吕不韦还是不说话，他只觉得空气更加稀薄，眼看就要窒息时，他忽然就来了力气，商人的机智和政治家的果敢，让他从容站了起来，站得笔直，他看向嬴政。

嬴政高大威猛，虽然只是23岁的年纪，却成熟得如同一位修炼成仙的千岁老人，这真不是他从前认识的那个嬴政。

权力可以毁灭人，但权力更可以塑造人，化腐朽为神奇，如同一个普通和尚穿上锦襕袈裟，一下子变得像释迦牟尼一样。亲政后的嬴政和从前的橡皮图章嬴政，已是判若两人。

但吕不韦毕竟是吕不韦，他站在嬴政面前，丝毫没有失去他多年来积攒的威严和智慧。他的脑子很空，几乎是凭直觉问出了一句话：“大王是要杀我吗？”

这句直捣黄龙的问话，把嬴政打了个措手不及，他惊呆了。许久，才从嘴角挤出冷冰冰的微笑：“仲父多虑了，父王临死前要您辅佐我，我怎么会杀您。”

吕不韦一笑，追问道：“大王，我要的是您内心的想法，而不是您父王的。”

嬴政听明白了，吕不韦的意思是说，我不能靠你父王活着，如果你发自内心要杀我，那就杀好了。

嬴政没有说话。不说话，其实就已经给出了答案。

两人开始沉默，各自想着心事。太阳的余晖照进来，捕捉到一些倒霉的尘土，尘土在阳光里歇斯底里地飞窜。

“就这样吧。”最后，嬴政长出一口气说。

吕不韦一笑，他觉得自己猜到了嬴政口中的“就这样”到底是怎么样。

回到宰相府，吕不韦把最信任的几个门客召集到密室，和他们讲了他和嬴政的对话，让他们分析吉凶祸福。

他的门客几乎同时开动脑筋，过了好久，沉默才被他们同时打破。他们一致认为，主人高枕无忧了。

吕不韦就问："依据何在？"

门客就说："您可是大王的仲父，又是秦国的丞相，大王如果以后要有所作为，肯定还要仰仗着您。嫪毐虽是您举荐的，但他谋反，可和您无关。"

吕不韦对这种分析嗤之以鼻，他眼睛发涨，嘴里发苦，于是挥挥手遣散了那些笨蛋门客，一个人在黑屋子里坐到天明。鸡叫声此起彼伏时，吕不韦做出了他有生以来最正确的判断，这个判断要比他当初投资嬴异人还要清晰。

这个判断就是：嬴政肯定要干掉他，但原因不是嫪毐事件，而是另外的一件事，这件事就是吕不韦自当了秦国宰相后始终在下的一盘大棋。

《吕氏春秋》：吕不韦的一盘大棋

吕不韦是个伟人。他以商人身份，通过一场政治投资而成为当时最强大国家的丞相，这说明了他的眼光以及魄力，迄今为止，中国历史上没有一个商人可以和他相提并论。但这还不是他最伟大的地方，他最伟大的事迹是他号召门客，按他自己的思想编辑的《吕氏春秋》。

吕不韦自做了嬴政的政治监护人后，一方面为嬴政提供精英教育，另一方面继续他招揽人才的大业。对于招揽人才，吕不韦的行为已趋向于变态。

他一旦得知哪国有人才，就会派出一个机动小队，到那个国家把人绑来，当然这还不算最变态。最变态的是，凡是路过秦国的他国人，吕不韦只要感觉此人有某方面的才华，就立即把他"请"进相国府。来也得来，不来也得来，来了，就别想轻易走掉。

吕不韦用实际行动告诉我们：无论哪个世纪，其实最贵的只有一种东西，就是人才。

战国时候，抢人才大战在各国打得如火如荼，战国四君子，就是典型的抢人才的典范。四人的门客数以千计，吕不韦大概就是受了这四人的启发，才浪费大量钱财，招收门客的。

门客来之后，吕不韦先要镇住他们，于是他就摆讲台，请门客当听众，自己亲自上阵，讲当时最流行的学说，比如儒家的、道家的、法家的、阴阳家的，当然，他还会讲阴谋阳谋，最后，给听众一句人生总结：一切都是可以策划的。

镇住这些门客后，吕不韦才暴露他的真正目的：搞文化工程。

嬴政也知道吕不韦的文化工程，这个工程项目初步定为《吕氏春秋》，吕不韦是主编，自然要称之为“吕氏”，至于“春秋”，孔子当初编辑过鲁国国史《春秋》，后来这两个字，就成了历史和借鉴历史的象征，所谓《吕氏春秋》，其实就是吕不韦想给世人看的治国教科书。

《吕氏春秋》的内容极为庞杂，都是吕不韦的门客所撰写、收集、整理。说得高雅一点，它是当时世界上各种政治思潮和各种学术流派的集大成者；说得通俗一点，它就是当时世界上所有精英思想的大杂烩。

但吕不韦的聪明之处在于，他首先定了个思想基调，所以，那些别人的东西就神不知鬼不觉地成了他自己的。

《吕氏春秋》定稿后，吕不韦志得意满。据说他把稿子挂到咸阳城最大的城门口，许诺谁能修改一字，就赏赐千金。

自然，没有人能得到这千金，因为吕不韦是丞相，一人之下，万人之上，绝对不会有错。

不过我们必须警惕的是，吕不韦做事向来指东打西。编本书根本不是目的，文化工程的背后，其实是他除了“奇货可居”之外最大的策划——《吕氏春秋》是一盘大棋。

在《吕氏春秋》的序中，吕不韦就单刀直入道：“（我是想）学黄帝之所以诲颛顼矣。”

黄帝是中华的开山老祖，颛顼则是他孙子，黄帝教诲颛顼道：“如果你能效法天地，就可以做人民的父母了（大圜在上，大矩在下，汝能法之，为民父母）。”

这是什么意思呢？这意思是，老子我是黄帝，你嬴政就是颛顼，我教导你，天经地义。

这还不足以让嬴政反感，当时嬴政正处于好学不倦的年龄，有人教导他对他而言是好事，至少不会引起他特别的警惕。

但吕不韦在《吕氏春秋》中的另外几种思想，就让嬴政毛骨悚然了。我们先来看吕不韦试图让嬴政认可的第一种思想，即思想管制政治。

战国后期，整个中华大地上的神秘主义褪色，理性和实用之光照耀天地，各国渐渐抛弃了神秘主义，倾向于实用主义。其中秦国最为极端，经过实用法家俊杰商鞅变法后的秦国，认为君主必须独揽一切。一个国家的君主在政治上说了算，在宗教上也要说了算，在文化上还是要说了算。等于说，君主只要疯了，没有任何力量可以制止他。

从前，限制君主的是天，君主做坏事，天就制造各种自然灾害，或者让君主本人完蛋。但渐渐光明的理性让人们明白了，天是扯淡的一种存在，根本限制不了君主。

吕不韦敏锐地窥到了这点，提出：世间必须有一种力量可以限制住君主的权力，这种力量就是思想，思想的承载者则是知识分子，君王做的任何事必须局限在知识分子预先设计的思想框架里，等于说，君主权力应该让位于知识分子的理性，国家政治应该让位于思想文化。

自嬴政创建帝制开始，中国两千年帝制，知识分子从没有放弃过这条抗争之路，但我们都知道，他们始终没有成功。

这条路的开辟者，就是伟大的吕不韦。

任何一个君王，无论他昏庸还是英明，他都不可能允许一种凌驾于他之上的世俗权力存在，作为国王的嬴政自然也不例外！

吕不韦从这一思想又衍生出另外一种思想，即官天下而非家天下。

所谓官天下，就是尧舜禹禅让。尧舜禹坐天下时，只是把王位看成一个工作，自己不行了，就要让比他还有道德和能力的人来做。可大禹之后，中国成了家天下，做国王的爹死了，儿子接替，儿子死了，孙子接替。吕不韦说，这是不对的，应该让天下最贤能的人坐王座，而不是你的儿子和孙子。

这种思想在两千多年前出现，用“伟大”两个字，已不能完全形容，可也正是因为在那个时期出现，它注定不可能成功。

因为当时的中国，王国林立，各国互相攻击，战乱不断，百姓苦不堪言，无论是知识分子还是普通老百姓，都希望有个强人出来，统一天下，消灭战争，使天下归于太平。

而无论谁是强人，都不可能按吕不韦这一套来，因为一旦这样来，他就失去了统一的能力。所以，吕不韦的这些伟大构想，注定失败。

他思想的失败，也注定他本人的失败，因为他在秦国的影响力太大了，嬴政若想摆脱他这些思想，就必须先毁掉他这个人。

吕不韦的一盘大棋，无论怎么下，也下不过随时能把棋盘掀翻的嬴政。

清除吕不韦

吕不韦当初看透了“奇货”嬴异人，公元前237年，他也同样看透了“奇祸”嬴政。

在他和门客无休无止地商讨未来时，他的那盘棋已沾染上了最古老的月球尘埃，整个相国府沉浸在西北的沙尘中。当时正是夏季，却没有一滴雨，咸阳城干燥酷热，所有的人被酷热折磨得五脏汹汹，只有吕不韦心如冷水。

他等待着“奇祸”嬴政的到来，他知道，这个“奇祸”一定会来，就如同他当年知道“奇货”嬴异人能来一样。

嬴政在琢磨了一个月后，决定对吕不韦动手。作为独裁君王，嬴政整治任何人，都不是问题。他很快就以吕不韦年老为由，罢免了他的丞相职务，紧接着，又收回了他的封地，断绝了政府本应该供应的财物。

吕不韦的经济一下子陷入瘫痪。他虽然是商人，但从来不把金钱当回事，所以之前的所有赏赐，包括封地的全部收入，他都用来养门客和救济他人了。如今，嬴政把他的经济来源给断了，这让他有点焦躁不安。

他的门客也在陆续逃离，每当黄昏，吕不韦就站在从前的相国府门口，漠然地看着门客们从他身边很羞愧地经过，但走的人，没有一个和他打招呼。

商人重义轻离别，吕不韦无可奈何地苦笑，因为真正世俗意义上的商人，是那些势利眼门客，而他吕不韦恰好是这个世间最大的好人。

深夜，吕不韦和没有离开的门客坐在大院子里望天，北斗星亮得刺眼，其他星星都黯然失色。

“看到那颗星没有？”他漫不经心地问。

门客们就抬头去望，一起点头。

“那就是咱们大王。”吕不韦说，“他太亮了，所有人都被他遮蔽了光芒。”

门客们都沉默不语。

许久，突然有一门客指着天边，激动起来：“看啊，月亮！”

吕不韦抬头去看，什么也没有看到。

所有门客都站起来，激动得满脸通红，用手指给吕不韦看：“看，就在那里，月亮！”

“谁说大王能遮蔽所有的光芒，月亮一出，他就完蛋。”

吕不韦没有看到月亮，只看到了北斗星，北斗星越发明亮，光芒刺得他眼睛都睁不开了。

“诸位不要闹了，哪里有什么月亮。”

门客们高声叫道：“相国，您看啊，真的有月亮。”这声音越来越强，越来越高，到最后就成了人声鼎沸的喧哗。

吕不韦没有和他们一起疯狂，他站起来，要去休息。

他几个最亲密的门客马上拦住他的去路，跪在他面前，说：“相国老爷，您就是那月亮。”声音回荡在院子里，吕不韦多日来松散的神经终于紧绷到一起，他先是震惊，然后是暴怒：“你们胆大包天！你们……”

随之左右看看，然后压低声音道：“你们这是谋反！”

门客们也压低了声音：“相国，连嫪毐那种人都可以造反，凭什么咱们不能？”

吕不韦愣在当场，他有意识地去看天，天黑漆漆的，只有北斗星发出光芒。但不知是他眼花还是真的那样，他真的看到了天边一轮圆月正在慢悠悠地升起。

“造反”，无论在什么时代，都是个敏感词汇，吕不韦那天一夜未眠，醒来时，两眼通红，他重新拿出多年来积攒的智慧，在脑子里运筹。

然后在早饭时间，他和昨晚的那几个门客说：“没有月亮。”

门客们面面相觑。

“月亮没有这个实力升起，你们以后不要再提。”

门客们黯然神伤。

吕不韦觉得那天的早餐很难吃，他使出了浑身力气，也没有吃出早餐到底是什么来。而且他产生了一种预感，这座代表了他荣光的相国府，已不再属于他，它正像烈日下的冰山一样，加速融化。

吕不韦的确没有造反的能力，但一个臣子造反的能力，不是臣子本人说了算，而是君主说了算。君主说你有造反的能力，你就必须有。

吕不韦在和门客望天时，嬴政一个人也在望天。他也看到北斗星，而且隐约也看到了那轮天边升起的圆月，然后他不由自主地就想到了已经被他废掉的丞相吕不韦。

吕不韦对他有恩，几乎是再造之恩，母亲赵姬就常和他谈起吕不韦在赵国对他们父子的照顾，如果没有吕不韦，就没有嬴异人，没有嬴异人，就不可能有他嬴政。嬴政又想起父亲临死前，把自己的手放在吕不韦的手心，吕不韦温柔而有力地握住。

每当这些记忆出现时，嬴政的脑子就特别乱，但他的意志力很快让他平静下来，大脑重新步入正轨，毫无商量余地地告诉他：做你认为正确的事，别受不必要的情感纠缠。

他长出一口气，做了个决定，而且天一亮，就开始执行。

他叫来吕不韦，直截了当地说："你在咸阳城，我不放心。"

吕不韦很平静，凡是已预料到的事，当其发生时，人都会很平静。

嬴政见吕不韦不说话，心中很满意。他喜欢有高度智慧的人，不必点就能透："我把你的封地（河南洛阳）还给你，你到那里去养老吧。"

吕不韦闭上眼睛，一直以来如同巨山般压着他的那股力量，忽然消失不见了。他感到从未有过的轻松，他竟然当着嬴政的面，伸了个懒腰，说了一个字："好。"

嬴政皱了皱眉，倒不是吕不韦的放松，而是他有点认不出吕不韦了。堂堂一个相国，居然当着国王的面伸懒腰。

"我会惦记你的。"嬴政说完，示意了一下身边的太监，这是送客的意思。

"我也会的。"吕不韦说完，深深鞠了一躬，转身走了。

嬴政眯起眼，望着吕不韦的背影，心里有点空荡荡的，但随即就被真实的权力塞满，他浑身充满了力气，如同服用了壮阳药一样——权力本身就是壮阳药。

嬴政希望和吕不韦的关系到此为止，从此以后，他是他，吕不韦是吕不韦，二人最好不要有任何交集。他认为这是二人最好的结局。遗憾的是，吕不韦的运气似乎用光了，厄运之神垂青于他，很快，秦国就爆发了"郑国事件"。

因这一事件，嬴政和吕不韦必须面对"有你没我，有我没你"的残酷的政治现实。

间谍郑国事件

"郑国事件"的主角不是一个国家，郑国是个人名，是被韩国消灭的郑国人，后来他到韩国政府的水利部工作，因其工作能力突出，很快就被韩国国王注意到了。

当时的韩国在各国中实力最弱，智商最低，雪上加霜的是，它离秦国又最近。

秦国若东进，第一个面对虎狼秦国的就是它韩国。所以，这么多年来，韩国寝食难安，总想着要规避这个风险。可问题是它规避不了，秦国在政治家范雎时代，就提出了“远交近攻”的国策，对离它最远的齐国永远称兄道弟，而对离它最近的韩国，永远都是舞刀弄枪。

韩国在秦国的咄咄进攻下，不停地割地赔款，最后连裤衩都要赔进去了。当郑国出现后，韩国政府就琢磨出了个自以为高明的主意：疲秦计。

这个计划的内容是：秦国除了喜欢打架，还喜欢搞水利工程，如果我们把郑国派过去，要他给秦国设计个超级宏大的水利工程，那秦国所有的精力和时间必然会消耗在这上面，也就没有精力和时间攻击韩国了。

韩国国王韩安以孤注一掷的神情向郑国诉说此计，郑国哑然失笑，说：“这是谁想出来的主意啊。”

韩安摇晃着他的肥头，说：“我啊，我聪明吧。”

郑国目瞪口呆地问：“您这计谋有什么出处吗？”

韩安说：“我这个计策当然有理论和实践的支持。你知道苏秦吧？”

郑国说：“我当然知道啊。”

韩安对有人知道自己计策的理论根源感到非常满意。他得意扬扬地说：“苏秦当初要对付齐国，就让齐国大兴土木，盖皇宫，开辟御花园，还搞了很多动物园和海族馆。齐国后来没有衰落，那是因为他们发现了这个阴谋。但我这个计谋，嬴政那小子肯定发现不了。因为我是让他建水利工程。”

郑国这回目瞪口呆的程度，简直如面瘫一样。稍有点智慧的人，都能看清，韩安能想出这种计策，证明了他的智商都不如一条板凳。如果秦国是只老虎，韩国最应该做的是，磨刀霍霍，壮大自己，而不是拿许多肉给老虎，让它制造腊肉，老虎固然在制造腊肉上浪费了时间，可一旦腊肉制成，老虎吃饱，韩国的蠢命也就到头了。

世界上居然有韩安这种人，他的存在几乎毫无意义，唯一的意义就是提醒我们，有些人的脑袋真就被门夹过，韩国不灭，简直没有天理。

郑国不能质疑最高领导的英明决策，只好服从命令。嫪毐和吕不韦被清除的三年前，郑国背着工具包风尘仆仆赶到秦国。他先是做吕不韦的门客，在吕不韦面前特意显露自己的才华，吕不韦对这个技术人才很看重，就把他推荐给嬴政。

嬴政就问郑国："你才华横溢，我是知道的，但你最横溢的才华是哪种？"

郑国回答道："我最横溢的才华是修渠。"

嬴政说："渠这玩意儿有什么用？"

郑国回答："大有用处。"

嬴政转动眼珠，询问："那你为何不在韩国修渠？"

郑国说："一物在一处，必有理。韩国地狭人多，用不上，秦国地大物博，但有的地方根本没有开发出来，比如渭水北岸的大片荒地，如果真能把它开成农地，那秦国会富得流油。"

嬴政点头说："我们又不是傻子，难道不知道这回事吗，可渭水北岸没有灌溉的水啊。"

郑国说："你看，渠的作用就在此。只要修建一条三百里的灌溉水渠，把泾水引入洛阳，渭水北岸就成了农民的天堂，秦国以后就会有吃不完的粮食。"

嬴政虽然有丰富的创造力，可听了郑国的话，也禁不住微微动容。郑国所说的那个工程，在当时相当宏大，没有几十年，根本做不下来。

当时在场的吕不韦未曾想过郑国居然有这样的奇思妙想，急忙悄悄和嬴政说："这不行，咱们如果真搞这个工程，耗费钱财和人力不说，统一大业推迟许多年，万一在这段时间里，东方六国强大了，怎么办？"

嬴政大为惊叹郑国的创造力，立即否定吕不韦的意见。他说："咱们秦国有钱有人，怕什么，东方六国若想强大，早就强大了，还差这十年？那个郑国，你干吧！"

郑国完成了他祖国交代给他的任务，开始大动干戈。

韩国政府，乐得屁滚尿流，韩王还经常派人来对郑国说："伟大的郑国啊，你慢慢做，千万别着急，你延迟一年，祖国就能多活一年，你延迟十年，祖国就能多活十年。"

郑国答应得很好，但由于他太热爱自己的工作，所以开工后，他就沉浸其中，忘了自己的工作任务是少工作，居然加班加点起来。三年后，郑国已经把工程完成了三分之一。

嫪毐和吕不韦被清除后，突然就有人向嬴政报告说："郑国这小子是韩国派来的间谍，修渠的目的是拖垮咱们。"

嬴政火冒三丈，他发火不是因为郑国要拖垮秦国，因为再来十个这样的工程，秦国都没有问题。他愤怒的是，为什么这些外国人，就没有一个好鸟，比如嫪毐，比如吕不韦，再比如这个郑国。

嬴政一暴怒，正在工地挥汗如雨的郑国就进了监狱。

嬴政亲自审问他："你是韩国派来的间谍吗？"

郑国说："是。"

嬴政向卫兵说："斩了。"

郑国大叫起来："大王，冤枉，我何罪之有？"

嬴政气不打一处来："你还何罪之有，你是间谍，这就是大罪。等我灭了韩国，把你三族都诛了。"

郑国说："这是小罪，但我有大功，我为你修了个超大的渠。"

嬴政说："你还好意思说那个渠，那是韩国人的奸计，目的即使不是拖垮我国，也是要韩国多活。故意延长敌人的寿命，就是死罪。"

郑国说："韩国人的脑子不好，大王您的脑子难道也不好？您想啊，一旦渠修好，渭水北岸尽是良田，韩国只不过多活了几年，而您的大秦国却多了良田千顷，到时灭韩国，比以前更容易啊。"

嬴政立即琢磨出味道来了。这样一想，韩国人还真是没脑子，竟然为我送来了一个如此出色的人才，帮助我消灭他们自己。

郑国没有死，反而继续修他的渠。他也反水成为秦国的功臣，至于是不是间谍的问题，郑国后来全忘了。

“郑国事件”让郑国的人生得以改变，但这件事更改变了另外两个人的人生，这两个人的人生改变要比郑国的人生改变重要一百倍。

一个自然是吕不韦，另外一个就是李斯，后来大秦帝国的丞相。

我们先谈李斯。

李斯的出场

李斯是嬴政和秦帝国的一个超级符号。嬴政和他的秦帝国少了李斯，就如同一个人少了脸和魂魄。

李斯本是楚国人，年轻时在一个不起眼的县城做低级小吏。有一次去公共厕所，看到老鼠见到人后四处逃窜，回到办公室琢磨了一会儿，没琢磨出什么人生道理来。后来，上司让他去检查粮仓，他在粮仓里再次看到了老鼠，但和茅坑里的老鼠相比，粮仓里的老鼠脑满肠肥，见到人还回眸一笑，从容淡定。

李斯的脑子像被闪电击中一样，他长啸一声，发出人类历史上最振聋发聩的人生感悟：做人如老鼠，人上人和人下人，能力固然重要，但更重要的还是平台啊。

感叹完毕，李斯辞职，跑到荀子那里学习。自认学问有成后，他跑上房顶，夜观星象，掐指一算，发现只有秦国这个平台最好。于是，他跑到秦国，先是投奔吕不韦，在吕不韦门下，渐渐崭露头角。最后，他让吕不韦对他留下了深刻的印象。

李斯此时又发出感叹：我这只老鼠好像已经从茅坑走进了粮仓，但如果想登堂入室，还要努力，加油！

打铁还得自身硬，李斯从荀子那里的确学到了很多，而且后来将毕生所学，全部奉献给秦王国和大秦帝国。但也正如他从老鼠身上感悟到的，自身硬固然重要，但更重要的是平台。

吕不韦的平台很大，可始终大不过嬴政。李斯千方百计要接近嬴政，试图用最快的速度踏入当时世界上最广大的平台。

机会永远青睐那些偷偷练功并且时刻做好准备的人，嬴政继位那年的某天，吕不韦在酒宴上心事重重。李斯如老鼠一样敏锐地注意到了。宴会散后，他没有离开，而是和吕不韦秉烛夜谈。

吕不韦对他说："新王年轻，我则位高权重，这恰好是哲人说的'主少国疑，重臣在侧'的情景，我很忧虑，既担心没有能力辅佐新王，又担心那些流言蜚语破坏我和陛下的关系。"

李斯略一思考，就迫不及待地说："我有办法。"

吕不韦问："什么办法？"

李斯说："正如您经常说的那样，一切都是可以策划的，新王固然年轻，但热衷于政事，我们只要不让他闲着，他就不会有精力去关注这些流言蜚语。"

吕不韦说："你这个主意固然好，可是——"

李斯明白，如果嬴政真的热衷政事了，那还要他吕不韦干什么。

李斯解释道："热衷于政事和解决事情是两回事，国王到时候还不是要仰仗您吗？"

吕不韦觉得这主意虽然普通，但的确不错，可让谁去叮嘱嬴政要热衷于政事呢？

"我！"李斯热血沸腾地说。

就这样，李斯和嬴政初次见面了。

嬴政眼中的李斯相貌堂堂，眼睛炯炯有神，浑身散发着充沛的活力，但不知为什么，嬴政每次看到李斯，都会想到老鼠，这种印象一直留在他生命里，直到去世，都没有消散。

李斯眼中的嬴政，就是另一番景象，嬴政高大漂亮，不是帅气，而是漂亮，有种很多男人都不具备的阴柔美，这大概是他母亲赵姬的遗传。在漂亮之外，又绝对英气逼人。总之，李斯眼中的嬴政，绝不是后来那些为了毁谤嬴政而编造他相貌的人所描述的那样。

不过，后来李斯每次看到嬴政，都会想到一种叫土狼的动物，这种印象也一直留在他生命里。若干年后，他被绑缚刑场，最先跳出脑海的就是这个印象。

那次他和嬴政的谈话，始终留在李斯的脑海中。嬴政听得很认真，李斯讲得很有激情，但两人之间仿佛隔了一面玻璃，能感觉到对方，却触摸不到。

李斯后来才感悟出，那面玻璃就是吕不韦。后来，他被嬴政封了个不大不小的官，他就在政府里耐心地等待出头的机会。作为出色的政治家，嫪毐倒台，吕不韦倒台，他连个感想都没有，只是闷头闷脑地做他的小官，时不时，他会突然竖起耳朵，倾听政府内外的一切声音。

冥冥中，总有一只闪着金光的老鼠对他说："不可急躁，等待，你终会变成粮仓中的老鼠。"

李斯不喜欢老鼠，但他还是坚信那只老鼠的话，等待，做粮仓老鼠的机会一定会来。可是，他没有等到这个机会，等来的却是嬴政的一道命令。这道命令浓缩成七个字：外国人，滚出秦国！

李斯气得浑身发抖，用楚国方言骂了几遍娘后，如丧爹娘般坐在办公室，他眼前又浮现出了那两只老鼠，一只鬼鬼祟祟，一只光明正大。

坐了一天，屁股疼痛难忍，他才慢慢地站起来，握紧拳头，捶向桌子，立志道：我必须拿到秦国的户口！

李斯辩嬴政

李斯说他要做光明正大的老鼠，并非他自私自利，只想着自己那点利益，其实李斯是想凭借秦国这个广阔的平台，实现自己的价值。

这就是李斯的志向，人有志向，可能不会成功；但如果没有志向，一定不能成功。

嬴政下令驱逐外国人，李斯先恐慌的不是自己做哪种老鼠的问题，而是觉得这命令太荒唐了。按他对嬴政有限的了解，这并非嬴政深思熟虑的结果，只是心血来潮。

他去见嬴政，嬴政知道他来的目的，所以很不待见他。

李斯没说什么废话，因为他知道眼前这个国王不喜欢听废话，他开门见山道："我听说大王要驱逐外国人？"

嬴政说："什么叫听说啊，三天之内，先把咸阳的外国人清除。一月之内，秦国领土内不再有一个外国人。让我大秦干干净净。"

李斯摇了摇头，问："为什么要清除？"

嬴政回答："你们这些外国人，来到秦国都不怀好意，郑国那小子就是典型。"

李斯再问："秦国能有今天的成就，傲视东方六国，是谁的功劳？"

嬴政不说话。

李斯说："自您祖辈开始，大秦王国就一直招揽人才，而正是这些人才缔造了今天的大秦。我只说功勋最大的几个人吧，比如百里奚、商鞅、张仪、范雎，哪一个不是秦国的政治巨星，他们哪里对秦国不怀好意了？"

嬴政当然明白这些道理，问题是，从前的外国人对秦国好，不代表现在的外国人也对秦国好。

李斯猜到了他的想法，接着说道："我不敢保证今天在秦国的外国人都是人才，但总该有几个吧。人才这东西就是这样，您不用，别人就会用，表面上看，您只是清除了一些外国人，实际上，您这是在把人才推给敌人啊。"

嬴政有点动心。

李斯说："如果大王您如此愤恨外国，那在清除外国人的同时，也应该把外国的物品也清除了。您看您现在佩戴的玉，摆设的夜明珠，后宫的妙龄女，战士骑的马，哪个是秦国出产的？倒不如把这些东西也清出秦国吧。"

最后，李斯说了一句话作为他此次谈话的总结："泰山不让土壤，故能成其大，江河不择细流，故能就其深；王者不却众庶，故能明其德。"

嬴政彻底动心，他不是真的被李斯说服，而是觉得李斯的逻辑性太强了，该煽情就煽情，该说理就说理。他的言语看似有些走极端，但其实在论辩过程中必须把问题推到极限，让问题呈现出缺陷来，才能将对方说服。

嬴政驱逐外国人，本就是嫪毐、吕不韦事件的沉淀，再加上郑国事件的一个小刺激这才爆发的。他的理性很多时候和情绪一样强大，所以，他在李斯说完后，就搓着手，兴奋地叫起来："哎呀，你就是我的丞相啊。外国人，我不驱逐了，你把你刚才说的话写下来，传颂后世，一方面让你青史留名，一方面也能让我勇于纳谏之名留芳百世，咱们合作，一起奔向美好的未来。"

李斯激动得浑身颤抖，所谓的惊喜就是，在毫无预感的情况下，得到了渴望无数次的东西。

此刻，李斯获得了他有生以来最大的惊喜!

回到家中，他连鞋都不脱，拿出刀具开始在竹子上刻他今天的谈话内容。如你所知，这些谈话内容成为文章后，名字就叫《谏逐客书》，直到今天，它还是我们古汉语课程中必学的一篇文章。

让吕不韦自杀

李斯和嬴政的开头异常美好，而另一边吕不韦和嬴政的结尾，如我们前面所述，注定悲惨。

吕不韦被赶到洛阳后，嬴政本以为自己和吕不韦的关系就此结束，让他没有想到的是，吕不韦在洛阳，居然活蹦乱跳起来，比他从前在咸阳活得还要滋润。

这绝对不是嬴政所希望看到的吕不韦的下场。

吕不韦抵达洛阳不久，他的那些门客就都抱着行李卷回来了。从前留下的门客鄙视这些势利小人，要吕不韦把他们赶走。

吕不韦却说："你们这种想法不对，人趋利是性，躲避灾害也是性，所以趋利避害是对的。从前我被大王收回一切，已经成了无源之水，这些人离开我是对的；现在我又重新得回了洛阳这块封地，他们再回来找我，也是对的，我们不能鄙视那些做符合人性的事的人。”

这话可真够大度的，正是这种论调，让吕不韦的门客重新增多，而且超过了从前的数量。随着门客而来的还有另外一些特殊的人，这就是东方六国的使者们，东方六国自得知秦国宰相吕不韦因桃色事件被拿下后，就乐不可支。又听说吕不韦被发配到洛阳，而且没有被嬴政断了粮食，就更乐不可支了。

他们不停地派出使者去拜访吕不韦，希望能和大秦的这个在野之王，建立起友谊。

吕不韦不知是故意气嬴政，还是年纪大了，脑子成了一团糨糊，不但不刻意掩盖此事，还让门客到处声张。

嬴政知道了。

其实嬴政早就知道了，他把吕不韦搞到洛阳的同时，还安排了批特务，有的就在洛阳城装作乞丐，而有的则混进了吕不韦家中做门客。

一条条不可能对吕不韦有利的消息频繁传到咸阳，嬴政开始还以为这是吕不韦喝多了耍酒疯，最后，他凭理性判断，吕不韦是不想活了。

但对吕不韦，嬴政的感情很复杂，不是那么分明。当时就有不怀好意的国家四处散播流言，说吕不韦是他亲爹，这当然是胡扯，可嬴政有时候自我省察，发现自己并不像亲爹嬴异人，反而有点像仲父吕不韦。

下逐客令后不久，许多外国人既不想回国，又无法在咸阳待下去，所以就都跑去了吕不韦那里。这给人的感觉是，吕不韦的洛阳和秦王国都城咸阳双峰并列，洛阳成了外国人的避风港。

在李斯的劝说下，嬴政很快就收回逐客令，但去了洛阳的那些外国人居然没有几个人回来。

嬴政很不高兴。

一个国家有了两个政治中心，任何国王都不会高兴。他打定主意，要让吕不韦完全消失，不过在执行这个主意之前，他找来了李斯。

他觉得，李斯这家伙不能仅凭一篇狗屁文章就做我的宰相，正好趁吕不韦这件事，严格面试他一下。

李斯小跑着来了，听了嬴政充满感情色彩的叙述后，根本就没有犹豫，迅速做出了个“斩”的手势给嬴政看。

嬴政显然吓了一跳，眉头紧锁，嘴唇一噘：这个看上去文质彬彬的家伙，心好狠啊。

他说：“我记得你当初是吕不韦的门客，对于恩主，你这么做，有点不厚道啊。”

李斯面不改色地说道：“我自来秦国，眼中所看到的只有秦国，心中所挂念的只有大王。”

嬴政对这马屁很满意：“你说吕不韦要干什么呢？”

李斯说：“不管他要干什么，只要大王您认为他要干什么，他就是要干什么。”

嬴政说：“还是要讲点仁义的吧。”

李斯道：“我当初在荀卿那里学习，曾经对老师说，‘秦国接连四代都保持着胜利，其军队强大无比，威震诸侯。但这绝不是仁义的功劳，只不过是根据当时的局势便宜行事罢了’。”

嬴政问：“你所谓的便宜行事是什么意思？”

李斯说：“什么样的时间和空间，该做什么样的事。该变法就变法，该杀人就杀人，该仁义才仁义。”

嬴政点头，忽然问：“你那个老师是怎么说的？”

李斯回答：“他的话纯属扯淡。他说，‘这个问题你是不会懂的。你所说的便宜实际上是不利的便宜。而我所说的仁义才是真正的大便宜。所谓的仁义，是为了整饬政治而存在的东西。只要政治整饬好了，民众就会亲近他们的主上，喜爱他们的君主，这样就很容易为了国家而不惜牺牲自己的生命。所以说，大凡有关军队的问题，将帅的本领只是末节的问题。不错，秦国的确是接连四代一直处于常胜不败的地位，但秦国也终日惶恐不安，害怕天下诸侯联合起来危害自己的国家。这就是所谓的末世之兵，秦国还没有领会这一真谛。’”

嬴政跳起来，说：“这的确是喜欢穷嚼蛆的愚蠢的知识分子的屁话。”

但他感觉李斯好像有点跑题了，追问道：“你说这些和吕不韦的事情有什么关系呢？”

李斯回答：“用刀杀人是霸道。不用刀，也能将人杀掉，一方面体现出了仁义，一方面又能完成目标，这就叫便宜行事。此时，该做的事就是要杀了吕不韦，而不是纵容他继续胡闹。”

嬴政笑了，李斯面试通过。

一个月后，嬴政给吕不韦送去了一封信：“你对秦国有什么功劳？而秦国封给你河南的领地，食封十万户。你和秦王室有何亲？敢称‘仲父’？你全家都迁去四川吧。”

这封信看似还让吕不韦活着，其实就是让他主动去死。

吕不韦对秦国有什么功劳？功勋卓著，仅凭他灭了东周国就是大功一件，嬴政却说他没有功劳。

吕不韦和秦王室有何亲？的确，吕不韦是外国人，但秦王国的那些政治巨星，哪个不是外国人？

吕不韦称“仲父”，这是嬴政自己主动叫人家的。

所以，这封信就是催命符。四川当时是秦国流放犯人的地方，有去无回。即使吕不韦在那里能活下来，嬴政还是不会放过他。

这一切，吕不韦心知肚明。他的门客们围过来，痛哭流涕地说：“您对嬴政这厮就这么重要？他非要把您除之而后快？！”

吕不韦笑了笑，说：“我对他一点都不重要，没有了我，对他才最重要。”

政治场中，尤其是遇到嬴政这种领导，当你的影响力快要接近他时，他注定会打击你。他打击你，和你无关，只和他自己有关。

吕不韦最终选择了嬴政赐给他的命运：服毒自杀。

从“奇货”到“奇祸”，吕不韦传奇般地走完了他的一生。

毋庸置疑，吕不韦是个奇才，甚至可以说是一个伟人。在那个商人没有任何地位的时代，吕不韦像蛇一样灵活地将高度智慧付诸实践，成就了嬴异人和嬴政，也成就了自己。从社会最低的位置到最高位置，吕不韦没有做任何一件伤天害理的事，仅凭这点，就让诸多英雄豪杰汗颜。

如果说他有什么弱点的话，那就是赵姬，赵姬的过于淫荡，才让他落此下场。他的故事，再一次证明了中国一句古话：各有天命——有时候人的失败，非源于自己，而是源于天。

赵姬就是上天派下来决定吕不韦命运的，而她本人，完成了这一使命后，结局如何呢？

她的结局，不在天那里，而在她的儿子嬴政手里。

赵姬的结局

赵姬的传奇与吕不韦相差无几，正是她的淫荡和糊涂，才让嬴政干掉了嫪毐和吕不韦两大集团，毫无障碍地亲政。嫪毐集团破灭后，她被亲儿子嬴政驱赶到雍都，过起了凄苦的生活。

嬴政的那些大臣，不知出于什么原因，纷纷劝说起嬴政来。他们一致认为，儿子对母亲做出这种毒辣行径，简直是丧尽天理。这就叫饱汉子不知饿汉子饥，倘若这些人被母亲谋杀过一次，就能感同身受，承认嬴政的行为符合人性。

接连有27个人跑来劝嬴政，让他恢复赵姬的自由。对于这帮多管闲事的大臣，嬴政用死亡酬谢他们，接连斩杀了27人。嬴政不但杀了这些人，还把尸体陈列在王宫前面，让那些想要多管闲事的人触目惊心，不敢再有劝谏行为。

但世界上就是有不怕死的人，第28个人，从遥远的齐国一溜烟地跑来，要觐见嬴政，说有要事相告。

来的人叫茅焦，是齐国宫廷一名不入流的法师。嬴政以为齐国有什么变故，急忙接见他。茅焦有十足的幽默感，当他来到那27具尸体边上时，居然跪下叩拜，乐呵呵地对尸体说：“别急啊，等我来了，咱们一起飞升去。”

茅焦一见嬴政，也不跪拜，而是装腔作势地喊道：“大王，您头顶有东西。”

战国时期的齐国，装神弄鬼的人特别多，齐国政府建立的稷下学宫，有很多人就研究神鬼和长生不老之学。

嬴政当然知道这些套路，所以就对茅焦说：“别废话了，你说吧，来的目的是什么？”

茅焦说：“我是特意为太后（赵姬）一事而来的。”

嬴政问他：“你可曾看到那27具尸体？”

茅焦说：“看到了啊，所以我才来的。”

嬴政冷笑：“你们齐国人，好耍嘴皮子，你倒说说，为何明知是死，还要来？”

茅焦说：“天上有二十八宿，如今死了27个，算上我正好28个，你杀了我，我和他们一起升天做神仙去。”

嬴政哈哈大笑，觉得茅焦很幽默。他很想听听幽默的人是如何劝他迎回自己老娘的。

茅焦清了清嗓子，说：“大王您诛杀假父、弟弟，废亲娘，连杀几十个进谏的大臣，这些事，如果被各诸侯国知道了，天下的贤士都将为此而寒心，您觉得还会有人再到秦国来辅佐大王吗？我担心秦国将因此而亡，为您感到担忧啊。”

嬴政听了这段话，气得口吐白沫，但还不至于气晕。实际上，茅焦这番话简直是放屁。嫪毐何曾是嬴政的“假父”？各诸侯国对秦国灭东周王国这么大的事连个屁都没放，何况是秦国宫廷政治这点小事？茅焦有什么直接的证据证明，嬴政废了老娘，诸侯国的有志之士就不来辅佐了？

但让人惊异的是，嬴政吐了半天白沫，居然认为茅焦说得有道理，把茅焦视为座上宾，当即派人去雍都请回了赵姬。

赵姬的结局因茅焦的一番话，而从凄凉转变成美好，这的确是中国历史的一个疑点。

——不过，嬴政虽然原谅了母亲，却没有原谅自己。从他创建帝国到他死去，始终没有立皇后。他最后一次巡游，到浙江时，听说当地有个寡妇守寡几十年，被世人称道。于是他就给寡妇建立石碑，让后人歌颂。

其实，他内心深处对母亲的行为是悲愤的，一个女人不好好守寡，居然还掌握权力十年，又和别人鬼混。他心里怕是觉得女人没有一个是好东西。

有人认为，嬴政一直想释放母亲，但找不到台阶下，茅焦恰好给了他一个台阶，可问题是，前面那被嬴政干掉的27个人怎么说？

这件吊诡的事，之后隐隐约约有了一个答案：几天后，嬴政跑到茅焦房间，两人关起门来谈了很多玄秘之事。这些玄秘之事就是茅焦最擅长的长生不老之术。

也就是说，嬴政之所以被茅焦说服，并非被茅焦的口才说服，茅焦的那番话，不是说服，而是激怒，世界上从来没有用激怒别人来让别人幡然改过的。

嬴政之所以被茅焦说服，原因在于茅焦的本职——术士。

齐国的稷下学宫培养了无数思想家，也豢养了无数术士。这些人以教人养生、长生不老为职责。

茅焦这次和嬴政见面，就和嬴政说了很多神仙的事情，正是在这个时候，嬴政开始向往永生，这才有了后来到处寻找长生不老之术的疯狂事迹。

随着伟人吕不韦的死去以及赵姬美好结局的诞生，嬴政和他的秦国正式开启最光芒万丈的“大秦时刻”。

这一“时刻”，以六国的血和泪为魂，以嬴政横扫六国、一统天下为魄，惊天动地地开始上演。

第二章

挥戈扫六合：史无前例的灭六国计划

先灭谁?

当嬴政和他的文武团队开始谋划先灭哪个国家时，“战国”大幕已开始垂下。嬴政确定了首先攻击的两个目标：战略上离自己最近的韩国，其次是已经残废的拦路虎赵国。

韩国在“战国七雄”中最“熊”，它的历史，乏善可陈。公元前403年，韩、赵、魏三家士大夫分裂晋国，世界上开始有了韩赵魏三侯国。

公元前323年，魏国忽悠了韩国、赵国、燕国、中山国坐到一起，互相承认对方从侯国升级为王国，这就是“五国相王”事件，韩国自此成为韩王国。

韩国无论是在侯国时期，还是后来的王国时期，始终是以懦弱无能名扬天下。它唯一值得书写的历史只是晕乎乎地突然灭掉了春秋初期的霸主郑国，但吞灭这样一个高度文明的国家，也没有让它变得多强大。它的领土面积依然是诸国中最小的，能力也最弱。战国后期，苏秦主张合纵（东方六国联合揍秦王国），韩国参加的积极性很高，然而其行动力，却深受各国鄙视。

韩国本身就弱，更雪上加霜的是，它离秦国最近，所以就成了秦国的练兵场。它逢战必败，一败就赔款赔地赔女人，最后它被打得烦了，干脆主动向秦国进贡，申请成为秦国的附庸国。

早在嬴政的祖宗嬴驷（秦惠文王）时代，韩国就被列进秦国的狩猎名单，当时宰相张仪希望秦国先灭韩国，他的理由是，韩国的位置正好是秦国东进的最重要通道，打开这个通道，就等于打开了到中原争霸的大门。

但嬴驷不知出于什么考虑，没有采纳张仪的意见，而是认可了大臣司马错的主张，先拿下了巴蜀。

我们用事后诸葛亮的思路来说，司马错的主张可谓好极了。秦国自得到巴蜀之地后，粮仓充盈，巴蜀之地像个核电站一样持续不断地为秦国的对外战争提供能量。

韩国君臣当时高兴了好多天，有人还建议派使者带着一批财宝去感谢司马错。世界上有一种人的脑子是糨糊材质，韩国君臣就是证明。

把希望寄托在别人那里，希望永远会让你失望。韩国君臣没高兴多久，秦国就开始用巴蜀的物资攻击它，韩国虽然已成了秦国的附庸国，但仍然被秦国攻击得永无宁日。

嬴政把两个攻击目标摆到桌面上，让他的精英臣子们讨论。李斯主张先攻韩国，理由和张仪一样，如果东进，必须先铲除这个烂篱笆。

但反对李斯的人却认为，应该先攻赵。

李斯坚决不赞同，他说："既然咱们要灭六国，统一天下，那第一仗就必须打得顺顺利利，赵国虽然在长平之战中主力尽失，但这个国家的人不容易屈服，而且又有长平之战的耻辱在，他们必誓死抵抗，虽然我们能灭掉它，可付出的代价和时间太长，我们的第一仗应给军人们树立强大信心。"

反对李斯的人说："你说得不对。如果我们打韩国，赵国万一出兵偷袭我们怎么办，我们先打赵国，就没有韩国出兵的危险，因为韩国太窝囊，只要我们不打它，它就老老实实地待着，不会像赵国一样，偷袭我们。"

嬴政一直在认真地聆听，双方都拿出证据在证明自己的观点，最后双方都希望嬴政表态，支持自己的观点。

最高明的领导人，其实并不需要多高的智商和完美道德，只要他能在两种不同的论点中，做出精准的判断或者是中和两者就算是合格了。

嬴政无疑具有这种能力。他琢磨了一会儿说：“你们所说的，其实都正确。李斯认为先打韩国是正确的，因为韩国现在是咱们的尾巴国，实力弱小，打它就像捏个软柿子，根本不必担心赵国抄咱们后路。”

李斯露出神秘的笑容，点了点头。

但嬴政话锋一转，对反对李斯的人说：“你们说的，也正确，打赵国也是对的，因为赵国跟咱们有血海深仇，先干仇敌，没错。不过你们看问题，只揪住一个角度，这就有点思路狭隘了。”

李斯愕然，他的反对者们也开始茫然。

嬴政说：“我看不如这样，既打赵国，也打韩国。打赵，不停消耗它的力量，持续不断的小兵团打击；打韩，用蚕食政策，逼它不停地给咱们缴纳打赵国的军费。”

众人都觉得嬴政大王天纵英才，能想出这种中和的和稀泥的办法，可谓天要让秦国称霸天下。

所以，嬴政的思路是，在两个目标无法确定先后的情况下，那就同时进行，反正，秦国现在有这个实力，他不怕两线作战。

他现在对军事有兴趣，但远没有对另外一件事的兴趣大，这件事就是几本书，书的作者叫韩非。嬴政认为，这个人应该是个古人，至少要比孔丘、孟子、荀子要老得多。

但李斯的看法和他大大地不同。

冲冠一怒为韩非

自吕不韦被清除后，嬴政对辅政班底做了调整，李斯做了司法部部长（廷尉）兼嬴政的秘书。李斯读的书多，所以嬴政常常向他请教，这一请教让李斯更加废寝忘食地读书，很担心哪次被嬴政问倒。

嬴政特别好学，手不离书（大多数时候是竹简），李斯就给嬴政推荐各种好书。战国时期，读书既是脑力活，更是体力活，因为文字都刻在竹简上，很重，嬴政总是如此好学，所以就得了很重的腱鞘炎。

有段时间，嬴政就埋怨李斯道：“你为了我的健康，能不能推荐点好的书，我这手腕的炎症越来越厉害，但你给我推荐的书，我所得到的和我的苦难不成正比啊。”

李斯急忙去找这种书，终于找到了两本，一本叫《孤愤》，一本叫《五蠹》，作者叫韩非。这两本书的思想主旨是，别相信人性本善，人性经不起欲望和外在利益的考验，若想天下太平，统治者必须使用“法”。“法”被孟子和荀子看成是一种权宜之计，天下太平必须建立在人性和伦理基础上。

但韩非却认为，一旦掺杂进人性和伦理，那就不可能有中正。比如一个人犯了罪，我们为了减轻他的罪行，就千方百计说他的童年多么不幸，他的本性其实是善的，他犯法是因为有不好的童年等。再比如，孔子说，一个人顾忌亲人之间的关系（血缘），就不会犯罪。这种论调很是扯淡。韩非的理论是，“法”就足够治理天下，比血缘关系更有效，血缘关系太扯淡。

一个君主没有那么多时间去考虑人性的善恶和犯罪者的动机，只要看他是否有犯罪行为，他若有犯罪行为，就可以判他有罪，法一旦颁布，就对所有人有效。当然，君主除外。

韩非还说，君主别扯那些仁义道德，那些玩意儿没有用，只是锦上添花，君主就要以刑为根本，来确定赏罚。简单而言，就是看对方的行为，要么以恩，要么以威，这就叫恩威并施。

韩非最后总结道，这是唯一能够对变幻莫测的人性有影响的东西，除此，别无他法。

韩非是集战国时期法家思想之大成的人物，其论点正好和冷酷、一切以行为和效率为考核标准的秦国的领导人不谋而合。

所以，嬴政看了这两本书后，腱鞘炎马上痊愈。他像个粉丝看到偶像一样，手舞足蹈地跳起来："哎呀，李斯，这两本书好，我想一定是古人写的，如果我能和他相见，并且与他交谈，就是死也值了。"

李斯说："大王不必去死啊，因为你的愿望一定能实现。"

嬴政哆嗦着，问："真的吗？怎么回事？"

李斯说："此人就活在世上，他是韩国的一个王子，而且还是我的同学。"

嬴政叫起来："快去通知韩国，让这个韩非来见我。"

李斯正要出去下令，嬴政又把他叫回来："等等，这样很不礼貌，我看你亲自走一趟，去韩国把你同学接来。"

李斯大惊失色，我堂堂世界霸主的廷尉，去接一个窝囊小国的王子，这有点太不符合礼仪了吧。

他站着不动，嬴政可不管他符不符合礼仪，催促道："快去啊，愣着干什么。"

李斯只好去，走到门口，偷偷回头看嬴政，嬴政又开始如饥似渴地读起了韩非的书。李斯竖起耳朵，隐隐听到，嬴政还读出了声。

这不是个好兆头，李斯唉声叹气地摇头，身处他这个位置，相当尴尬，介绍垃圾书，大王不高兴；介绍精品，自己位置有可能不保。

李斯的脑海马上闪现出一只老鼠的样子来。

这是一件特别简单的事，秦国之于韩国，如同奴隶主之于奴隶，奴隶主和奴隶要个人，奴隶敢不给？

但李斯把这事办砸了，韩国就是不给。

至于他是怎么办砸的，没有人知道，连韩国的人都不知道，韩国的人只知道大秦廷尉李斯要让韩国国王韩安亲自送韩非来秦王国。

韩安闻听这个消息，马上就晕了过去，悠悠醒转后，对手下臣僚说："秦国乃虎狼之国，经常骗他国的国王去咸阳，然后就永远不归还了，我若去了，岂不是羊入虎口？"

他手下有伶俐的人，马上发现了这个问题的实质是韩非，说："这事很蹊跷，韩非是不是在卖国？”

韩安的榆木脑袋马上被激活，快速转动起来，令人去找韩非。

韩非作为韩国的公子，风度翩翩，满身的斯文，发誓说：“我就是卖自己，也不会出卖祖国，虽然祖国没有给我任何平台。”

韩安相信了韩非的话，给李斯回信说：“我最近身体不好，头昏脑涨的，但我会以隆重的方式把韩非送到秦国去。”

让韩安恼火的是，李斯就是不同意。韩安整日整夜睡不着，特别担心秦国以此为借口攻击他，可几天过去了，边境毫无动静。

韩安这才放下心来，要宫廷乐团表演节目。

秦国方面，李斯向嬴政报告：“韩国不放人。”

嬴政气得七窍生烟，说：“我要个人，你们不放，好，那我就要你的国家。李斯，你起草宣战书。”

李斯只好让人起草宣战书。但这回，李斯不能在文件上说，要韩安亲自来送了，他只好实事求是地对韩国说：“如果不把韩非送来，那秦国就准备取缔韩王在韩国的统治。”

宣战书还没有到韩国，秦国的野战军已经开始在秦韩两国边境线集结，宣战书一到韩国，韩安还没有看完，秦国野战军已发动进攻。

如同从前一样，韩兵团在秦兵团的进攻下节节后退，韩安突然发现了宣战书的秘密——居然只是让送韩非去秦国，没有指名他韩安必须去。他一发现这个秘密，大喜若狂，说：“别打了，我派人送韩非去。”

他假装征求韩非的意见。韩非点头同意，并且激动地表示，为了韩国，他什么都愿意做。

韩安高兴坏了，像韩非这种玩意儿，放在家里就是个定时炸弹，还是早点扔出去好，就这样，韩非踏入了嬴政的王国。

此一去，韩阁下就再也没有回来。

李斯的诡计

韩非到秦国后最先见到的不是嬴政，而是他的好同学李斯。

李斯和韩非好久不见，两人都对对方的变化感到惊讶。李斯红光满面，精神百倍，韩非则萎靡不振，头发白了大半。师兄弟二人唏嘘不已，李斯拿出最大的热情来对待韩非，韩非几乎有点招架不住了。

李斯不无叹息地对韩非说："你看咱俩，我出身比你低贱得多，可现在我是世界上最强大国家的廷尉，你却像只在笼子里快要死的金丝雀，原因在哪里？就在于平台。当今天下，只有秦国的平台最好，你我二人一起为秦国效力，共同打天下，多好啊。"

韩非对李斯的观点，有不同的看法。他觉得李斯一上来就谈功利，简直侮辱了读书人这个职业。韩非的理想，远没有李斯那么实际，他著书立说，只是在完成一个知识分子应该完成的责任——宣传自己的思想。

然而，初见李斯，韩非并不会直接反驳李斯，只是礼貌地点着头，二人的谈话，就在李斯的滔滔不绝和韩非的不停点头中结束了。

韩非后来到秦国咸阳城的大街上去转悠，所见的一切让他大发感慨，他感觉秦国就如同早上八九点钟的太阳，升起时不但温暖，而且刺眼。

怀着对秦国人民精神面貌的感慨，韩非昏昏沉沉地等了几天，终于，他得到通知，嬴政要接见他了。

为了见韩非，嬴政还特意沐浴更衣了一番，把自己装扮得像个即将拜师的小学生。他这一虔诚的模样，只有在日后寻找长生不老药时才出现过，在他的一生中，对人如此虔诚，恐怕只有这一次。

但很快，嬴政就大失所望。

因为韩非是个结巴，他说一句话，嬴政要皱着眉头听很久很久。

韩非初次见嬴政，又有点紧张，所以这场谈话，给人的感觉好像是韩非在唱昆曲，昆曲的特点是，主唱者在一个字上唱的时间相当于我们今天流行歌曲一首歌的时间。

我们在听一个结巴说话时，内心是煎熬的，而且特别替他着急，一旦替他着急，我们就无法凝聚注意力听他说的内容，因为所有的精力都用在帮他着急上了。

嬴政听了很久，兴趣全无，这就叫见面不如闻名，相见不如怀念。

打发走韩非后，嬴政指着李斯，气咻咻地道："你怎么给我找了这么一个人来？"

李斯内心乐得要死，从嬴政的举止来看，他的位置已安然无忧，但他装出很惶恐很无辜的样子来，说："这就是您要找的韩非啊，货真价实的韩非。"

嬴政叹息连连，说："老天真是公平，给了一个人某个绝佳的优点，肯定就会给他一个特别突出的缺点。"

李斯说："是啊，正如一个人，一条腿长，另外一条腿就肯定短一样。"

嬴政对这话毫无兴趣，思考了半天，突然问李斯："怎么安排他？"

李斯想了想，试探着说："不如把他打发回国？"

嬴政跳起来："你呀，脑子不好。这个人虽然说话不利索，可你看他的文章，比你高明十倍，如果放他回去，万一被韩国用了怎么办？"

李斯几乎想笑，嬴政从小就注定了是君王，嬴政永不会明白，一个普通人若想找到合适的平台，有多难！

他说："大王，您这可真是多虑了。韩非的书早就写出来了，而且他还是韩国的王子，这么多年，如果韩国想用他，早就用了，何必等到现在？！"

嬴政若有所悟，他内心有点失落，他觉得和韩非的关系，不能就到此为止，即使是出于礼仪，还是应该和韩非再聊一次。

听嬴政这么一说，李斯脑海中那只老鼠又出现了，他几乎出自本能地打定主意，要把这次嬴政和韩非的谈话搞砸。

在安排这次谈话之前，他先去见韩非。韩非正在琢磨未来，琢磨他的"法"的思想是否能被嬴政使用，李斯乐颠颠地来了。

李斯恭喜韩非，说："大王特别喜欢你，准备让你在秦国担当大任。"

韩非惊喜地叫起来："这……这……这……"

李斯说：“你别客气，这都是我在大王面前替你说了不少好话。”

韩非向李斯行礼：“师……师……师……”

李斯拉起他，不让他说话：“大王还想和你见一面，再详谈一次，你想好谈什么没有？”

韩非：“我……我……我……”

李斯指点他：“大王这个人最喜欢那些爱国者，在大王看来，一个人只有爱自己的祖国，才算得上是真正的人，所以我看，你就谈你的祖国，让大王知道虽然你祖国不用你，可你仍然炽热地爱着它。”

韩非哪里知道这是他亲师兄的诡计，其实不用李斯说，他也特别爱自己的祖国。他连连点头。

李斯最后叮嘱他：“千万要记住我的话，保你实现人生理想和富贵荣华。”

韩非向李斯行礼：“谢……谢……谢……”

李斯走出门，黄昏的咸阳城，一片血色，天边的云凝聚成一只老鼠的形状，猩红得可怕。

谁杀了韩非

韩非和嬴政第二次见面时，嬴政恢复了他的王者尊严和冷冰冰的面孔。如果上次见面，是他这个学生拜见老师，那这次见面，就是强大的君王召见虽有海洋般才华却十分落魄的臣子。

嬴政和韩非天南地北地聊了一会儿，嬴政就直奔主题了。他对韩非说：“秦国统一天下，已是板上钉钉，可现在我有疑虑，是先灭韩还是赵，我想听听你的意见。”

韩非立即想到李斯的提醒，又怀念起祖国，这种爱国之情让他突然不结巴了。他对嬴政说：“灭韩国没有意义，因为韩国现在实质上已经成了秦国的一个郡，秦国说东，韩国不敢向西，这种情势下，其实韩国尊严和实力早已消磨殆尽，现在只不过徒有个王国的虚名而已。”

嬴政认可这种看法，不过他还是想知道，如果秦真要灭韩，韩非会站在哪一边。

这是嬴政最可怕也最可恨的地方，在他之后的岁月中，他永远都让人站队，要么站在他这一边，要么站在敌人那一边，永远没有中间路线。这种极端的二分法，不但影响了他的人生，还影响了他日后缔造的大秦帝国。

致命的是，韩非也是这种人，信仰法家思想的人，好像都有这种特质，粗暴的二元论。

韩非说：“我当然要站在韩国这边，因为它是我的祖国。”

嬴政很不舒服，尤其是当他确信韩非说的是真话时，他的五脏六腑开始疼痛起来。

他看了眼站在一旁，始终盯着地面的李斯，问：“你怎么看？”

李斯不徐不疾地回答：“臣是楚国人，在楚国时，我曾多次向政府主动请缨，为国效力，但我的哀求如同投进了墓道，没有任何回响，所以我才来秦国，因为秦国才是人才施展才华的舞台，它海纳百川，它不拒土堆，不嫌细流。当初我在老师那里学习时，就曾说过这样的话，时机是不等人的，哪里平台好就应该去哪里，一个人处于卑贱的境地而不想法子有所作为，这如同只有看到肉才张嘴去吃，仅拥有一张面孔而只能勉强行走一样。因此，对于一个人来讲，卑贱是一件耻辱的事，在困苦之中，不去努力改变现状，反而用无所作为来安慰自己，这不是一个有志之士的意愿。”

这段话别有深意，它先是暗示韩非只爱自己的国家，然后赞赏秦国，最后的一大段话特别符合嬴政抓住机会、勇于进取的精神。

嬴政险些就要为李斯鼓掌叫好，韩非的脸色却变了，李斯这厮，小人！告诉我要爱国，自己却说出这样一段话来，我被他暗算了。

“你……你……你……”他指着李斯，“我……我……我……”

李斯微笑着看他，韩非脸红脖子粗，结巴越发严重了。

嬴政很无聊地结束了这场谈话，这让他有种感觉，越是和韩非接触次数多，他从前的那种对韩非的敬仰就越少。

他对李斯说："让他就在我国待着吧，哪儿也别去了。"

这当然是李斯求之不得的，而且他还让嬴政放心，韩非肯定哪里也去不了。

就这样，韩非被李斯弄进了监狱。

秦国的监狱，设置得并不好，商鞅当初在秦国设置监狱，就是为了惩罚人，咸阳风沙大，监狱的窗户开得特别大，所以如果一个人在秦国监狱里待上半年，就会被风沙淹没，简单而言，那就是个自然形成的坟地。

韩非在监狱里关着时，嬴政和李斯各自都没有闲着。嬴政还是在不停地看韩非的书，而且当着李斯的面，夸奖韩非的思路天下无双。

李斯闷闷不乐，他老师荀卿告诫过他，人要时刻有危机感，只有如此，才能让自己的精气神始终保持高度活跃状态。如今，他想起老师的这段格言，心里很紧张。

他觉得，嬴政固然此时看不上韩非，但嬴政这个人变幻莫测，说不定哪天就把韩非迎为座上宾，给他个丞相当。

越是这样想，李斯就越紧张，焦虑和恐惧一起袭来，令他彻夜难眠。有一天，嬴政问他："韩非在做什么？"

李斯想了想，说："他整日唉声叹气，向着他祖国的方向默默流泪。"

嬴政板起脸来，说："他只爱自己的国，不爱我的国，把他扔进监狱！"

李斯内心乐开了花，说："好的。"

他觉得自己的位置安全了，可没多久，嬴政又抱着韩非的书，问他："韩非在监狱里怎样？"

李斯说："他唉声叹气得更厉害，向着他祖国的方向默默流泪也更厉害了。"

嬴政唉声叹气："这个韩非啊，如此眷恋他的祖国，还待在这里干什么，干脆送他回老家吧。"

李斯小心翼翼地问："老家是什么意思？"

嬴政瞪了他一眼，说：“你猜！”

李斯猜不到，他是南方人，嬴政是北方人，在北方，“送他回老家”的意思就是送他上西天，但嬴政可能真的要送韩非回他的老家韩国，而不是真想杀他。

中国历史被许多迷雾遮住，我们所看到的，只是编写历史的人想给我们看的。

李斯后来就去请教各路大臣，有的说是嬴政要放了韩非，有的说是嬴政要杀韩非；有的则说，这个呀，说不好。

李斯有丰富的想象力，他觉得嬴政是想宰了韩非，理由是，因为他李斯想宰韩非。他送了一服当时最有效的毒药给韩非，让韩非吃下去，韩非要说话，可李斯听不得他的磕巴话，下令狱卒强行把药灌进了韩非的嘴里。

一代思想巨星，就这样离开人世。

而到底是嬴政还是李斯杀了他，这是历史的谜。

很久以后，嬴政又想起韩非，问李斯：“韩非怎么样？”

李斯说：“他服毒死了。”

嬴政吃了一小惊，说：“我还准备释放他呢。”

李斯说：“他没有福气啊。”

嬴政看了李斯许久，李斯被看得发毛。

“我问你一件事。”嬴政说。

李斯头发都要竖起来了，他以为嬴政要追究韩非的死因，不禁声音颤抖地问：“啥……啥事？”

在这点上，他太不了解嬴政。嬴政是个目标专注的人，确定目标后，眼里只有目标，目标之外的任何人、事、物，可存可失，既然韩非死了，没有被他国所用，那他就不会再问。

所以他根本没注意到李斯的表情，而是蹦出了两个字：“大事。”

尉缭的奇计

嬴政所谓的大事，不用猜，一定是关于六国的事。

这几年来，嬴政削弱赵国和韩国的策略，虽然起到一定作用，却让做任何事都要把效率放在首位的嬴政不是那么满意。尤其是针对赵国的削弱战，效果微弱，在嬴政的预想中，简直可以忽略不计。

嬴政开始时认为赵国已穷途末路，但在对赵国的削弱战中，他发现对手还在不停地涌现人才，那个始终防守让他没占多少便宜的赵国大将李牧，就让嬴政刮目相看。

他对李斯说："长平之战，赵国主力尽失，斗志沮丧，已上气不接下气，可居然还有这样的人才，可见其他国家的情况，咱们当初的战略，应该是有问题的。"

李斯说："大王英明，不知大王想到什么计策没有。"

嬴政说："你先说。"

李斯不知道怎么说，但有人知道。

这个人就是差不多和韩非同时来到秦国的尉缭（注意，这不是他的本名，他名"缭"，姓已失传，嬴政让他当秦王国的"尉"，此官职主管国家军事，相当于今天的国防部部长兼军委主席，因此，史书称他为"尉缭"）。

尉缭是魏国人，他师父就是战国时期名动天下的鬼谷子，尉缭不但善于用兵，而且善于治军，是个知行合一的顶级人才。他当初来秦国找工作时，嬴政正缺少军事方面的人才，两人相谈，如同天雷勾动地火，一拍即合，尉缭就留了下来。

嬴政和李斯谈话时，他也在场。但尉缭的注意力不在会议上，他把全部精力都用在了琢磨韩非的死上。

他也不是在琢磨韩非的死，而是在琢磨自己。韩非当初来秦国时，嬴政的欢迎会搞得是锣鼓喧天，鲜花满街，可才不到一年的工夫，就死了。最让他不舒服的是，嬴政对于这样一个人的死，连个屁都没放。他就想到，有一天自己会不会也是这样的下场。

就在他胡思乱想时，李斯碰了他一下，他这才从恍恍惚惚中醒来，看到嬴政锐利的眼神正盯着他。

嬴政问他："你怎么看现在的形势？"

尉缭沉下心来，琢磨了一会儿分析道："我是管军事的，那我们就从军事角度来说，以今日秦军的强悍善战，诸侯那些军队根本不堪一击，我们只要肯下功夫，不停地用兵，就一定能取得胜利。"

嬴政当然知道这一点，所以他的问题是，持续发动战争对国家有巨大损耗，有没有办法可以把损失降到最小，而又能取得胜利。

这是人之常情，人人都希望付出最小，收获最大，于是，智慧就产生了。

尉缭想了一会儿说："这也不是不可能。六国看上去很脆弱，可如果我们来硬的，他们还是会拼死抵抗。堡垒都容易从内部攻破，所以我建议，拿出金钱和美女，收买各国的权臣，让他们在本国内传播，我们秦国绝对不会揍他们的，让他们放心，同时拿出金钱和美女，给各国的奸臣们，让他们离间他们的君臣。等他们窝里不太平了，我们再出兵，如此就能把军队的损失减少到最小。"

嬴政觉得这主意不错，李斯也觉得不错，认为这是个奇计。但李斯认为嬴政对尉缭有点太好了。

尉缭自来秦国后，就是人上人的级别，在衣食起居上，嬴政让尉缭和自己享受同等待遇，李斯酸溜溜的，不过很快他就悟出嬴政这种行为的原因了。

当时的嬴政，急切地想消灭六国，快速消灭六国可不是靠李斯这样的政治家能做到的，必须靠军事家，快速起效，让嬴政能看得见摸得着。所以嬴政对尉缭的态度，正是智者对人对事的态度，在什么时候用什么人，嬴政心知肚明。

虽然嬴政对尉缭的态度要比李斯好，可李斯并没有恐惧，因为尉缭只管军事，偶尔出点小主意，其力量范围还辐射不到他李斯的行政领域来。

所以，李斯和尉缭的友谊，看上去很美好。至于尉缭和嬴政的友谊，李斯不知道，尉缭虽然智慧超人，可嘴巴很大，而且喝多后就不管不顾，满嘴跑火车。

有一次，他和李斯喝酒聊天。尉缭喝多了，就对李斯说："大王这个人，不得了。"

李斯说："那是啊，大王英明神武，珍惜人才，智慧独步天下……"

尉缭打断了他的马屁话，醉眼蒙眬地说："大王有常人不可能有的忍耐力，但是——"

尉缭看人很准，嬴政如果没有超人的忍耐力，不可能在赵国活着回来。忍耐力这种品质，几乎所有的伟大人物都具备，因为它是你能成为伟大人物必备的一项素质。

李斯对任何人话中"但是"之后的内容都特别感兴趣，他急急地问："但是什么，快说。"

尉缭说："大王这个人，刻薄寡恩。"

李斯装出大惊的模样来，说："你怎么可以这样说，大王对你这么好，你——"

尉缭举起酒杯，再次打断了李斯的马屁话。

他喝了一口酒继续说道："这种刻薄寡恩的人是什么样的呢？用你的时候，把你抬成祖宗，他自己低三下四，谦卑如奴婢，比如我吧，我本是一介布衣，来到这里后，你看看，大王把我抬得比你都高。"

李斯喝了口闷酒。

尉缭接着评说刻薄寡恩的人的行为："如果有一天他不用你了，那你就惨了，他会把你贬得什么都不是，连老鼠都不如。"

李斯在酒杯里看到了那只很久都没有出现的老鼠。

他认可尉缭对嬴政的评价，在他看来，嬴政就是尉缭口中的这种人。但一个人在这个世界上要做成一件惊天动地的大事，必须这样啊。为了提高效率，肯定要对能用的人热情，极尽所能，所以不可能再拿出精力去对待那些对自己的目标没有任何帮助的人。

这就是目标主义，心中有定见，只会看到自己想看的，不会看到自己不想看的。这种思路，在李斯眼中，是完全正确的。因为他就是这样的人。

李斯不可能去嬴政那里告密，正如尉缭所说，嬴政现在需要尉缭，所以无论尉缭说什么，嬴政都不会介意，这是嬴政作为一个领导人的优点。

他去看尉缭时，尉缭真喝多了，脑袋不停下垂，但还要喝。

“酒鬼！”李斯心里想，口上却说，“你这样评价大王，这个不太好，呃，你有什么依据吗？”

尉缭眼睛发亮，神秘兮兮地说：“我会看相啊。大王高鼻梁，细眉长目，鸡胸，气管不好（蜂准，长目，挚鸟膺，豺声），这就是典型的刻薄寡恩的相貌。”

李斯回想嬴政的相貌，好像的确是尉缭说的那样，嬴政相貌堂堂（长目、高鼻梁），但阴柔（细眉），至于鸡胸和气管不好，李斯倒没有发现，这可能是他看嬴政和听嬴政说话时，看到和听到的永远都是威严，除了这些，再无其他。

——值得一提的是，中国古代后来的佛像面貌就是尉缭描述的嬴政的面容：细眉长目，高鼻梁，外表威严但不失阴柔。

李斯凑近了尉缭，说：“你能给我看看相吗？”

尉缭抬头，居然真的认真看了许久，摇头说：“你这相貌啊，像老鼠，啊哈哈。”

李斯正要生气，突然就高兴起来，的确，他就是老鼠，那只在楚国粮仓里漫步人生的肥老鼠。

解放韩国

公元前230年，郑国跑到嬴政那里报告：“渠已经修好啦。”

嬴政亲自去视察郑国建造的渠，结果令他相当满意。回宫后，他大宴群臣，在酒席中，嬴政突然想起来了，这个渠不是韩国当初设的一个局吗？渠已经修好，韩国那群呆瓜，是不是也应该离场了？

就此，解放韩国计划提上日程。

嬴政和李斯做事，有个共同点，二人虽然都有丰富的创造力，但从不胡来。他们走得特别扎实，嬴政看似是在公元前230年把解放韩国计划提上日程，但其实早在三年前，这个计划就已经悄无声息地在进行了。

之所以称之为悄无声息，是因为嬴政根本没有对韩国大动干戈，而是在执行尉缭的计划（对各国大臣使用金钱和美女攻势）。这个计划对韩国的效果如神，使得韩国君臣加速离心。

让嬴政如此快速把解放韩国的计划拿上台面的是发生在公元前231年的南阳事件。南阳是韩国的一块战略要地，秦国每次攻韩，南阳都是个不大不小的障碍。可就在这一年，守卫南阳的韩国将领因受不了都城那些狗官（这些家伙都收过秦国的金钱）的诽谤和欺压，突然宣布弃暗投明，把南阳（河南修武以西）双手奉献给秦国。

嬴政大喜过望，就以南阳为前进基地，解放韩国。至于谁去南阳，李斯推荐了内史腾（和尉缭一样，这个人是内史，名腾，没有姓）。

嬴政问李斯推荐内史腾的理由，李斯说："这个人打仗很厉害。"嬴政马上就明白了，派内史腾去南阳，就是为了解放韩国。

内史腾果然不负众望，一到南阳，先是清整南阳经济和社会秩序，获取了当地百姓的认可，然后就开始整军备战。

在南阳准备了三年后，内史腾接到了嬴政的命令：解放韩国。

当内史腾在两国边境集结军队时，韩安还在恍恍惚惚中，他搞不清这个世界到底发生了什么事，居然还派了使者跑去咸阳问嬴政："大王在咱们边境集结部队，这是要打谁啊，我们有没有可以效劳的啊。"

嬴政哈哈大笑说："回去告诉你们国王，当然有他可以效劳的，那就是别抵抗。"

韩国使者以为自己得了中耳炎，因为那天嬴政有点感冒，说话瓮声瓮气的。他又跑去问那些送礼给他的秦国大臣，那些人就乐颠颠地告诉他："你赶紧回去告诉你家大王，我们要解放你们啦。"

韩国使者确信自己没有听错，如发了羊角风一样，跑回祖国，告诉他的国王：“嬴政那畜生要打的是咱们啊。”

韩安甩手就给了使者一嘴巴，然后哈哈大笑说：“我已经向他称臣了，我又没有做对不起君主的事，他打我做什么！”

韩安这一巴掌打得特别狠，他手下那些臣子都收过嬴政的金钱和美女，被这响亮的声音震醒了，他们一醒来做的第一件事就是帮着韩安敲边鼓说：“这个使者的耳朵肯定塞了毛，秦国怎么会进攻我们这么乖的国家呢？”

大家都笑，笑声越来越大，震得韩国宫廷的柱子直发抖。

有忠于国家的臣子此时小声提醒韩安：“咱们在边境做点小准备总没错吧。”

韩安觉得可笑，说：“准备什么？让边防军该干吗干吗去，人生不应该时刻活在紧张中，那样的人生没有意思。”

大家一致认为，伟大的国王说得对，紧张的人生没有意思，但是，囚牢中的人生恐怕更没有意思。

当内史腾兵团开始对韩兵团发动总攻时，溃逃的士兵跑到首都来报告，韩安仍然不信。为了坚定自己对秦国的信心，他让宫廷歌舞团表演只有在国庆时才演出的大型歌舞。

内史腾兵团势如破竹，很快就推进到首都新郑城下。韩王在嘈杂的音乐中想起来一件事。他一拍大腿，说：“糟糕，我忘了一件事。”

身边的人立即让歌舞暂停，问他：“您忘了什么事？”

韩安说：“嬴政那畜生或许打的真是咱们，因为咱们虽然已向嬴政称臣，但我还在自称国王啊，也就是说，嬴政有打我的理由啊。”

那些观赏歌舞的大臣不高兴了，说：“大王，正看得起劲呢，您怎么说这么不吉利的话啊！”

正当大家你一言我一语时，首都卫戍部队司令前来报告道：“秦军开始攻城了。”

韩安跳起来，顺手拉起身边的两个美女，就向宫内跑。一边跑，一边让人向秦国派使者，他不无沉痛地向嬴政倾诉：“我对您秦国，比奴才对待主子还忠诚，你们要什么我就给什么，可伟大的主子，你怎么还打我们啊？”

他当然不可能收到嬴政的回复，因为内史腾很快就攻陷了他的首都。首都一陷，韩国其他城池争先恐后地竖起白旗，宣告主权从韩国转移至秦国。

韩国从公元前323年建王国到公元前230年，立国93年。

韩安被装进囚车，运送到秦国，嬴政以胜利者的姿态接见囚车里的他。他那榆木脑袋，仍然没有想清楚，嬴政为何非要灭他。

嬴政告诉他：“灭你的，不是我，而是时势，天下太乱了，我要统一天下，让天下不再有战争，万众和谐。”

韩安在囚车里张大嘴巴，说：“你是真敢想啊，千百年来，都是诸侯林立，你想什么呢？！”

嬴政说：“正因为世界上的人都是你这种驴一样的思维，所以天下才乱了这么久。”

最后，他对韩安说：“你也可以这样理解，灭你的不是我秦国，而是天下百姓，他们希望永久和平，那只有一个办法，就是世界上只有我一个国家！”

韩国的覆灭，是自取灭亡，秦国只是在外面轻轻推了它一把。世界上再也找不到任何一个国家，像韩国一样，直面强大的秦国时，不奋发图强，只求割肉喂虎，同时还要各种小聪明，得过且过。这就叫苟活，当它有这种心态时，它就已经死了。

嬴政就在韩安的囚车前隆重地向当时的世界宣布：韩王国解放了，所有韩国的土地被并入秦国版图，命名为颍川郡。

这声音是如此掷地有声，它如地震一样，迅速传播到世界各处。远在赵国邯郸都城里的赵迁（赵王）正在吃饭，突然一失手，筷子掉在了地上。

赵迁哇呀大叫一声：“凶兆也。”

赵迁说对了，的确是凶兆，是嬴政带来的谁也逃不了的凶兆。

干掉李牧

嬴政对赵国的感情，是既恨又爱。恨的是，他的童年在赵国受尽屈辱，这让他变得有时候连自己都不喜欢自己；爱的是，嬴政和他的国家有尚武精神，赵国同样有，其实赵国才是战国时期第一个军国主义国家，这就叫英雄惺惺相惜。

赵国自从晋国解体后，始终在创造传奇，一直被其他国家模仿，但只有秦国超越了它。战国初期，魏国称霸，各国都向魏国抛媚眼，唯独赵国向它挥舞棒子。赵国最大的传奇发生在第六代国王赵雍（武灵王）身上，这位雄才大略的国王在国内推动了汹涌的“胡服骑射”改革，建立了战国时期第一支骑兵大兵团，击退骚扰中原多年的胡人，灭掉了不可一世的中山国，称霸天下。

赵雍在位时，秦国不敢东进半步，赵雍还化装成使者去了秦国，窥探虚实，准备在有生之年灭掉秦国。遗憾的是，赵雍死于宫廷斗争，一代豪杰陨落，赵国慢慢衰落。虽然衰落，但秦国仍然不敢轻视它，直到嬴政出生前两年的长平之战，秦国消灭了赵国主力，这才松了口气。

解放韩国的第二年，嬴政突然想起了东北方的赵国，这个自己集爱恨于一身的国家到底怎样了。

他找来一直处理削弱赵国事宜的将军王翦，要他汇报情况。

秦国的军事将领很多，但在嬴政心目中，王翦是最棒的。王翦是土生土长的秦国人，从小就喜欢打仗，后来参军，由于秦国军事行动不断，王翦的升迁也持续不断。嬴政执政后，王翦已成为军方高层重量级人物。

嬴政认为，王翦是他的老师。这也正如尉缭所说的那样，嬴政用到谁的时候，就会对他特别爱护尊重。

从公元前236年开始，王翦就不停地向赵国做外科手术似的攻击，这种攻击的结果就是赵国的地盘越来越小，但这些都不是王翦最想要的。正当他进展特别顺利，满以为会把赵国活活细嚼慢咽掉时，赵国名将，同时也是中国历史上的名将李牧抵达战场。

秦赵战场顿时焕然一新。

王翦这回算是遇到对手了。李牧打仗，向来是防守反击，最好的反击不是防守，而是防守之后，等敌人被他磨得没有斗志了，这个时候的反击才是最后的反击。

王翦被李牧打败了许多次，正绞尽脑汁想法子时，嬴政要召见他的命令到了前线，两人见面，没有任何废话，直奔主题。

嬴政问："怎么样？"

王翦说："如果赵国没有李牧，早就被我消灭了。"

嬴政问："你实在搞不过他？"

王翦回答："有难度，需要时间。"

嬴政说："咱们没那么多时间，你现在别玩削弱战了，全线进攻。李牧，让我来处理。"

王翦不认为嬴政能处理得了李牧。嬴政让他放心，因为尉缭的那套策略，百试不爽，对李牧自然同样有效。

军国主义赵国，一直将星璀璨，尤其到了后期，曾灭掉齐国的乐毅、粗中有细的廉颇、让秦国总吃苦头的赵奢，都是数一数二的名将，但最让当时世界瞩目的名将，就是李牧。

李牧是赵国土著，深爱自己的祖国，从小喜欢兵法，比别人爱思考，并且肯付出时间和实践。他曾在赵国北方防御匈奴，因以步兵大兵团全歼匈奴骑兵大兵团而一战成名。后来秦国步步紧逼赵国，李牧就被派到秦赵前线，负责全面抵抗秦国。

自李牧来后，秦军顺风顺水的日子就到了头。秦国的将军们在战场上再也不能像从前那样，横冲直撞，百战百胜。李牧的打法和廉颇、赵奢极相似，就是永远先守，在顽固的死守中等待时机，时机一来，马上反攻。但李牧比廉颇和赵奢高明的一点是，李牧不仅从军事角度考虑问题，他还会从政治角度思考问题。

比如肥下（漳水东岸）之战，就是这种思路的突破性呈现。

公元前234年，嬴政任命桓齮为攻赵总司令，进攻赵国。桓齮势如破竹，攻陷了赵国的军事重镇平阳（河北邯郸市磁县东南）和武城（山东省武城西），赵国此战死伤惨重。

第二年，桓齮兵团又东出赵国上党，越过太行山，从北路切进赵国后方，然后狂风扫落叶似的扫荡了赤丽、宜安（河北蒿城西南二十里），由于立功心切，桓齮兵团未做休整，直奔邯郸，赵国危在旦夕。

当时，李牧正在赵国北境临时执勤，闻听此事后，率领他的兵团迅速南下抵达宜安，和秦军对峙。桓齮一见李牧，怒发冲冠，立志要干掉李牧，青史留名。

但李牧不给他机会，采用老套路：拒不出战。

桓齮可不是吃素的，他用引蛇出洞之计，亲率主力进攻肥下。人人都知道，肥下一失，邯郸就失去了屏障，李牧肯定会出城营救。

桓齮疯狂地进攻肥下，在来肥下的路上设下埋伏等李牧。

李牧让他失望透顶，固守如故。肥下危在旦夕，眼看就要被攻破，桓齮还是等不来李牧，急忙命人停止进攻，等肥下恢复一点力量后，他才再次下令进攻，他在等李牧，但李牧就是不来。

因为李牧很忙。桓齮带领主力走后，营盘兵力薄弱，李牧就趁此良机，对桓齮营盘发动突袭，俘获了留守的全部秦军和辎重。

消息传到桓齮那里，桓齮暴跳如雷。其实他那个破营盘除了一点士兵和辎重，什么都没有，失去或者不失去对他的军事方略没有任何影响。但桓齮必须回救，因为如果他不回救，这一消息一旦传到嬴政耳朵里，嬴政会怎么想？

一个堂堂的攻赵大将军，居然连自己的老巢都保不住，你还当什么大将军？

这也是李牧从政治角度考虑的问题：秦国大将太多了，人人都想立大功，人人都想做攻赵总司令，桓齮这种心情尤其急迫，所以他绝对不能给人以借口，让嬴政拿下他的攻赵大将军。

他放弃肥下，回身来救。李牧把主力放在两翼，以一部兵力直面桓齮，桓齮跳进了李牧的圈套里，全军覆没。

桓齮努力想保住攻赵总司令的头衔，却终于没有保住。桓齮应该明白一条人生道理：越是在意虚名，虚名就越容易失去。

嬴政大为恼火，这是自攻赵以来最大的失败，他下令要王翦接替桓齮。王翦虽然也是名将，但和李牧相比，还是有一点差距，所以他也不能在攻赵上有突破性进展。

嬴政对李牧不感兴趣，他只对李牧阻挡他的大业感兴趣。他寄希望于尉缭的诡计，派间谍去赵国，找到赵迁的宠臣郭开。

郭开和当时各国所有国王身边的宠臣一样，拥有卑污的灵魂和腐烂的情操，在他们心里，除了金钱美女，什么都没有，尤其没有国家。尉缭的计谋能快速起效，就因为这种人特别多，郭开便是其中的佼佼者。

当秦国间谍像个暴发户一样把一车黄金推倒在他面前时，他两眼放光，口水直流。

使者说："这些都是你的了。"

郭开盯着黄金，问："要我做什么？"

使者说："要你在你们国王面前说一句话。"

郭开还在盯着黄金："什么话？"

使者说："李牧要造反。"

郭开停了一会儿，看着使者："没有了？"

使者说："没有了。"

郭开笑起来，这买卖值。

第二天，郭开就心急火燎地跑到赵迁那里，告诉赵迁："李牧要造反。"

赵迁正在吃饭，看着一脸忠贞的郭开，马上放下筷子，他对谋反这种事特别敏感，因为他就是踩了老哥赵嘉才上台的。

他急切地问郭开："你是怎么知道的？"

郭开胡诌道："边防军里都传遍了，只有您不知道。"

赵迁肥嘟嘟的脸变得青黑，用脑子里仅有的理性思考了大半天，才困惑地问了一句："李牧为啥要造反？"

郭开觉得解释一件无中生有的事很费脑筋，干脆就说到赵迁最担心的问题："我的大王，咱们先不管他为啥要造反，现在咱们国家的军队全在他手里，他有造反的资本啊。”

赵迁眼前一黑，黑暗中，他看到了李牧和其身后的士兵，向他发出狞笑。

他马上向前线下令：李牧交出兵权给赵葱（亲王）和颜聚（一个半瓶子醋将军），速回邯郸，有要事相商。

李牧接到命令，长叹不已，对他的战友司马尚说：“国家危在旦夕，又雪上加霜，赵国离亡国不远了。”

司马尚只会打仗，不懂得这些深刻的政治道理，他说：“既然大王找您有要事，您就回去吧，有我在，秦军无论如何都过不来。”

李牧说：“你不懂，召我回去是一个陷阱，这正是对面秦国希望的。我死不要紧，赵国怎么办？！”

李牧正在犹豫是否交出兵权，郭开及时打出第二张王牌。他对赵迁说：“大王看到了吗？李牧迟迟不肯交出兵权，必要谋反。”

赵迁像疯狗一样叫起来，派赵葱和颜聚带着他的大印去前线，和李牧进行武力交接。

赵葱和颜聚快马加鞭赶到军营，发现李牧就在军营大门口坐等二人，两人带了很多军队，又有赵迁的大印，可就是不敢上前一步。

李牧微闭双眼，对二人说：“回去告诉大王，这是秦国嬴政的奸计，目的就是想除掉我。李牧死，赵国亡。”

赵葱听了这句话，掉头要走，颜聚急了。颜聚原本是赵国军界一哥，可自从李牧来前线后，就没有他什么事了。他嫉妒李牧，认为自己也能建立旷世奇功，所以即使李牧是被冤枉的，他也假装不知道。

他向军营出示赵迁的大印，趁军中混乱，发动攻击。李牧在逃亡途中被杀，一代名将，生得伟大，死得窝囊。

三军将士皆为李牧流下眼泪。赵迁还自鸣得意，认为自己拥有高度智慧，在千钧一发时扑灭了一场叛乱。

嬴政和尉缭的谋略固然高明，但如果没有郭开、赵迁这些瘪三人物的大力配合，这种离间计连屁都不是。世界上也正是因为有赵迁这种糨糊脑袋，才反衬出他对手的高度智慧。

赵国灭亡已迫在眉睫，只有李牧有可能改变这种形势，但赵迁却亲手帮敌人干掉了最后的中流砥柱，赵国不亡，简直没有天理。

赵国将士的眼泪还未流完，嬴政在得知赵迁拆除了唯一的栅栏李牧后，兴奋得像疯了一样，下令全线解放赵国。

解放赵国

赵国野战军没有了李牧，就如同人没有了灵魂。但嬴政还是很谨慎，王翦去解放赵国时，他特意和王翦吃了顿陕西油泼面。两人吃得汗流浃背，嬴政放下筷子，对王翦说："你要去灭赵，我有四个嘱咐，你要听好。"

王翦拿出竹片要记下来，嬴政阻拦他道："老将军，少肉麻了。我说，你听着就是了。第一，能不杀人就不杀人；第二，约束士兵少抢劫；第三，攻陷邯郸后，杀了那些收受咱们金钱和美女的奸臣；第四，适当保留赵国的一些贵族，还有他们的家族。"

王翦听蒙了，嬴政大王什么时候变慈悲了？秦军杀戮，向来是秦国的国策，士兵攻陷城池后都要抢劫三天，不然谁去打仗？王翦更不明白的是，邯郸城可是嬴政大王的地狱，按他王翦的想法，应该把邯郸城从地球上抹去。

嬴政看出了王将军的困惑，于是就问他："让你去打赵国，目的是什么？"

王翦回答："灭它啊。"

嬴政说："没错，可赵国和其他国家不一样。你看，自从长平之战咱们干掉了他们的精锐主力，这么多年，咱们不停地打它，它却扛了这么多年，为什么？因为他们还记得长平之战白起坑杀他们士兵的仇。如果咱们还像白起一样，遇人就杀，他们会奋起反抗，赵国这么多年来，被我们打得已全民皆兵，一旦咱们过分残暴，激起他们更大的反抗，那就很难灭赵了。况且，我们要灭的是赵国的政权，不是它的百姓，没有了百姓，要那么多地盘做什么？”

王翦恍然大悟，说：“大王英明啊。”

嬴政接着说：“士兵抢劫是同样的道理，有抢劫就有反抗，有反抗就有杀戮。我再重申一遍，赵国可是全民皆兵的。人就是这样，你把他往死里逼，他就会以死反抗，但你只要给他留一条活路，哪怕这条路很窄，他们也会放弃抵抗。”

王翦再次恍然大悟，说：“大王真乃神人也。”

但是，王翦还有最大的疑惑：“大王为何要保邯郸部分贵族的命？当初，您在那里可受了不少苦啊。”

嬴政说：“保护他们就是保护咱们在赵王国的利益，如果死逼他们，他们就会打着赵王的旗帜号召百姓反抗咱们。”

王翦第三次恍然大悟。

嬴政最后对王翦说：“等你攻下邯郸，我要亲自去一趟，到我曾经生活过的地方，我们自己的土地上去走走，去看看。”

王翦似乎明白了点什么，嬴政还是放不下童年的那段悲惨记忆啊。老王忽然想起，嬴政偶尔在脸上呈现出来的冷酷，是不是因为这位世界上最强大的国王始终就没有找到走出童年那段记忆的出口呢？！

当然，一想到这里，王翦就想抽自己一个嘴巴，因为从前的圣人说过，做臣子的绝对不能臆测君王的心意，这种行为是大逆不道，哪怕是产生这种念头，都是诛三族的罪。

没有了李牧，王翦如蛟龙入海，虎入羊群，在奉行嬴政的嘱托和其制定的战术下，赵国野战军节节溃败，代替李牧的赵葱和颜聚纷纷殉国。

王翦进围邯郸，赵迁这时才想起李牧的那句话：李牧死，赵国亡。

这句话像锥子一样，扎得他心脏刺痛，呼吸困难。

邯郸城中仅有的武装力量——国王卫队劝他爬上城墙，和王翦面对面，激励守城部队的士气。

赵迁吓得脸色惨白，他哆嗦着说：“战场刀箭如雨，岂可儿戏，看看是否还有逃的可能。”

卫队首领沉痛地告诉他：“邯郸城现在被王翦围得连苍蝇都飞不出，往哪里逃啊！”

赵迁说：“那就赶紧投降，可能还可以免于一死。”

卫队全体不同意。古语云，燕赵自古多慷慨激昂之士，此言不是虚语，但赵迁应该不算在内，他杀了几个不同意投降的卫士，亲自跑去打开了城门，迎接他的敌人入城。

当时世界上最坚固的大城邯郸（它曾多次受到强敌的攻击，但从未陷落）悄无声息地陷落，赵国其他地方也被秦军陆续接收，赵国——其实它本应是最有希望统一中国的——就这样玩完。

赵国的赵迁政权是完蛋了，可赵国就像打不死的小强，很快，赵国的王族就联合起来，推举赵迁的哥哥赵嘉为新国王，组建流亡政府，在代城称王。公元前222年，秦国大将王贲攻陷代城，活捉赵嘉，赵国就此才真正灭亡。从公元前323年赵国称王国到公元前222年被嬴政所灭，赵国立国101年，它在很长一段时间里都是秦国最强劲的敌人。

我们当然要为赵迁干掉赵国的唯一顶梁柱李牧而责备他昏聩低能，但我们更应该同情他。赵迁自上任以来，秦国就一直在向赵国进攻。赵迁始终处在恐惧、紧张和焦虑中。任何人，在这种负面情境中困得久了，其神经必然会过度敏感。稍有风吹草动，他就认为天塌地陷；清风拂面，他却认为海啸袭身。

嬴政的智慧，就在于看透了赵迁的这种心理，所以一离间，赵迁必中招。赵迁的故事告诉我们，人必须内心强大，否则，经历再多的艰难困苦，只会被累倒，不会有任何益处。

赵国的灭亡，是战国晚期最大的一起政治事件。自秦国强盛，开始东进以来，赵国始终是阻挡秦国的一座巨峰。现在，巨峰坍塌，东方三国（魏、燕、楚）惶惶不安。他们预感到大限将至，但每个国家的反应却截然不同。

嬴政入邯郸

嬴政得知王翦解放赵国后，第一时间奔赴邯郸。在去邯郸的路上，嬴政感慨万千，那个承载他人生中所有不愉快的地方，现在是他的了，如同一个追寻了千年的仇人，突然五花大绑地跪在他面前一样，嬴政在轿子里，激动得想哭。

邯郸城外，王翦和一干秦国的将军恭迎他的驾临。本来，嬴政的马车应该进城，但嬴政就在城外停下，他要步行进邯郸，他要彻底感受这个给他带来痛苦的城市的一切。

他走在邯郸城的大街上，前呼后拥，赵国的百姓被士兵看管着，站在街道两旁热烈地欢迎他。

他走着走着，就停下来，指着某块巨石说，某次某次，哪个哪个赵国贵族的小孩用我的脑袋撞这块石头。王翦马上让人在竹片上记下那人的名字，嬴政走了一条街，竹片上的名字已经有数百个。

王翦内心暗暗称奇，大王的记忆力是真好啊，不但知道伤害他的人的名字，还知道在哪里伤害的他。

最后，嬴政来到赵迁的王宫。赵迁的囚笼就置放在王宫中央，这是王翦的奇思妙想。嬴政对这个王宫没有感情，因为他从来就不曾来过。

他看了看赵迁，赵迁很年轻，长得像个包子，给人的感觉是无害的。这样的一个人怎么能称为昏君呢，嬴政大为感慨，对身边的人做出重要指示：“你们看，这样一个人，也会杀了他唯一的支柱李牧，可见金钱这东西多坏。”

王翦适时地补充道：“其实是人心坏。”

李斯紧走几步，又补充道：“其实上有什么样的君主，下就有什么样的大臣，如果不是赵迁昏庸，郭开怎么能离间成功？”

嬴政点头道：“你们都要监督我，不要让我做赵迁这样的国王！”

众人全都大声叫喊道：“是。”

只有赵迁在囚笼里冷哼了两声，这像猪叫一样的声音把嬴政的注意力吸引来了。

嬴政问他："李牧忠心耿耿，能力超绝，你为何要杀他？"

赵迁流下懊悔的眼泪说："您是上天派来灭我赵国的，李牧阻挡你，我们先替你铲除。"

这话相当沉痛，李牧泉下有知，不知作何感想。

嬴政对赵迁没有兴趣，他来赵国，不是来向失败者炫耀的，而是来复仇的。他的目的很明确，那就是用血来洗刷他儿时在邯郸所受的耻辱。

王翦适时地把名单呈上，竹片上的每个名字，都是扎在嬴政心上的一根针，他下令："按名字，凡是活着的，全部捉来。"

秦军的效率出奇地高，很快，嬴政面前就跪满了人。有的浑身发抖，有的涕泗横流，有的大呼小叫，有的则呆若木鸡。

嬴政要他们抬起头来，他们在秦兵的刀枪帮助下，纷纷抬起头。

嬴政指了指他们，又指了指自己，问："你们还认识我吗？"

近三十年过去了，人的相貌大为改变，根本就没有人认识嬴政了。但他们知道嬴政，那个他们曾经欺负过的孩子，现在正是秦国的国王。

他们开始大喊："冤枉啊！"

嬴政一挥手，士兵们把那些人全部拖出去，嬴政下令："全部活埋！"

等所有的喊叫都消失后，嬴政恢复了常态，他在邯郸做的最后一件事就是去小时候住过的地方看看。

他像个导游一样，给跟随他的大臣们讲解房屋里的一切，后来，他指着一个小凳子，说："这个就是我和姬丹常常争抢的玩具。"

众臣唯唯。

嬴政突然像被电击中了一样，嘴唇哆嗦着："姬丹。"

儿时的往事，忽然在他眼前浮现，那是只有他才能看到的他和姬丹玩耍的场面。那个时候，姬丹说要和他建立生死友谊，他却在为所受的委屈愤愤不平，根本不理睬姬丹的乐观情怀。

这个时候，嬴政的内心很温暖。原来，在那段不堪回首、刻骨铭心的悲惨岁月中，还有这样一丝甜蜜。

这种甜蜜，也只有在他身临当时的境地时，才能想起。这么多年来，他一想到邯郸岁月，头就不自觉地疼痛，那是苦涩的记忆在折磨他。

如今，这段痛苦的记忆被他用血抹平，可为什么仇恨的印记仍然没有从脑子里消失呢？

嬴政在那里胡思乱想，大臣们都不敢惊动他。

邯郸城外的原野上，第一朵芍药花偷偷绽放，这意味着春天正在慢慢接近邯郸。嬴政的眼眶有点湿润，他叹了口气，回头对王翦说："这块土地是咱们的了。"

李斯及时地喊叫起来："大王万岁。"

所有人都跪下，齐呼万岁，声音回荡，把嬴政的耳朵震得很疼。他说："希望这声音能传到更远的地方，让其他国家今天难以入眠。"

李斯来了劲："万岁！"

嬴政已经从这种欢呼声中清醒过来，他自言自语道："不知道姬丹现在可好！"

天真的姬丹

人在长时间受到欺侮，然后某一天忽然强大后，会有两种反应：一种是多年的媳妇熬成婆，对待媳妇比她婆婆还狠；一种是对弱者感同身受，关怀他们。不同的反应，源于不同的人性，这是注定的，无法用后天的理论解释。

嬴政的反应属于第一种，姬丹的反应则是第二种。

嬴政在邯郸城问："姬丹现在可好？"其实他知道，姬丹现在不可能好。

姬丹是燕国国王姬喜的嫡长子，理所当然的太子，童年时和嬴政一样，被燕国送到赵国做人质。所有的人质，管你是王子还是太子，在异国他乡的处境都不可能好，姬丹在赵国，同样受到赵人的欺压侮辱。

正是在做人质时，他和嬴政相识，这对难兄难弟很快就成为好朋友。姬丹和嬴政的性格截然不同，嬴政冷酷，姬丹热情；嬴政不知慈悲为何物，姬丹悲天悯人。嬴政悲观，姬丹乐观。这样性格迥异的两个人，居然能成为好朋友，你就可以想见二人当时的处境有多么惨。人只有在凄惨境遇下，才会忽略别人的性格与其深交，借以互相倚靠，抱团取暖。

据姬丹的说法，他和嬴政的感情相当可靠，下面这段姬丹的回忆就是证明。

姬丹说，他和嬴政约定，有一天两人回国后做了国王，秦燕之间永不为敌。姬丹说，嬴政当时热泪盈眶，点头同意。

这显然是姬丹的意淫。当时秦赵之间不停地发生战争，悲观的嬴政把回国当成是一种幻想，即使他当时答应了，也并非出自真情实意。

后来的事恰好证明了这点。嬴政回国后成为国王，燕国向秦国示好，送个王室成员到秦国做人质，姬丹傻乎乎地主动请缨。按他的逻辑，他和嬴政是好朋友，去秦国名义上是做人质，实质上是老友聚会。

这种想法幼稚得可笑，两国的领导人，没有永恒的友情，也没有永恒的仇恨，只有永恒的利益。姬丹的思路还处于人和人之间的关系上，却不知，他和嬴政已经是国与国之间的关系了。

姬丹兴奋地到了秦国，嬴政对他很冷淡，姬丹热脸贴了个冷屁股，还未搞清楚嬴政到底怎么回事，嬴政刹那间翻脸无情，用以前赵国人对待他的方式来对待姬丹。

姬丹仰天长叹，可他还是对嬴政抱有希望，这种希望是本性善良的人的推己及人，他以为他善良，别人也会和他一样善良。

姬丹不了解人性，更不了解嬴政的人性，当他后来终于看清嬴政的本性后，他希望嬴政能看在当初共患难的情分上，放他回国。

嬴政说："啊哈，你想回国，可以啊。等到乌鸦白了头，马儿长出角，我就准你回去。"

姬丹张大了嘴巴，说："哎呀，你们秦国这地方真是太神奇了，我们燕国的乌鸦不可能白头，马儿也不可能长出角，看来人若想长知识，还是要行万里路啊。"

嬴政说："我们秦国的乌鸦也白不了头，马儿也长不出角。啊哈，你这个蠢货。”

姬丹咆哮起来，嬴政从前对他的各种侮辱都不如“乌鸦白头，马儿长角”对他的打击大。

他像疯了一样，要去捉嬴政，他就是想问问，为什么嬴政会变成这个样子，难道从前的共患难之情，嬴政都喂了狗？！

嬴政才不会告诉这个笨蛋，欲成大事，不能有人类基本的感情，那会遮蔽自己的智慧；欲成大事的人，心中不能有人类所定义的善恶，因为那是妇人之仁。

姬丹永远不可能明白嬴政对他的态度，嬴政是那种受过痛苦，有机会必将回报，不管对方是不是曾经给他痛苦的人。

天下所有的乌鸦都不可能白头，马儿也不会长角，所以姬丹也永远不能回国。幸好姬丹还有一点点智慧，没有把回国的希望寄托在白头乌鸦和长角的马身上，他决心靠自己。

他给祖国秘密写信，谈了白头乌鸦和大角马的事，然后希望祖国可以拯救他。燕王姬喜开始运作，派出各种身怀绝技的人。这些人，并非政府和军队的人，而是天桥卖艺的，但这些人的运气特别好，居然真就把姬丹从秦国救回来了。

姬丹一回到燕国，抱着老爹一顿痛哭，发誓要向嬴政复仇。注意，姬丹只向嬴政复仇，不像嬴政，向所有使他身陷当初境遇的人复仇。

姬喜对儿子的宏图大志很赞赏，所以就把国家交给他，自己则去安享已经所剩无几的晚年。

姬丹一朝令在手，便把权来用，可惜，他用错了地方。

樊於期来燕

站在周王朝角度说，燕这个国家在战国七雄里，历史最厚重光辉。姬发（周武王）灭商后，分封了许多诸侯国，燕国的创始人是姬发的亲弟弟姬奭（燕召公），当时姬发分封了五十多个姬姓诸侯，但进入春秋后，姬姓诸侯太不争气，相继灭亡。到战国时，只有燕国还在，它就此成了姬家和周王朝王族的唯一血脉与标签。

长命百岁，只能代表它的长度，不能代表它的质量，燕国这个国家的质量只不过比韩国略高那么一点而已。燕赵自古多侠士，似乎有赵无燕。由于它在中国本土的最北边（都城是今天的北京），所以常常受到北方少数民族的骚扰。但和赵国不同，赵国在和少数民族的对抗中，苦苦磨砺自己，使自己成为军事强国；燕国恰好相反，越来越弱，最后，只好和北方少数民族建立的代国称兄道弟、平起平坐。

一个国家的强弱，部分取决于天时地利，但更多的是人和，这个“人和”中就包括了人的思维和行为方式。

我们仅以燕国首都蓟城为例来说明，当时的蓟城里，上到国王下到草民，都喜欢侃大山。侃大山会让人沉浸在强大的幻影里，看不到危险，对各种机会视而不见。燕国人的思维和行为方式，喜欢浮夸，不喜走正常路线，民间文化繁盛，所以政治上混乱不堪，由此导致了它始终不能像秦国、赵国那样，诞生特别多的实用主义者，所以，八百多年来，它一直就很弱。

不过这种弱，和韩国的弱不一样，韩国知行合一，它承认自己弱；燕国虽然弱，但一直认为老子不弱，天下无双，这可不是夜郎自大，而是自我感觉良好。

姬丹从秦国逃回祖国后，就对解救了自己的江湖人物大感兴趣，他不在政治上励精图治，而是把全部精力都用在寻找江湖人士上。

当然，这种想法也是被现实逼出来的，秦国自商鞅变法，突然摇身一变成为第一强国后，东方六国就再也没有一个国家可以与它抗衡，即使联合起来，也颇为吃力。秦国灭赵后，又把主力部队放在赵国，对燕国虎视眈眈。这就逼迫姬丹为拯救自己的祖国，不能用常规的强国策略，它在燕国无法实现，也来不及，而必须独辟蹊径，出奇制胜。

然而捷径不是那么容易找到的。姬丹天天和那些江湖人士吃饭喝酒，但这些人除了喝多了吐，没有任何建设性的意见给姬丹。

就在姬丹感觉天不遂人愿时，一个人来到了燕国。这个人，让姬丹一下子找到了对付嬴政的捷径。

来的人叫樊於期，是秦国的一名将军，在和赵国李牧进行的一场战役中，全军覆没。嬴政对败将的处理极为严苛，樊於期不敢回国，先是跑去魏国，魏国不敢收留他，然后就跑来燕国。

姬丹把他藏起来，认为得到了一个宝贝。嬴政照会各国，谁敢藏匿樊於期，谁就是秦国的敌人，他绝不饶恕。为了证实他没有在吓唬各国，他把樊於期全家处决。现在，樊於期和嬴政有了不共戴天之仇。

姬丹的老师鞠武头脑很清醒，在得知姬丹藏匿了樊於期后，提醒他，秦国正准备消灭各国，如果让他知道了你藏匿樊於期，这正好成为他进攻的借口。

姬丹看上去头脑比鞠武老师更清醒，他说："嬴政禽兽，即使我不藏匿樊於期，难道他就不打咱们了？樊将军乃真汉子，对待真汉子，怎可将他送给仇敌，这是不仁！"

樊於期在帘幕后听到这句话，感激得痛哭流涕，他走出来，跪拜姬丹说："我愿听从您的差遣，只要是针对嬴政的事，我赴汤蹈火，在所不辞。"

姬丹等的就是这句话，他扶起樊於期说："你就安心住在这里，我一定会用上你的。"

樊於期因痛失家人，现在非常痛苦焦急，问道："什么时候？"

姬丹望着窗外的雪花飞舞，淡淡地说："很快。冬天来了，春天还会远吗？"

荆轲出场

樊於期自从来到燕国，姬丹就总和他在一起，两人逐渐成为无话不谈的好朋友。每次谈到嬴政，两人都义愤填膺，恨不得把嬴政活煮了，然后喂狗。

姬丹见樊於期是自己人，就透露出他的计划，这个计划就是，找个高手，刺杀嬴政。一来为自己复仇，二来保住燕国，三来保住全世界。

樊於期久在军营，所经历的都是兵团硬碰硬的事，对于这种"奇巧"，他没有概念，而且很怀疑。他说：“嬴政固然该死，但秦国更该死，杀了嬴政，秦国也不会灭，再上来个国王，可能比嬴政还要狠毒。”

姬丹不同意樊於期的看法，他认为，秦国自商鞅变法后的历代国王，都没有消灭六国，一统天下的念头。只有这个嬴政，脑子可能被门夹了，才有这种残酷的想法，只要干掉他，秦国上来任何国王，即使有战争，也是小打小闹。世界各国就都保住了。

姬丹说这些话时，吐沫横飞，咬牙切齿，樊於期只好赞同他的分析。

但找谁去刺杀，姬丹始终拿不定主意，他的江湖朋友圈里，倒有几个人选，比如面红耳赤、长得像后来关二爷的夏扶，青面獠牙的宋义，以及十几岁时就杀了好多人的秦舞阳。

可姬丹总觉得这些人缺少点什么，他后来把这种困惑说给老师鞠武听，鞠武叹气说：“太子啊，您不从清理政治、整顿军队上着手，总想搞这些邪门歪道，这很难成事啊。”

姬丹说：“时不我待啊，嬴政的军队就在边境，我们哪里有时间搞政治和军事啊。”

鞠武想了想，觉得也对，他说：“既然你下定决心要这样搞，那我就推荐个人给你吧。”

鞠武推荐的人，是姬丹最喜欢的江湖人物，此人叫田光，据他自己说，他曾在齐国学过招魂术、长生不老术、催眠术，在卫国学过巫术和武术，在燕国学过辩术，纵横江湖几十年来，没有对手（不知道他心中对手的概念是什么），所以江湖人都尊称他一声“田老爷子”。

姬丹一见到田老爷子，就大失所望，田老爷子步履蹒跚，还拄着根棍子，满脸皱纹，说起话来上气不接下气。

姬丹心想，这不就是个不中用的老头子吗，鞠武这人太不靠谱。

姬丹的那三个侠客站在主子后面，夏扶憋红着脸，表情痛苦，像是便秘；宋义青面獠牙，眼珠子骨碌骨碌直转；秦舞阳则把玩着一柄小刀，在手里抛上抛下。

田老爷子毫不客气，根本不用姬丹请他坐，就直接坐到次位，而且单刀直入地对姬丹说："别瞧不起我，我不可能替你去宰嬴政，我来的目的是给你推荐个人，他可以做到。"

姬丹"哦"了一声。

田光看了看姬丹的三侠客，说："你这三个人狗屁不是，长得就像废物刺客，不等近嬴政的身，就被大卸八块了。"

三个人大怒，想要上前，姬丹拦住了，侠客应该懂得尊老。

田老头冷笑，站起来，拄起拐棍，起身就走，居然健步如飞，人已经消失，声音才传来："来的人叫荆轲，三两天就到。"

姬丹对田光的身法大吃一惊。秦舞阳被惊得刀落到地上，扎到了自己的脚，哇哇惨叫。另外二人瞠目结舌，以为白日见鬼了。

许久，姬丹才平静下来，不由得大喜："这老头真是深藏不露，他推荐的人，准没错。"

半个月过去了，荆轲没有出现，姬丹等得头发都白了，像嬴政说的那只白头乌鸦一样。他很痛苦，向身边的三侠客抱怨说："这个世界上不靠谱的人怎么如此多？！"

三侠客异口同声说："干脆，我们三个去把嬴政的头拿来得了。"

姬丹当然不能像田光评价他们一样说实话，只好说："我舍不得你们啊。"

三侠客很不高兴地说："太子殿下，我们这身手，肯定是有去有回，你有何舍不得！"

当时雪花正在飘落，姬丹正要和三侠客说话，突然雪里冒出一个身影，寒光又一闪，一柄长剑，刺向姬丹。

三侠客大呼小叫："太子殿下，小心刺客。"

姬丹急向后退，三侠客作鸟兽散，姬丹一直退，退无可退，直退到梅花树下，后背撞上了梅花树。

梅花在雪中飞舞飘落，姬丹的脖上横着一柄寒光凛凛的青铜剑，剑的主人轻轻地伸出左手，一朵梅花飘落在手上。

来人剑眉星目，体态修长，飘飘然有神仙之姿，在雪花和梅花的映衬下，这种人景合一的场面犹如梦幻。

这种场景，姬丹即使在梦里都没有见过，他忘记了对嬴政的恨，忘记了自己脖子上还有一把青铜宝剑，忘记了山河大地、虫鱼鸟兽，忘记了他还是个活人。

这种场景，三侠客没有看到，他们跑回自己的房间，为在主人面临危险时自己居然逃之夭夭而万分自责。

姬丹正沉浸在人生最美好的情境中时，那柄青铜剑收了回去，当啷一声，宝剑归鞘，剑鞘抖得像抽风一样厉害。这说明，来人是个超级高手。

“在下荆轲，无意冒犯。”来人对姬丹说。

姬丹笑得比梅花都漂亮：“哎呀，我可等到你了。你怎么才来啊？”

荆轲不能早来，是因为有事，他去找了天下第一剑盖聂比剑，结果输了。但这事，他没有和姬丹说。

荆轲也不是一个人来的，还带了个叫高渐离的江湖兄弟。自此，姬丹就把三侠客扔到一边，全心全意和荆轲、高渐离、樊於期厮混。

四个人每天都喝酒，樊於期在酒局上耍大刀，荆轲舞剑，高渐离击筑（一种乐器），姬丹欣赏，四人耍得是不亦乐乎。

就这样花天酒地地过了一个月，有一天姬丹早上起床，突然起了个疑问，荆轲是来干什么的？然后他就想起来了，荆轲来这里，是为刺杀嬴政的，不是来喝酒舞剑的。

嬴政来信

姬丹向荆轲陈述他所认为的困境：嬴政灭了赵国，主力全部集中在燕赵边境，对燕国虎视眈眈，所以我必须保卫燕国，不能让燕国成为第二个赵国。如果干掉嬴政，一方面可以报了私仇，另一方面可以保存燕国，更重要的是可以保存天下。

姬丹所认为的天下，就是当时各国林立的天下，不是嬴政所谓的一统天下。

荆轲对姬丹有如此高尚的情怀而赞叹不已，这位一直是无业游民的伟大侠客，当即拍着胸脯，向姬丹立下重誓：一定替姬丹取了嬴政的狗头。

但荆轲不能马上去秦国刺杀嬴政，因为他的人生理念是，做任何事，都要准备充分才可行动，特别是如此重大的事，没有充分的准备，他绝不会去做。

姬丹就问他："你需要什么，你说我做。"

荆轲说："我需要两样东西，第一样是天下名匠徐夫人（此人是爷们）的匕首一把。"

姬丹说："这容易，我的江湖朋友圈里，有人认识徐夫人。"

荆轲很满意，说："第二样，我要等一个人。"

姬丹问："是谁？"

荆轲说："他叫盖聂，搏击术高强，只要他能和我去，此事必成。"

姬丹说："那就叫上他一块儿去啊。"

荆轲说："不行，他正在山洞闭关修炼，要等他出关。"

姬丹问："要多久？"

荆轲说："半年吧。"

姬丹头痛了，说："这么久啊，换个人不行吗？你看我手上有三个侠客，都是很能打的。"

荆轲说："不行，我只等盖聂。"

姬丹头更痛了，但也只能痛，因为现在可是他求着荆轲，他不能以权力威胁荆轲马上去刺杀嬴政。一方面，这不是对待江湖兄弟的态度；另一方面，恐怖袭击这种活，必须袭击者心甘情愿，自动自发，否则，他搞起袭击来不用心，事情就不成了。

很快，半年就过去了，姬丹把自己喝成了酒精肝，每天都难受，可盖聂像是死在山洞里一样，毫无动静。

姬丹最后等得真是不耐烦了，催促荆轲说："你看，徐夫人的匕首都快生锈了，你怎么还不走啊？"

荆轲说：“等盖聂。”

姬丹说：“你自己刺杀嬴政不行吗？”

荆轲说：“稳妥起见，还是要等盖聂。”

姬丹毫无办法，说：“还要等多久呢？”

荆轲说：“有心等，时间会过得很快的。”

时间的确过得很快，又是半年过去了，盖聂好像真死在了山洞里，江湖上一年来没有人见过他。姬丹等得急啊，马都快生出角了，终于等来了一个惊天的消息：嬴政给他来了封信。

自把邯郸的耻辱用血洗刷后，嬴政还是不快乐，他从前认为复仇成功是件特别快乐的事，可仇恨在心里太久了，即使复了仇，也不能将仇恨从心里驱赶出去，因为仇恨已和他融为一体。

但是，他毕竟是个有血有肉的人，是人就有情感，在冷酷的间歇期，他总会想到姬丹，那几年，他对姬丹太不好了。可很快，这种淡淡的愧疚就烟消云散了，因为在燕国的间谍回来报告说，姬丹在搞小动作。

间谍说：“姬丹养了一大批要把式的，太子宫中，每天都充斥着大呼小叫的声音，那是姬丹的门客在练拳。”

嬴政说：“姬丹这人脑子里有糨糊，养这些人能为他的国家贡献什么？”

间谍说：“大王您小看他了，后来他找了个叫荆轲的无业游民，据说此人剑术高超，他要让荆轲来刺杀你。”

嬴政气得七窍生烟，姬丹这蠢材，还敢如此挑衅我！

就在这种情况下，嬴政给姬丹写了封信。信中说：“当初你在秦国逃跑，我没有追究，我本以为你会感激我，想不到你居然请了刺客来杀我，我秦国百万雄兵，正在你的国境线上，随时准备灭掉你，可为什么始终没有动静？就因为我顾念当初咱们在赵国的生死之交。

“你不用心整顿国家秩序，却想用旁门左道来拯救你的国家，你可知，剑走偏锋，伤不了敌人，反而会伤到自己！我劝你赶紧解散你的门客，专心搞政治，希望你能把你的国家带向强大，避免如赵国那样灭亡。

“如果你一意孤行，我也不会对你客气，我现在马上就命令边境部队，灭了你。现在，我们还能以书信平等交流，如果你执迷不悟，那我们交流的地方就只能是在监狱了，你在囚笼里，我在囚笼外。”

姬丹看了这封信，是又惊又气。惊的是，嬴政如何知道自己准备杀他；气的是，我难道连反抗强权的资格都没有？

他把信给荆轲看，荆轲看了不作声。当时正在吃饭，一个侍女给荆轲夹菜，荆轲盯着侍女的手，姬丹急得催促他：“你倒是给个话啊。”

荆轲说：“手好美。”

说者无心，听者有意，侍女下去不久，另外一个侍女就端了个大碗上来。这种碗，荆轲太熟悉了，是专门吃老蓟城炸酱面的碗。可碗盖被掀开后，荆轲惊愕得险些把嘴里的粉蒸肉吐出来，碗里不是炸酱面，而是刚才那个侍女的手，由于刚砍下来，手指还在微微地动。

荆轲脸冒冷汗，他闯荡江湖多年，这个阵势还真没遇到过。可以说，他被吓到了。

姬丹俯身，贴近他的耳朵，声音极为怪异地说：“这个世界上，只要你说美的东西，我都可以给你。够意思吧。”

绝对够意思，但恐怕也有别的意思。

荆轲理了理恐惧的情绪，站起来，说：“太子殿下，我尽快动身，不等盖聂了。”

姬丹轻轻地鼓掌说：“很好。”

这个结局当然很好，但荆轲不可能尽快动身，因为他还有各种要求。

荆轲走，易水寒

按荆轲的意思，没有了盖聂，必须有盖聂的替代品。他所谓的替代品，都是姬丹舍不得的。一个是督亢地图（河北高碑店、涿州和固安之间，是战国时期各国都承认的“膏腴之地”），另外一个则是樊於期的人头。

姬丹的头大了。在荆轲看来，盖聂=督亢地图+樊於期的头，但在姬丹看来，这个等式根本不成立，因为他从来没有见过盖聂，不知道这个荆轲口中的高手到底有多高，即使他有上九天揽月，下五洋捉鳖的本领，也无法和督亢地图和樊於期的人头相等。

姬丹说：“荆大侠，秦国对督亢始终垂涎，所以我们那里的军事防御最强悍也最隐蔽，您拿去给了嬴政，等于天上掉下个馅饼砸到他头上。另外，樊将军当初来投奔我，我收留了他，现在却让我杀了他，这是先仁后暴，我绝不做这种事，况且，您要这两样东西干吗呀？”

荆轲露出女娲补完天后的微笑，说：“要刺嬴政，必须接近他，如何接近他，要拿他最感兴趣的东西，这两样东西，他最感兴趣。”

姬丹一想，也的确是这么回事，他咬了咬牙说：“督亢地图可以给你，但樊将军的人头，绝不能给你，我觉得督亢地图已经可以了，多少算多啊？”

荆轲见姬丹如此顽固，只好撇开话题谈了些别的，告别姬丹后，荆轲径直来到樊於期住处。

他对樊於期说：“我就要去刺杀嬴政了，希望你能不吝啬，借我一样东西。”

樊於期激动万分，说：“你要什么尽管开口，就是我的脑袋，也在所不惜。”

荆轲说：“对，就是你的脑袋。”

樊於期张口结舌，他觉得自己没有听清楚。

荆轲说：“我要接近嬴政，必须有他最感兴趣的东西，你的头是嬴政最感兴趣的，所以我希望借你的头，去刺杀嬴政。”

这恐怕是世界上最不想归还的借法——借人头。

樊於期沉默许久，说：“我这颗头早就应该随我家人而去，之所以留到现在，就是为了杀掉嬴政，如今有人愿意替我完成这个心愿，我还在乎这颗头颅干什么。”

荆轲抽出宝剑，让樊於期蹲下，他要把头剁下来，借走。

樊於期有点不放心，说："我把头借给你，你可千万要干掉嬴政，否则，我这头就白借了。"

荆轲说："时间紧迫，我就要上路了，樊将军，忍着点疼啊。"

话音未落，荆轲的宝剑已砍向樊於期。由于准头不够，所以樊於期没有马上死，痛苦了很久，才死掉。

荆轲就拿着樊於期的人头去见姬丹。姬丹一见血淋淋的人头，再一辨认，竟然是樊於期，大叫一声，昏死过去。

悠悠醒转后，他仿佛老了一千岁，行将就木的样子，奄奄一息地对荆轲说："你可千万别辜负了樊将军的头啊。"

荆轲说："你就等着青史留名吧！"

为荆轲送行的前一天晚上，姬丹想到了两件事，于是他来问荆轲："您如何刺杀嬴政呢？"

荆轲说："有了督亢地图和樊将军的头，我就能接近嬴政，我把徐夫人的匕首藏在地图中，在嬴政面前，慢慢展开，展开到最后，匕首出现，我抄起匕首，捉住他的胳膊，先戳他心脏一刀，接着是肝胆脾胃肾，最后在他喉咙上像杀鸡一样割一刀，然后收工！"

姬丹听了，不知为什么，他眼前浮现的却是燕国的大旗在烽烟中掉落。他打了个寒战。

他对荆轲说："我这几天一直在想这样的问题，你看能不能在宰嬴政之前，让他把吞下去的东西吐出来？"

荆轲问："什么意思？"

姬丹说："咱们不是要青史留名吗，那就留得震撼些，你捉住嬴政后，让他把吞进去的韩国和赵国吐出来，然后再让他把侵略各国的土地也都吐出来，我准备了一份这样的合同，你让嬴政签了，他签完，你再戳他的心脏，接着是肝胆脾胃肾，最后在他喉咙上像杀鸡一样割一刀，然后收工！"

荆轲挠了挠头，说："这个有难度吧，据说嬴政这人也学过点搏击，万一绑架不成，被他逃脱，岂不是前功尽弃？另外，我怎么在身上带那份合同？嬴政的护卫肯定搜我身啊。”

姬丹想了想说：“我让一个人跟着你，让他带着合同，他不必靠近嬴政，不会被搜身。”

荆轲觉得姬丹的脑子里肯定有很多老蓟城豆腐脑，如果只是单纯地刺杀嬴政，荆轲擅长轻功，杀掉嬴政后，还有机会逃走。但如果要绑架嬴政，又要让他签字画押，时间拖得太久，必会生变，那他荆轲可就小命不保喽。

他反对这个计划，认为应该干脆点，直接干掉嬴政。姬丹却暗示他：你看你啊，拿了督亢地图，又拿了樊将军的人头，樊将军可是你的好朋友啊。

荆轲的心有点痛，仰天长叹说：“壮士一去就不再返啊。”

姬丹亲自给荆轲送行，一行人来到易水边上，大家都穿白衣、戴白帽，这是出殡的架势。荆轲虽然知道，此去必是死路一条，但在活着时就看到别人给自己送葬，还是有点不舒服。

高渐离哭泣着对荆轲说：“兄弟，我就不和你去了，去了也帮不了你。等你死透了，我每年都会祭奠你的。”

说完，他就开始击筑，荆轲也流下英雄的热泪，和着高渐离击筑的乐音，悲壮地唱道：“风萧萧兮易水寒，壮士一去兮不复还！”

这段歌词，随着荆轲的死亡而成为中华千年以来的经典文本。它告诉我们，有些时候，我们明知要做的事必然失败，但为了正义，必须慷慨献出生命。事情成不成已不重要，重要的是，这种精神必须有。

后来司马迁写《史记》，把荆轲的故事写成小说，让中华人民对荆轲表示出最大的敬意，但在嬴政看来，荆轲就是个白痴。

荆轲刺秦王

荆轲临行前，姬丹就已给嬴政去了封信，信中说：“我派一个使者去见你，他带了这个世界上你最喜欢的两样东西，至于是什么，你看到就知道了。

保证不会让你失望。我祝你永远年轻。”

这话背后的意思是，你就别想活到老了，我就让你的生命定格在年轻时。

嬴政收了信，冷笑道：“该来的终于来了，李斯，你有什么看法？”

李斯说：“我和大王您的看法一样，搞恐怖袭击，解决不了任何问题。”

嬴政点头表示同意，他说：“这个姬丹啊，从小就蠢，我在赵国时，他办的那些蠢事，很难让人相信他是一国的太子。这个叫荆轲的，也蠢，他难道不知道有来无回吗？”

李斯还没有说话，秦国最有冲劲、最容易激动的将军李信脱口而出：“大王，干脆他一入境，我就让人宰了他得了。”

嬴政板起脸来，看着李信说：“我堂堂大秦，怎么可以不给人机会，让他来，我看他有多大本事！”

李斯急忙敲边鼓：“我从来就不相信那些要把式的，全是花拳绣腿，别说大王如此勇武，就是他来刺杀我，都未必能成。大王英明，这是要给全世界上演一出好戏啊。”

在场的所有人都跟着嬴政笑，在他们的笑声中，荆轲已进入咸阳，看到咸阳城里的秦国民众后，他的忧伤更重了。

荆轲看到的咸阳民众的状态，嬴政是看不到的，因为嬴政一直在那个环境里，早就习以为常了。

在荆轲眼中，咸阳城里所有的百姓，都在做事，每个人都行色匆匆，但精神百倍，昂首挺胸地奔向太阳升起的地方，那是个希望之地，光芒万丈。这就是商鞅变法后的秦国，商鞅只给秦国注入了两个东西：效率和法律。

而这两样东西，恰好是其他国家所没有的。荆轲长叹道：“纵然杀了嬴政又如何，秦国个个都是嬴政啊。”

秦舞阳跟在荆轲身后，对此情景不屑一顾。他觉得还是燕国好，城里到处都是蹲坐着围成一圈侃大山的人。在秦舞阳看来，秦国节奏太快了，太快，会给人制造压力，活得不舒服。

秦国政府给荆轲安排了住处，但什么时候见嬴政，却没有说。荆轲并不着急，反倒是秦舞阳，整天急吼吼的，叫嚣着：“什么时候宰嬴政啊，我等得很焦躁。”

荆轲看了看秦舞阳，叹了口气，心想：姬丹怎么给我找了这么一个废物啊。

不过他转念一想，即使是盖聂来了，恐怕也无法成功。

很快，嬴政就发来通知，两天后，荆轲可以觐见。秦舞阳乐得屁颠屁颠的，荆轲却很平静。当一个人明知一件事不可能成功时，事情越临近，他可能就越不会焦虑。

觐见嬴政那天，荆轲捧着樊於期的人头（人头用漆处理过，所以还没有腐烂）走在前面，秦舞阳捧着装有督亢地图的盒子跟在后面。在宫门处，他们被严格地搜了身，结果，姬丹给秦舞阳的那份合同，被搜了出来，但搜身的秦卫兵觉得这没有什么，就又还给了秦舞阳。秦舞阳脸色已变得很难看，两人一直走到通往嬴政宝座的台阶下面才停住。秦国的文武百官盯着二人，眼里好像在释放火焰。

秦舞阳感觉从宫门到嬴政宝座台阶下的这条路，是他有生以来走过的最长的路，他拼命挪动着双腿，才总算来到台阶下。荆轲回头看他时，被吓了一跳，秦舞阳——这个平时牛逼烘烘的侠客，脸色已经发紫，成了猪肝了。

嬴政当然也注意到了荆轲后面的那张猪肝脸，就好奇地问：“燕使，你的脸怎么啦，你怎么浑身颤抖，难道得了什么重病？”

荆轲额头已渗出汗珠，他只好向嬴政胡诌：“这个年轻人是蓟城的乡下佬，从来没有见过大王的威严，所以身不由己地发抖，请大王暂且宽恕他的无礼，让他为您献上督亢地图吧。”

嬴政笑了笑说：“地图先不必看，你拿的是什么东西？”

荆轲说：“秦国叛将樊於期的人头。”

嬴政给身边的侍卫使了个眼色，侍卫就把荆轲手里的盒子，拿到嬴政面前。

嬴政看了看荆轲，嘴角轻笑，下令：“打开。”

侍卫打开盒子，嬴政一看，吓了一跳，那颗人头由于被特殊处理过，所以已经有点腊肉的模样，但他还是认得，这就是樊於期的头。

嬴政让侍卫传给大臣们看，文臣们皱着眉，只看了一眼，立即移开，武将们对死人头见得多了，所以很有兴趣地观看，觉得燕国的腊肉和漆艺比秦国先进。

在大臣们传递人头时，嬴政笑着问荆轲："樊於期的人头，是他主动给的，还是你割下来的？"

荆轲回答："姬丹太子为了表示他永远忠诚于秦国，所以亲自砍了樊於期的人头。"

嬴政冷笑，指了指秦舞阳，道："你，把地图拿来吧。"

秦舞阳蒙了，不仅浑身打战，连身上的每一根汗毛都在颤抖。他怎么也想不明白，在没有见到嬴政前的那些气吞山河的勇气如今都去了哪里！

他不是不想上去进献地图，而是身体任何一个部位都已不听他指挥，幸好嘴还可以。世界上有些人，就是靠嘴活着的，所以无论被吓成什么样，嘴上功夫都不会消失。

秦舞阳说："尊贵的大王，刚才樊於期的人头是您的侍卫拿给您的，这个地图，我看，也让您的侍卫辛苦一下吧。"

整个朝堂，哄堂大笑。嬴政微微笑着，用下巴示意荆轲："你拿上来吧，顺便给我讲解一下。"

荆轲说："好！"

他从秦舞阳手中接过盒子时，看了一下秦舞阳，秦舞阳的脸色还像猪肝，但更深重了，如同一头得了肝癌的猪的肝。

他忽然有点同情眼前这个大孩子，一个靠一次激情杀掉了几个壮汉的大孩子，忽然被人捧成盖世英雄，飘飘然地就认为自己真是盖世英雄，这是多么可悲的事情啊！

他小声对秦舞阳说了一个字："跑。"

这个字，等于白说，因为秦舞阳连用脑子指挥一根手指的力量都没有了。

荆轲捧过盒子，深吸了一口气，一步一个台阶地走向嬴政，走向他即将名垂史册之地，走向他报答姬丹，给自己默默无闻的前半生一个交代的光荣之路。

嬴政命人搬来一张桌子，荆轲把地图从盒子里拿出，放在桌子上，嬴政说：“打开。”

荆轲缓缓地展开。

嬴政说：“解说解说。”

荆轲就慢慢地解说，声音很小，像是在教小孩子识字。

卷筒缓缓展开，荆轲的声音越来越小。他陷入煎熬，督亢地图并不大，但他感觉好像永远也无法将此地图摊开。

嬴政有点幸灾乐祸地看着荆轲满脸的汗，他在琢磨：这小子到底用什么刺杀我啊，难道用拳头和脏话？

两个人的心思都没有在督亢地图上，所以当地图完全打开，匕首大白于二人眼前时，两人都有一瞬间的走神。

荆轲想的是：妈的，终于看到凶器了。

嬴政想的是：哎呀，这个恐怖袭击的创意不错啊。

两人同时回过神来，同时出手，出手的目标完全一致：那柄匕首。

荆轲离匕首手柄最近，匕首尖朝向嬴政，所以，荆轲最先抢到匕首。嬴政反应比闪电还快，他一见自己扑了个空，马上抡起左胳膊，扫向荆轲的脑袋。

荆轲抓起匕首，朝着嬴政的心脏就刺了过去，但他的匕首没有嬴政的胳膊快，荆轲只感觉脑袋嗡了一下，这是被嬴政胳膊扫到了。可他毕竟是个练家子，忍着疼，一把捉住嬴政的袖子，匕首继续向前，一秒都不停留。

嬴政使出生命中全部的力量，向后挣脱，只听刺啦一声，他的袖子被荆轲扯下。嬴政趁势向后就倒，荆轲由于拽嬴政袖子用力过猛，袖子一断，他的身体也随着惯性向后倒下。

“哎呀呀。”这声叫，终于把下面目瞪口呆的文武百官刺醒了，发出这声音的是秦舞阳，他已经被吓疯了。

嬴政的文臣武将们在下面大喊：“大王小心啊。”

可没有人上来帮忙，一是事情发生得太突然，二是，秦王国法律严酷，任何人不经嬴政同意，绝对不能上那个台阶。

荆轲快速爬起来，冲向嬴政，嬴政也爬起来，跑向一根巨柱。两人就围着柱子你追我跑，像是小孩在躲猫猫。

嬴政的文臣武将们，终于看到嬴政腰间的佩剑，大喊："大王，拔剑！大王，拔剑啊！"

嬴政这才想起来，虽然上殿的所有人都不能配剑，但他可以。他急忙去拔剑，可他的那柄剑，不是用来打架的，而是摆威风的。所以剑比普通剑长出许多，嬴政如果想拔出来，必须站稳当，然后像咱们今天拉拉力器的样子，才能拔出来。所以，在如此危急的时刻，他根本拔不出来。

于是，这个场面妙趣横生：嬴政拿着带鞘的剑绕着柱子跑，荆轲握着把小匕首围着柱子追。从台下文武大臣的角度看，柱子前面一会儿出现荆轲，一会儿出现嬴政，如同马戏团的大变活人魔术。

在两人转了不知多少圈后，离柱子最近的、嬴政的私人医生，猛地把药箱扔了出去，恰好砸中荆轲的头。

荆轲的头，刚才已被嬴政的胳膊扫了一下，现在又遭重击，立刻感觉天旋地转，嬴政趁此千载难逢的良机，站稳了，用提拉力器的方式，刺棱一声，青铜剑出鞘，他转身，对着脑海里正有无数星星的荆轲的大腿，就是一剑。这一剑，力道太大，把荆轲的腿活生生卸了下来。

荆轲扑通倒地，嬴政正要上前，再补一剑，荆轲将匕首当作暗器，投向嬴政。

但荆轲很少使用暗器，所以这一投，毫无准头，被嬴政轻轻躲开。匕首撞上了柱子，火花四溅。

嬴政整理一下衣冠，气喘吁吁地来到荆轲面前。荆轲说："如果不是姬丹让我先活捉你，我早就把你宰了。"

嬴政向他啐了一口，惊魂未定，说："嘴硬，没本事就是没本事，这么多废话干什么。"

话音未落，他又给荆轲补了一剑，正中心脏，荆轲就此名垂青史。

文臣武将们都看傻了，等到嬴政气喘吁吁地坐到宝座上，拿来手巾擦汗，这些人才想到自己该干什么。他们纷纷跪下，齐声道："大王神勇无敌！"

秦舞阳疯了，在那里狂笑，嬴政命人把他拉出去，剁成肉酱。

然后，嬴政说：“姬丹这个王八蛋，真把寡人吓得够呛，诸位将军听令：解放燕国。”

燕国末路

自荆轲走后，姬丹每天都去易水畔，伶仃而立，看易水冰消水流。当荆轲被反杀的消息传来后，姬丹望着易水，像孤独的狼一样呜咽。这哭声太刺耳，连易水都仿佛停止了流动，默默和他一起哭泣。

姬丹哭的不仅是好朋友荆轲的死亡，更是对未来的无助和恐惧。国王姬喜更是如热锅上的蚂蚁，他此时毫无办法，只好和姬丹对望而泣，两个人哭得心都碎了。

和他们的心同时碎掉的是燕国的江山。嬴政一声令下，王翦在燕赵边境，开始对燕国发动全面进攻。燕国国防军在虎狼之师的王翦兵团面前，就像是一群乖乖的小绵羊。王翦势如破竹，在扫清一切障碍后，向燕国首都蓟城推进。

姬喜和姬丹这才想到，他们现在最重要的任务不是相看泪眼，而是逃跑。二人带着一批王室成员，逃出蓟城，躲进辽东城（今辽宁辽阳）。

不过即使到这种地步，燕国的主力也没有出场，他们在辽东城和蓟城之间驻守，做最后的抵抗。

姬丹忽然又有了新的计策，他派人去代地请赵嘉出山，联合抗秦。

赵嘉当年在和弟弟赵迁争夺王位的斗争中失败，很不服气，幸好秦国帮了他一个忙，活捉了他弟弟赵迁，他这才有机会成为新的赵王。

但这个国王，做起来实在是太出乎他意料了。他无时无刻不在担心秦国对代地的扫荡，在每日的惊惧中，他度日如年。

姬丹派人来请他出兵帮忙，所有剩下来的赵国健儿都热血沸腾，要求出兵帮助燕国，只有赵嘉扭扭捏捏，既不敢出兵，又不敢说自己不出兵。

他手下的一些将领看不过去了，干脆不理他，带着流亡政府所有的主力帮助燕国去了。

这是燕赵两国多年来最精诚的一次合作，遗憾的是，精诚合作不一定是必胜的筹码。秦国少壮派大将李信带领他的兵团强势抵达，姬丹孤注一掷，把燕国全部主力和赶来帮助他的赵国兵团全部投入战场。

姬丹已没有退路，再退就是国破家亡。李信也没有退路，他必须一战拿下燕国，否则，接替他的可能就是另外的将领，按嬴政的用人方式，他再不会有出头之日。

双方都拼死一战，最终，李信以优势的兵力获胜，燕国主力全被消灭，连带着赵国流亡政府的那点军队，也全部成为炮灰。

此时，姬丹主动把权力还给老爹姬喜。姬喜第一个想法就是放弃辽东城，跑回最北方的苦寒之地。

李信兵团像幽灵一样纠缠追逐着他，姬喜在逃跑的路上思考，忽然脑子就通了。他觉得嬴政如此逼迫燕国，就是因为荆轲去刺杀他，让他受惊了。荆轲之所以去吓了他一大跳，归根结底在姬丹身上。

一个自私、胆小的老爹，把刀子架到了亲儿子脖子上，姬丹被老爹杀死。直到临死前，姬丹都不相信老爹会向他动手，正如他不相信荆轲杀不了嬴政一样。

姬喜本以为嬴政像姬丹一样，只要仇人没了，就会停手。但他错了，嬴政没有仇人，活着的各国就是他的仇人。伟大的政治家眼里没有仇人，只有敌国。

不过，姬喜很幸运，因为他在嬴政眼中已成丧家犬，燕国的末路已经注定，公元前222年，嬴政在灭掉魏国和楚国后，忽然想起燕国残余势力来，随便派了个将军，进攻辽东，燕国不出意料地覆灭。燕国从公元前323年建王国到公元前222年被灭，共立国101年。

当燕国名存实亡时，嬴政就把目光撤回，盯死了魏国。魏国心惊胆战地等着这一天的到来，正所谓天随人愿，国王魏假终于等来了嬴政向他发出死神之帖的消息。

欲灭魏，先打楚

魏国从晋国分离后恰好处于四战之地，无险可守。但它的运气很好，它有当时世界上最英明的国王魏斯（魏文侯），魏斯让法家巨子李悝对他的国家进行改革。法家的改革，立竿见影，魏国很快就成为当时的世界第一强国。

它当时最光辉的成就是，把始终想东进的秦国打得龟缩在函谷关内，浑身发抖。同时又让其他国家，韩、赵、燕不必说，即使是东方强国齐国和南方庞然大物楚国都对它礼让三分。

它人才济济，财富充盈，它的文臣出使各国，各国的国王都赔着小心，深怕魏国不高兴；它的武将在别国地盘上纵横驰骋，如同在自家的后花园；它的国力蒸蒸日上，所有国家都认为，它必将重现周王朝的辉煌。

但是，魏国成也人才，败也人才。

魏斯之后，虽然也有头脑清醒的国王，却不能如魏斯那样对人才特别重视。先是商鞅不被重用而去了秦国，让秦国摇身一变成为巨人，然后是范雎被诬陷，逃奔秦国，让秦国的国策“远交近攻”发挥出惊人可怖的力量，各国成为秦国的掌上玩物。

只这两个人，就足以让魏国衰弱，让秦国强大。魏国不但不珍惜人才，反而戕害人才，它一直在不停地伤害让它强大的人才，这就是魏国从一流强国沦落成二流国家的根源。

魏国虽然沦落成二流强国，但人家毕竟曾经一流过，而且它的地理位置随着韩、赵、燕的灭亡，变得异常重要起来。

嬴政的那些臣子谈到这个问题时，就颇有点苦恼：魏国的军力不在赵国之下，尤其是，如果我们现在打魏国，齐国和楚国也许会出兵助战。

这分析没有错，如果魏国灭了，那秦国直接就和齐国脸对脸了，而且还可以从魏国直接攻击楚国。齐楚两国，即使比猪还蠢，也该明白这样一个道理：非要打的话，宁愿把战场设在别国，也不要让战火烧到自己的国家来。

嬴政认为这件事没那么难。他说：“咱们灭韩、赵、燕，齐国和楚国连个屁都没放，魏国也在那里晕乎着，像是喝醉了一样。这足以说明，这些国家暮气已深，难以振作。不过，咱们灭魏，恐怕会有点麻烦，毕竟魏国的位置对楚和齐很重要。所以，我有个办法。”

众人心说：大王又有什么阴谋诡计呢？

嬴政环视众将，就指了指王翦的儿子——将军王贲说：“这件事交给你，你带领五万精兵南下去打楚国。”

众人惊愕，特别是王贲。他对嬴政说实话：“大王，这么点人可灭不了楚啊。您这是让我去送死啊。”

嬴政哈哈大笑道：“笨蛋，谁让你灭楚国，我是让你和楚国打一场威慑战，一定要打赢，让楚国在咱们打魏国时，不敢轻易出兵。”

这种战略，不是纯粹的军事家所能想得出来的，只有伟大的政治家才有这种曲线思维。但伟大的政治家所提出的只是一种理念，付诸实践时，难免有偏差。

王贲就指出这种偏差：“我的大王，您的思路没有问题，问题是，一场战役只能威慑住一个国家一时，不能威慑住一世啊。”

嬴政打了个响指，高兴地说：“王将军说得对，所以，我们进攻魏国就要速战速决，在楚国被我们威慑住还没有清醒前，咱们就把魏国打下来，当它清醒过来时，咱们已生米做成熟饭，此时它清不清醒又有什么关系呢。”

李斯琢磨了半天，觉得嬴政这段话有漏洞，他鼓足勇气，站出来说：“大王，您这个想法好是好，但万一，军方不给力，短时间内打不下魏国怎么办？”

他的话音未落，在场的将军们全都对李斯吹胡子瞪眼，李斯根本不会被这些舞刀弄枪的人吓着，他竖起耳朵去听嬴政的呼吸，他听到，嬴政的呼吸很平和，没有什么问题。

嬴政点了点头说：“李斯说得有道理啊，诸位将军，你们怎么看？”

这就有点煽风点火了，秦王国的将军们哇呀怪叫，说：“李斯这是小看人，我们全体将军都可以立下军令状，半年内拿下魏国。”

嬴政对将军们的士气很满意，但有个人在那里闷着，像死人一样，没有任何表态。

“王老将军，”嬴政看着王翦说，“你咋回事，怎么没个动静啊？”

王翦假装从恍惚中醒过来，其实他一直在听。他咳嗽了一下说：“大王，李斯说得对，将军们说得也没错。”

嬴政笑了，然后对众人说：“我们先行动起来再说。对于楚国，我们就威慑它。而齐国呢？咱们每年都给它的那些大臣送金钱和美女，让他们在齐国制造舆论，就说，我们秦国灭这么多国，就是想制造‘西秦东齐’的天下格局，作为齐国的友邦，我们为齐国效劳，不需要齐国出手，只需要它以后坐享其成就可以啦。”

众人又齐声说：“大王太英明了。”

嬴政又把王贲叫过来说：“这五万人，可是秦国的轻骑兵精锐，我把家底都给你了，你说，在一个月内，你能打下楚国多少座城？”

王贲计算了一下，说：“五座城池。”

嬴政摇头说：“不行，楚国城池太多，五座城震慑不了他们，要十座。”

王贲吓了一跳，看了看老爹王翦，王翦眯着眼，好像在睡觉。王贲觉得这任务完不成。嬴政说话了：“笨蛋，你只需要破城，破一座城立即走，去破下一座，不要占地，不要敛财，这样总可以了吧。”

王贲困惑起来，不占地，不敛财，那破城干什么？

嬴政说：“我虽然没有亲自上过战场，但我知道，世界上有两种战争，一种是你们将军打的，另外一种是我这样的政治家打的。你只管按我说的做！”

王贲觉得嬴政大王不懂军事，将军打仗，目的只有一个：破城后占地敛财，可嬴政却把手段当成目的，这打的叫什么仗呢！

他去看老爹，王翦头都耷拉下来了，好像还在打呼噜。

退朝后，茫然的王贲去找老爹，但王翦的侍卫告诉他：“您亲爹说了，您按照大王说的去做就是了，其他的，什么都别问，也什么都别想。”

王贲一直掌管着秦国的轻骑兵，按嬴政的看法，王贲性子急，不喜欢啰唆，所以带机动性强的轻骑兵最好。

就这样，王贲带着他的轻骑兵精锐主力，冲向了楚国。按嬴政的指示，他只破城，城一破，留下一支小队看守，立即去破另外的城。这样效率非常高，所以当王贲破了上蔡（李斯的老家）、项城后，楚国才得到消息，立即调主力去抵抗王贲。

王贲就在楚国主力未到时，连续攻破苦县、阳夏等十余城，他根本不和楚国主力接触，掉头北归，回到秦国。

楚国君臣大为困惑，不知道王贲在搞什么鬼，王贲自己也不知道他在干什么，他在等嬴政的下一步命令。

嬴政的命令很快就到了，让他把一封信交给楚国。这封信寥寥数语，警告楚国不要资助韩国落魄贵族的叛乱（韩被灭后，不成气候的叛乱始终存在，根本无关秦国大局），然后告诉楚国：我这次出兵，兵力不足五万，却在这么短时间里破了你十余座城，你还是主场作战，如果去客场魏国作战，你想想后果吧。

楚国国王熊负刍被吓个半死。的确，王贲的快速破城策略真把他镇住了，他当然知道秦兵团的强大，但从来不知道如此强大。当然，在吓个半死后，他高兴起来：只要我不阻挡秦国灭魏国，应该就没事。

因为不想被攻击，所以认为自己不会被攻击，这就是鸵鸟思维。正是这种懦弱低智的人，成就了嬴政的策略，也成就了嬴政灭魏的想法。

水淹大梁

公元5世纪初，一个叫赫连勃勃的流氓打下了一片天下，建立大夏帝国（史称胡夏帝国）。赫连勃勃让人建造了一座大城，名为统万城，统万城城高墙厚，号称永不陷落。但统万城和魏国的首都大梁城（河南开封）比起来，不过是小孩子过家家。

大梁城始建于魏国第三任国王魏罃，正是魏国如日中天之时，经过100多年的经营，到国王魏假时，大梁城真正做到了坚不可摧，天下无敌。

齐国和秦国的军队曾多次进逼到大梁城（河南开封）下，发动各式各样的进攻，大梁城岿然不动，这说明大梁城的城墙坚不可摧，它上面的防御工事更是完美无缺。另外大梁城有个最大的优势，它不怕你围困它，因为城里每家每户都储存着大量粮食，政府的仓库就更不用说了，粮食堆积如山，这是大梁城的优良传统。同时，大梁城周围有纵横交错的水网，保证了城中的供水。任是战神下凡，也奈何不了它分毫。

嬴政的将军们都对这座永不陷落的城池感到头痛，被商鞅清整后的秦军，在当时打野战所向无敌，攻城战也让人刮目相看，唯独对大梁城，强悍的秦兵团束手无策。

嬴政和将军们开会商议，将军们都认为，打魏国有难度。但打魏国必须攻陷大梁城，因为它是魏国的首都，同时也象征了魏国精神，只要打下大梁城，其他魏国土地，等于白送。

将军们你一言我一语，议论了一天，也没有拿出可行方案来。

最后还是嬴政表态："既然没有可行方案，那我们就先打一下看看，只有先亲自体验过了，然后才能知道它的弱点在哪里！"

这就是嬴政的思路，如果讨论不出一个问题的解决方法，那就凑到问题那里看看，它是否有弱点。

王翦本来要去打，但嬴政说："你打仗向来保守，如果让你去，你非得打成围城战不可，我们拖不起啊。还是你儿子去吧。"

王贲再一次上了战场。魏国的主力全在大梁，所以王贲兵团几乎没有遇到任何有效抵抗，就抵达了大梁城下。看着高高的城墙，王贲心里赞叹一声，果然是壮丽的大城，名不虚传。

他下令攻城，秦军使出了吃奶的力气，使出各种花招，但屡攻屡败，尸体在大梁城墙下堆积成山。

魏假听说秦军伤亡惨重，忽然勇气大增。他爬上城墙，对王贲说："有话好好说嘛，你们干吗上来就打啊。回去告诉你们大王，老子别的本事没有，就在这城里把你们活活熬死。”

王贲大怒，让弓箭手放箭，魏假慌忙连滚带爬地下了城墙，对身边的人说：“这秦人就是野蛮，永远都是动手不动口。”

王贲除了大怒，别无他法，在大梁城下顿挫了一个月，粮草将尽。嬴政要他回咸阳报告情况。

根本不用王贲亲自报告，嬴政早就知道大梁城还在魏国手里，而且他还知道军队伤亡惨重。王翦急了，说：“这个王八羔子（王贲）拿咱们士兵的命不当回事，让我去接替他。”

嬴政对王贲说：“你损失了这么多人，发现什么了没有？”

王贲只发现大梁城很难攻破，另外就是魏国国王魏假有点秃顶。

嬴政问他：“平时读书吗？”

王贲回答：“军旅繁忙，没时间读，但也读点。”

嬴政再问：“读什么了？”

王贲回答不了。

嬴政把手中的竹简扔给王贲说：“这是一个叫苏代的人写的，他哥哥叫苏秦，是神秘人物鬼谷子的弟子，还有个人叫张仪，曾在咱们大秦做过官，为大秦破了东方六国‘合纵’之术，咱们大秦能有今天，全靠张仪。”

王贲拾起竹简，嬴政接着说：“这是苏代的一篇政论，他早就提醒过各国，秦国灭东方六国，各有招数，尤其是灭魏，攻它的大梁城，苏代说可以用水攻。”

王贲眼前一亮，正要说话。

嬴政又接着说：“魏无忌，你听过吧，他是魏国的信陵君，他也提醒过魏王，说提防别国对魏国大梁城实施水攻。”

王贲心里直痒痒，他在进攻大梁城时总是感觉很困难，就是因为大梁城的水。对于一个城池而言，水是生命之源，切断水源，再坚固的城池也会陷落，可大梁城就有这个优点，水路纵横，纷纷流进大梁城。

现在，嬴政这么一说，他终于想起来一条人生哲理：有时候优势就是劣势，灭大梁城，完全可以用水倒灌。

嬴政见他脸上已泛起得意神色，点了点头说：“很好，你知道该怎么干了吧。”

王贲频频点头，欢快地走了。

王贲首先做的一件事是，扫荡大梁城周边地区，干掉了保卫大梁城水网的部队，掌控了大梁的水网。

接下来的事就简单了，王贲把黄河、鸿沟的水引了过来，大梁城地势极低，恰好印证了老子所谓的水喜欢往下流的真理，顿时，滔滔洪水灌进大梁城，大梁城被浸泡在汪洋中。

魏假见滔滔洪水向大梁城奔腾而来时，还笑王贲是白痴。因为在他看来，大梁城被泡几十年，城墙都不会塌，城墙不塌陷，敌人还是进不来啊。

但王贲灌水的目的不是泡塌城墙，而是泡城里的粮食。洪水一进城，很快就把城的下半段淹没，大梁城储存的粮食全部被泡，一个月后，大梁城就没有吃的了。

又一个月后，魏假在睡梦中都能听到城墙的哭泣声，那是长时间浸泡下，城墙中的泥石在慢慢死去。

王贲向城里喊话，要魏假投降。

魏假问卫队：“还有多少粮食？”

卫队说：“还有一个月的口粮。”

魏假说：“秦军还有多少粮食？”

卫队说：“不知道，他们把占领区的粮食都运到城下了。”

魏假骂了句娘，说：“这些人真差劲，有本事吃自己的粮食啊。”

他乘坐船只，爬上城墙，看到秦军在那里摔泥巴玩，又看到王贲光着膀子干木匠活。

他扯开嗓子问：“秦国笨蛋，你在干啥？”

王贲指了指自己面前的一个笼子，说：“我正给你做囚笼呢。”

魏假呸地吐了一口唾沫，唾沫掉到洪水里，打了个旋，流走了。

他走下城墙，摇了摇头，唉声叹气。

第三个月过去了，魏假饿得奄奄一息，王宫的墙壁由于潮湿，长出了霉菌，木制的家具上长出了狗尿苔，整个王宫像个史前植物园。魏假想要妥协，但大梁城仍然在暗暗给他希望。

嬴政的招降信来了，信中说：你马上投降，我可以饶你不死，如果现在不降，以后就没有机会了。

魏假看了这封信，气冲斗牛，急吼吼地换上平民穿的粗布衣裳。众臣以为他要去和城外的秦军决斗，想不到他居然划着一条小船，开了大梁城门，向王贲投降。

王贲的囚笼已制造完毕，就让魏假自己钻了进去，拉回了秦国。

魏国大梁城一陷，东方的魏国各城池纷纷投降王贲。就这样，魏国在一片汪洋洪水中灭亡。从公元前323年建王国，到公元前225年灭国，魏国共立国98年。

韩、赵、魏三国原本是一家人，都属于晋国。春秋时期，晋国自重耳（晋文公）称霸世界以后，在大部分时间里都是一等大国和超级强国。如果没有晋国，南方的楚国早就北上，灭掉其他国家了。正因为有晋国，所以才能维持春秋的格局，也正因为晋国的分裂，才有了战国的格局。

晋国曾先后三次称霸天下，屡坠屡起，每一次起来都比之前更强大，它当时是中华的保护神（楚国和秦国都被中原各国看成是蛮夷），之所以有这样的奇迹，原因就在于晋文公培养了一大批高级干部，这些高级干部又培养自己的后代成为晋国的高级干部。一个国家只要有人才，而且是更多的人才，就不愁没有发展。

可也正因为高级干部太多，随着时间的发展，高级干部的家族势力越来越大，最终，王权被架空，后来这些高级干部一看，国王已成了摆设，索性自己当国王算了，所以才有了三家（韩、赵、魏）分晋。

有时候，优势也是劣势。

倘若三家不分晋，晋国是最有潜力统一中国的。可惜，它分裂了，最后被秦国一一击破。

魏国的灭亡，标志着嬴政和他的王国已经吃掉了中国本部三分之一的领土。公元前225年，中国本部有三个王国，它们是西边和中原的秦国、东边的齐国，还有南边的楚国。

这是三国鼎立时代，但这个鼎不牢固，鼎的另外两只脚很快就要遭受灭顶之灾。

楚国感觉到了，齐国的君臣们还在吃着刚从东海里捞出来的螃蟹、大虾，吃得津津有味，浑然不觉。

多少人算多

公元前225年，嬴政已灭掉四国（韩、赵、燕、魏），这场灭四国的战争其实只用了六年。六年的时间，嬴政其实还年轻，正是做大事的年纪，可他总感觉时不我待，觉得自己正在迅速地老去。所以在灭魏国后，他迫不及待地把灭楚国提上了日程。

楚国不好灭，因为它是个超级传奇。

商朝末年，楚部落在南中国悄无声息地崛起，姬发（周武王）灭商朝，楚部落也来凑了回热闹。灭商后，楚部落被封为封国的第四级——子（公侯伯子男）。这个封位，楚部落根本就没放在心上，当北中国的各个封国全力对西周王朝歌功颂德时，楚国关起大门埋头苦干，在几代英明领导人的带领下，最后它掌控了南中国。公元前704年，楚国领导人熊通（楚武王）宣布称王，建立王国。

这是个惊天动地的事件，因为自此后，中国就有了两个国王，一个是北方的西周国王，另外一个就是南方的楚国国王。

两个国王开始打架，争夺“国王”商标。结果是，西周的国王总是失败，最后，不得不承认楚国是楚王国。

春秋时期，楚国成为巨无霸，整个南中国都是它的，之后又问鼎中原，让周王国和其他诸侯国寝食难安。幸好当时有强大的晋国，但也只是阻挡它北上，却不能对它有任何伤筋动骨的打击。

导致楚国衰落的，是伍子胥事件。伍子胥本是楚国官员，因父亲被冤杀，而逃亡到吴国，然后借助吴国的力量灭了自己的祖国——楚国。楚国这回算是伤筋动骨了，虽然后来得以复国，但力量已大不如前，慢慢地，被秦国追赶上，然后快速地被甩在了后面。

秦国自从超越了楚国后，就不停地蚕食它。楚国只有招架之功，没有还手之力，无奈之下，只好迁都。公元前278年，楚国将都城从湖北江陵迁到河南淮阳，公元前241年又由淮阳迁到安徽省寿县（寿春）。有人预料楚国还会在秦国的重压下迁都，但嬴政说，我不会再给它迁都的机会，我要让它永远定格在寿春。

魏国大梁城还在水中浸泡时，嬴政就已经准备灭楚。灭楚不是儿戏，嬴政召开全体中高级官员会议，文臣武将统统参与，嬴政想知道，这些人对灭楚的信心如何。

所有官员都认为，秦灭楚，虽然比灭其他各国费劲，但不会有大问题。这是嬴政主政前期政府官员的优点，他们太自信，太敢想，太敢做。因为嬴政就是这样的领导人。领导如何，下属就会如何。

嬴政让官员们讨论的最后一个问题是需要多少兵力灭楚。

分歧出现了。

年轻的官员以将军李信为代表，他们认为，楚国现在外强中干，只需要20万人。老家伙们以王翦为代表，他们认为，楚国毕竟是楚国，瘦死的骆驼还比马大呢，必须60万人。

嬴政心里一激灵：60万人，这是秦国的全部兵力啊！

“王老将军啊！”嬴政带了点情绪地问，“咱们灭韩赵魏燕，用了多少人啊？”

王翦从怀里摸出一个小本本，说：“我都记着呢。”

他煞有介事地要找，嬴政拦住他了：“王老将军，你是不是年纪大了？”

少壮派的将军们发出轻微的善意的笑。

王翦觉得这一点都不好笑，他说："楚国虽然衰弱，但远没有咱们想象的那么衰弱，它地盘大，兵力比韩赵魏燕四国还要多，兵力太少，根本打不下来。"

李信昂首挺胸地站出队列，对嬴政说："大王，20万兵力足够，再多一个，也只是浪费粮食。"

嬴政看了看李信，对王翦说："年轻人心气高，天不怕地不怕，应该向他们学习啊。这不就是咱们大秦的精神吗？"

王翦不吱声，把小本本放回怀里，面无表情。

嬴政站起来，说："就这样定了，李信，我给你20万人，你去把楚王用囚车装来。"

李信使出浑身的力气，他要让在场的所有人都能听得清："一定完成！"

正当他想听到嬴政的赞赏或者是同僚的掌声时，一个比他更大的声音响了起来，把在场的所有人都吓了一跳。

"臣反对！"

嬴政和所有人都循声看去，发出这声音的不是别人，正是秦国丞相之一的熊启（昌平君）。熊启曾经"雄起"过。当初嫪毐造反，就是他亲临一线指挥，击败嫪毐。嬴政因此对他印象深刻，封他为丞相。

熊启的身份也很"雄起"，他本是楚国王室，因秦楚两国总搞王室联姻（我们仍然会想起吕不韦通过华阳夫人的关系才让嬴异人成为继承人的事情。华阳夫人就是楚国人），很多时候，秦国的王室同时也是楚国的王室，从关系上论，他还是嬴政的表叔。

嬴政回过神来，问表叔熊启："你反对啥？反对李信还是反对王翦？"

熊启气呼呼地说："大王，我反对灭楚。"

话音未落，大殿之上已是乱哄哄一片，嬴政咳嗽了一声，立即鸦雀无声。

嬴政问："你为什么反对？"

熊启心想：你这不是明知故问吗？楚国是我母国，谁愿意自己的母国被灭！

但他不能这样直说，政治家的第一戒：绝对不能随便释放情感，他举出各种理由，什么秦国军队现在需要休整啊，楚国不好灭啊，四国（赵魏韩燕）本部还有抵抗力量啊，应该先灭他们啊，等等。

嬴政听得烦了，他说："我们今天讨论的是20万人还是60万人的问题，不是灭不灭楚国的问题，因为这已经不是问题，你怎么把不是问题的问题拿出来讨论，下去！"

熊启不服，说："大王，兼听则明啊。"

嬴政气得七窍生烟，你什么意思，你说我是昏君？

熊启还要说话，嬴政大吼："你既然这么怕打仗，那就去郢陈（河南周口店附近）安抚那里的楚国百姓吧。"

郢陈是秦国刚刚攻陷的楚国领土，这意思已经很明显，熊启被降级了。

熊启自然知道嬴政的脾气，一旦他决定的事，无法更改，所以就气呼呼地去了郢陈。

从他气呼呼去郢陈这件事上，就大致可以预测，他会搞出乱子。

事实也确实如此，他去了郢陈，李信却倒了大霉。

李信失败

20万人到底能不能灭掉楚国，李信信心十足，他对副将蒙武说："蒙将军这次跟我去灭楚，真是老天赐予你的恩典，你就等着凯旋后，光宗耀祖吧。"

李信虽然年轻，但久经战阵，少有败绩，所以蒙武崇拜李信，听李信这么一说，顿时感觉脑后升起一光环，如同佛的那个圆环标签。他似乎看到了自己凯旋的画面，那么清晰，触手可及。

李信说只需要20万人，当然不是年轻人的狂妄，他心里有谱。他有自己独到的作战方案：楚国地势平坦，非常适合大兵团会战，所以李信准备就在野外和楚军主力决战。秦军战力胜过楚军十倍，打野战，没有悬念，秦军绝对会赢。

按这种方略，李信自信地分兵：自己带领一机动兵团沿汝水两岸前进，正面进攻；主力军则在蒙武的率领下沿汝水以南向前然后迂回，绕过楚军左侧翼，最后两军在城父（今安徽亳州东南）会师，包围敌人，展开决战。

这个计划非常妙，于是李信带领着他的机动兵团，开始闪电战，吸引楚军主力的注意力。

他先打河南驻马店，攻陷；再打河南鄢陵县，攻陷；再打湖北江陵，又攻陷。

楚国震动。大将项燕真就领着主力从首都寿春出发，迎击李信。

——项燕在楚国军界赫赫有名，楚国这次派他出场，也是看中他的名气，当然还有楚国上下对李信兵团的恐惧。项燕日后因他的一个后辈而更有名，这个后辈就是项羽。

一切都在计划之中，可越是自认为完美的计划，有时候越会因一件偶然的事而彻底泡汤。

当李信准备把项燕引到城父，踢进地狱时，地狱开着的门突然对项燕关上了，关上门的正是那个被发配到郢陈的熊启。

熊启气咻咻地到达郢陈后，当地的楚人都劝他反秦。熊启开始还不愿意，因为他祖籍是楚国，但出生在秦国，还是嬴政的表叔，灭楚他反对，可反秦他也觉得不合适。

问题是，有时候，人在江湖身不由己，越来越多的楚人跑来劝说他反秦。理由是，你当初可是替嬴政干掉了嫪毐，看看这么多年他是怎么感谢你的，现在又是怎么感谢你的，嬴政就不是个好东西；今天他把你贬到这里，明天就会要你的脑袋。

熊启认真一想，觉得自己还真有点窝囊，所以冲冠一怒，“雄起”了，他造了嬴政的反。

郢陈重新回到楚国手里，熊启做的第一件事就是切断了李信的补给线。

战争这玩意儿，说白了就是打补给线。为什么古代战争中，即使是天纵神将，也会不惜一切代价攻陷城池，原因就在于补给线。倘若绕过城池，当然容易，可补给线不在自己手里，敌人一旦坚壁清野，那就是死路一条。

李信这次来灭楚，方针是速战速决。所以随军所带粮草并不充分，本来他可以在粮草断绝的情况下，和项燕决战，灭掉楚国。可项燕因为惧怕李信，迟迟不来，每日行军像是乌龟爬。这让李信大为着急，一天后，他仍然看不到楚军，参谋们建议他：调整战略，先去灭了熊启，再来和项燕理论，因为一旦我们和项燕对决，熊启在背后攻击我们，我们就被包饺子了。

李信想想也对，只不过是让楚国多活几天而已，等我灭了熊启，再来和项燕理会。所以，李信兵团回撤，向郢陈方向进军。

他这一走，麻烦来了，项燕像个幽灵一样紧紧跟着他。李信想要和项燕决战，但兵力太少，另外项燕和他躲猫猫，李信掉头，项燕就后撤，李信一前进，项燕就慢悠悠地跟着。

这狗皮膏药让李信很恼火，他派人去通知在城父的蒙武，要蒙武来接应自己，按他的构想，如果能在郢陈会师，那就把熊启和项燕同时灭掉。

他把熊启看成了一个木墩，可熊启是个大活人，他是会移动的。李信兵团刚接近郢陈郊外，熊启就下令楚军当头痛击李信。

李信兵团还击，双方在郢陈郊外打得难分难解时，项燕赶到了。项燕一赶到，就看到战场如火如荼，先是愣了一下，然后看到李信兵团原来就这么点人，他咆哮起来："哇呀呀，我们太需要一场胜利啦，给我冲啊！"

人人都喜欢吃饺子，但从没有人喜欢被包成饺子。现在李信就被包成了饺子，两方人马前后夹击，李信兵团使出吃奶的气力也打不过。但秦军的战力的确令人敬佩，项燕和熊启虽然能包围李信，却无法全歼他的部队。

最后，李信找了个缺口，带着剩下的人，逃出了包围圈，狼狈地逃，一直逃出楚国回到秦国。蒙武听说李信败了，立即放弃城父，也带兵回到秦国。

李信灭楚，以失败告终。

回秦国后，李信向嬴政报告："都怪熊启，如果不是他，我早就灭楚了。"

嬴政勃然大怒，不是怒熊启，而是怒李信，因为李信让他失了颜面，他在王翦面前抬不起头了。他没有杀李信，然而此后，李信再也没有获得独立领兵作战的机会。

这就是秦国精神：只许成功，不许失败。

嬴政检讨李信的失败，发现即使没有熊启的反叛，李信的计划也有问题。首先，李信自以为是地要和楚军主力打野战。这不是拍戏，对方根本不会配合你，楚军不可能和你相约在哪里决战；其次，李信本来兵就少，却还玩了个分兵。当然，李信有这方面的自信，他想要用闪电战震慑楚国，让楚国自己把主力集结，寻找他；最后，李信孤军深入，很容易地就被切断了补给线，熊启不切断，项燕也会想到这个。

李信只琢磨了楚军的弱点，却没有检讨自己的缺陷，所以才会失败。思想家孔子早就说过，如果人人都能反躬自省（检讨自己），那人人都能成事。李信估计没有读过孔子的著作，即使读过，也当成了腐朽书生的蹈虚之言，没有重视。

对于嬴政而言，李信的丧师辱国不是问题，最大的问题是，如何让王翦出兵。

王翦出山

嬴政亲自去王翦家拜访王翦。王翦自从得知李信兵败后，就突然卧床不起了。家人对嬴政说："王老将军这个病啊，来得真是厉害，神鬼都救不了。"

嬴政在心里冷笑道："这个老狐狸，真够狡猾的。"

他来到病床前看王翦，王翦面色红润，睁着眼睛躺在床上。嬴政说："老将军啊，我后悔没有听你的话，李信把事情搞砸了。"

王翦说："哎呀，都是熊启那家伙搞鬼，否则20万人在李信手里绝对可以灭楚。"

嬴政说："老将军，不要酸溜溜的嘛，我这次来是专门请您出山的。"

王翦指了指自己的肚子说："肠胃不好，吃啥拉啥。"

嬴政微笑着，但话里却带上了点威严："老将军，再推托，可就是欺君之罪啦。"

王翦坐起来，跳下床，跪下说："如果我出兵，非60万不可。"

嬴政扶他起来，说："一切都依老将军。"

王翦惊了一下，他没有想到嬴政会这么轻易答应。嬴政说："但这60万兵力是咱们秦国的家底，你把我的家底都带走了，我这心里总空落落的。"

王翦又惊了一下，他恍然大悟，原来嬴政大王是这种想法啊。这个问题，就比较麻烦了。

嬴政向前一步，说："王老将军，你看能不能给我留点，20万也成啊。"

王翦眉头紧皱，急忙去找他的小本本，但找不到。自李信出征后，他好像就没有见过那个小本本。

他动用全部的智慧，猛地跪下说："大王，非60万不可，如果少于这个数，您还是另请高明吧。"

嬴政很无奈，啧啧两声，说："好好，你能灭楚就行啊。唉，你起来吧。"

王翦跪在地上，没有起来，说："我还有点事想请大王恩准。"

嬴政点头。

王翦就说："我希望您能给我一些庄园和田地，越多越好。"

嬴政张大了嘴巴，问："王老将军，你要这些东西干什么？"

王翦说："给子孙啊，我现在虽然有房有地的，可子孙众多，他们也需要房子和地啊。"

嬴政哈哈哈地笑起来："王老将军很顾家啊，好好，我答应你。"

王翦也笑了，他笑得意味深长。如果嬴政能看到王翦的脸，就会发现这种笑的背后是苦的。

恐怕也正是从王翦开始，历代王朝的功臣们都通过"自污"来让君主放心。王翦终于明白了，嬴政为何要让李信去灭楚，因为李信没有带走秦国的家底啊。

嬴政回到宫中，大为高兴，他还特意去把李斯叫来，两人坐在一起喝酒。喝到中途，嬴政说："王翦这个人不简单啊。"

李斯从来没有觉得武夫能有多么不简单，嬴政看出李斯的不屑，指着他说："这个老头不仅懂军事，还懂政治。"

李斯"哦"了一声，探询道："他怎么懂政治？"

嬴政张口要说，却止住了，他望着李斯，有点不怀好意道："你小子要好好向王老头学，否则，你以后的下场……"

李斯顿觉五雷轰顶，扑通就跪下了，把嬴政吓了一跳。

嬴政诧异地问："你这是干什么？"

李斯带着哭腔："大王，您说到下场……"

嬴政乐了："你看你，一触及自己的利益，马上跳起来了，这就是你和王翦的区别。你把功名利禄看得太重了，我理解你这点，但不是每个人都会理解你的。"

李斯琢磨了半天，直到回家躺在床上，还在琢磨嬴政这段话的意思，但总是琢磨不明白。最后，他干脆用被子蒙上头，说了句："管球！"

王翦也彻夜未眠，这次出征，老实说，他很焦虑。不是为能否灭掉楚国而焦虑，而是在担心灭楚的过程中，会不会出现意外。人的年纪一大，想得就多，从前的各种人生经验会本能地出现在你脑海中，让你做任何决定时，都不由自主地想到从前，但你却毫无察觉。

天刚亮，王翦就起了床，在床上打了个大大的哈欠，由于一夜未眠，双眼通红。

嬴政：用人不疑，疑人不用

王翦的誓师大会上，嬴政亲自到场。他双眼通红，昨夜也没有睡。这场和楚国的对决太重要了，短时间内灭不了楚国，齐国可能就会察觉秦国的意图，然后参与进来，秦国和当时世界上的两个强国作战，成功的概率太低了。

可要速战速决，也不现实。楚国正规军有50万，但预备队有30万，嬴政是客场作战，楚国之前把李信打得丢盔卸甲，士气正盛。王翦就是脑子进水了，也不可能在敌人士气正旺时，向枪口上撞。

用其他将军和文臣们的说法，这仗不好打。

嬴政从来没有如此担忧过，他握紧了王翦的手，说："全靠老将军了。"

王翦也是压力重重，握上了嬴政的手说："老臣必当尽全力。"

嬴政把老王的手握死了："老将军不能说这种话，我心里没底，你应该说，一定灭楚。"

这话说的，战场瞬息万变，就是后来的成吉思汗来了，也不敢打这种包票。

王翦嗫嚅着，嬴政焦急地看着他。毕竟姜还是老的辣，王翦琢磨了一会儿，说："大王，只要答应我一个条件，我就可以灭楚。"

嬴政急忙道："你说你说。"

王翦说："此次出征非比其他战争，我向您保证不出两年，绝对灭楚。在这两年中，无论我做什么，别人说什么，你都不能命令我做什么。"

嬴政深吸了一口气："两年啊，好，我答应你。"

王翦叩拜嬴政，被人搀扶着上了马，60万大军浩浩荡荡奔向了楚国。

嬴政看着最后一支步兵消失，才回到宫中。他心事重重，总感觉忽然之间安全感全部丧失，整个秦国，都是百姓，没有军队。

一个没有军队的大秦，还叫大秦吗？！

李斯适时地跑来，说："60万人就这样全都走啦？"

嬴政"嗯"了一声。

李斯问："大王，王翦临走时那句话是什么意思？"

嬴政问："嗯？哪句话？"

李斯正色道："王翦说，两年内，您都不能命令他做什么，这……这是什么意思？"

嬴政站起来，踱着方步，若有所思。

许久，他又坐回去，对李斯说："老王可能是担心时间一长，政府中有人说三道四，这个我理解。"

李斯欲言又止，可止了半天，还是忍不住了，他说："王老头可是把秦国所有的部队都带走了，没有了您的命令，他可是天下第一了。"

嬴政大笑道："你看你看，老王这家伙就是聪明，他刚走，你就来说他坏话了。你想，他能不有所准备吗？"

李斯大为尴尬，说："大王，我不是这意思。"

嬴政摆摆手道："用人不疑，疑人不用，既然用他了，再处处提防他，这就让他很难办。对他而言，这是掣肘。你见过总被掣肘的大将有几个成事的？干脆啥都不管，咱们只看结果，让他撸起袖子加油干吧。"

李斯由衷佩服道："大王真是心胸开阔，定力十足，臣是自愧不如。"

嬴政笑了笑，其实，作为一个领导，所谓心胸开阔、定力十足都是在硬撑，嬴政的担心，比李斯多十倍。然而，这种担心，他只能和自己说，绝对不能和任何人说。

他自言自语着："两年，两年啊。"

王翦在去楚国的路上，也自言自语着："绝对用不了两年，千万别用两年，否则老命不保啊。"

嬴政了解他的每个臣子。比如李斯对利益的喜好，这种人在趋利避害上有别人无法企及的智慧，也正因为他有这种念头，所以当有个好老板时，他会倾尽全力效忠老板，因为他绝不会让自己的利益轻易失去；再比如李信，年轻冲动，高度自信；再比如王翦，老王的政治觉悟那是相当高，而且不像李斯那样执着于功名利禄，所以老王过度保守，没有把握的事很少做。

嬴政了解王翦，王翦更了解嬴政。嬴政执政初期，王翦就敏锐地感觉这个大王和之前的大王们大大不同。他强横武断，手段却不失灵活，他一切都以结果为导向，从不聆听任何失败的理由。他没有安全感，不肯安静，也不敢安静，所以必须在运动中驱逐恐惧，实现内心的平和。

王翦说，如果超过两年就会老命不保，完全正确。嬴政的没有安全感，会让谗言渗入，一次谗言，嬴政可能不会听，两次谗言，嬴政可能也不会听，但王翦不敢保证第三次、第四次谗言渗入时，嬴政还不会听。

伴君如伴虎。老虎喜怒无常，而喜怒无常的根源就在于老虎没有安全感，认为谁都可以背叛它。

王翦一想到这里，赶紧从怀里拿出小本本，那上面密密麻麻地写了许多字，而且前言不搭后语，只有王翦自己能看懂。

看了一会儿，他就把勤务兵找来，下令："给大王写信，要他把咸阳北郊那块良田赏赐给我。"

勤务兵惊住了，这王将军怎么了，还没有出国境就开始要东西。

王翦发现了勤务兵的表情，说："你懂什么，快去写。"

信很快就传到咸阳，嬴政以为是紧急军情，打开一看，扑哧笑了，问信使："王将军走到哪里了？"

信使回答："还未出国境呢。"

嬴政哈哈大笑，这个老王啊，厉害，厉害！

他告诉信使："你回去和王老将军说，咸阳北郊那块地是他的了。"

信使不起身，还有事。

嬴政疑惑道："说！"

信使说："王将军说，您得先把地契盖上大印，让我带回去给他。"

嬴政又是大笑，李斯看不下去了，老王你蹬鼻子上脸，这是挟重兵压国王，造反啊。

但他看到嬴政笑得很真诚，就没有说，内心嘀咕道：也许这老王真是政治高手，问题是，凭我的高度智慧，怎么就没有看出来呢？

信使拿着地契走了，嬴政还在笑，对李斯说："老王，厉害啊。"

李斯翻了翻白眼，厉害个屁，他要东西倒是比任何人都厉害。

王翦拿到地契后，往桌子上随便一扔，就好像是扔垃圾一样，说："好，现在咱们开始制订作战计划吧。"

副将蒙武兴奋起来："老将军，要开战吗？"

王翦点头说：“没错！”

项燕用计

王翦进入楚境后，驻扎在平舆（河南驻马店一部）一带，这个地方是老谋深算的他经过多方考量后选择的。此地早已为秦国所有，但秦国一直没有怎么经营，楚国又看不上这块飞地，所以始终荒芜着。这个地方虽然在楚境，却离秦国最近，王翦选择这里是知己知彼，楚国如果来攻，补给线跟不上，而秦军补给会源源不断。

蒙武以为王翦的大军一入楚境，就会一窝蜂地冲向寿春，想不到王翦就在平舆住下了。在第一次的军事会议上，王翦清晰地告诉他的将军们：“楚国是一等大国，若想快速灭它，很难。所以要慢慢来，我们决不轻易出兵，等楚国的主力逐渐集中到此，我们再和他们来一场决战。”

这段话只有一句有意义：我们决不轻易出兵。

秦国的将军们都傻了，跑到人家地盘上，还不轻易出兵，这哪里是进攻，简直是窝囊啊。蒙武说：“老将军，我有不同的意见，我们现在倾全国之力来灭楚，就是要在最短的时间里，捕捉到它的主力，一战而歼灭，倘若耗费时间太长，恐怕……”

王翦看了他一眼，说：“我正好有任务要给你呢，特别艰巨。”

蒙武等着。

王翦说：“你偷偷回国，到西北去训练骑兵。”

蒙武蒙了，老王头，我可不是来给你当教官的。

王翦知道蒙武理解不了，他解释道：“李信上次把骑兵都糟蹋了，现在咱们缺骑兵。”

蒙武急了：“训练骑兵，谁都可以去啊，为什么是我？”

王翦说：“你猜。这是军令，你必须去。”

打发走了蒙武，王翦看着众将说：“以后你们谁再敢说速战速决的话，我就让你们去放马。”

大家都不出声了，王翦下令：“全军原地休整，任何人不得谈出战的事。”

王翦命令一下，秦军士兵们可乐坏了，打了这么多年仗，第一次出来打仗居然可以休整，这是上天的眷顾，感谢苍天生了老王头。

王翦每天悠然自得地在军营里散步，闲得要命，楚国的项燕忙得可是四脚朝天。

项氏家族世代效忠楚国，出了不少人才，项燕就是其中之一。自击败李信后，项燕在楚国声名鹊起，楚王熊负刍认为这回楚国终于有救了，项燕是楚国的未来。

但很快，王翦就卷土重来，项燕早就料到秦国没那么容易退缩，王翦刚出函谷关，项燕就开始动员全国兵力，共集结了50万人，本来他能集结80万，但当时正是夏末秋初，很多人都要收割庄稼。另外，项燕并没有把王翦放在眼里。

王翦不是那种光芒四射的军人，他波澜不惊，固然打了很多胜仗，可这些胜仗给人的感觉，是王翦硬撑下来的，每次都险些失败，由于老天照顾才成功的。直白而言，在项燕眼中，王翦是个福将，可楚国人始终相信，福气是会用完的。

熊负刍对此战极为重视。秦国把主力全部投到楚国战场，这就是奔着灭楚来的。他任命项燕和熊启分别为正副元帅，千叮咛万嘱咐，一定要把秦军赶出楚国，如果失败，这回真就没的玩了。

项燕说：“我们不会把他们打出去，因为我们要让他们全部死在楚国的沃土中。”

熊负刍说：“哎呀，那就太好了，楚国国运就全拜托二位将军了。”

两人告辞了熊负刍，熊启对项燕的大话很不满，他说：“你怎么和大王说这个，能办得到吗？”

项燕说：“我自有办法。”

熊启说：“王翦这人可不好对付，别看他不显山不露水的，但能在战场上活那么久，肯定有他的本事。”

项燕说："我知道你和王翦曾经是同僚，但我有我的计策，你不必多问，之后自然会知道。"

熊启嗤之以鼻，摇头苦笑，他自言自语道："这场仗，不好打啊。"

项燕没有认为哪里不好打，他知道楚军战力不是秦军的对手，但他可以搞小动作。

其实，和王翦一样，项燕也没有想过要和敌人快速决战，他要拖垮对手。对手虽然实力雄厚，但毕竟是在楚国本土，他完全可以让秦军陷入楚国群众的汪洋大海中。

而他手上的王牌就是他对熊启说的计策：他派无数间谍，跑到秦国到处散播王翦要造反的情报。

嬴政很快就知道了，他对李斯说："这一定是楚国人搞的鬼，当初咱们秦国灭赵国就是这么玩的，玩挑拨离间，咱们秦国是祖宗啊。"

李斯说："都一个多月了，王将军始终按兵不动，这是怎么回事？"

嬴政正色道："不许你乱说，我答应过王将军，别人说什么，我都不能听。"

李斯就闭了嘴。

李斯虽然闭了嘴，可嬴政的嘴却忙起来，他说："楚国人玩这套不灵，老王头走之前最怕的是什么，就是怕我起疑心，疑心从哪里来，从那些嫉妒他的同僚那里，还有就是敌人那里。所以老王头才说，两年之内，别人说什么，让我都不要信。李斯你说说看，王翦这老头为了让我信任他，天天向我要东西，他缺田地和财物吗？不缺。可他为什么还要，无非是证明给我看，他就是个爱财的小人物，根本不会造反。"

李斯浑身一颤，如果嬴政说的是真的，那王翦还真是厉害，看来我要多向他学习。

项燕的计策没有奏效，但他并没有多大失望，而是拿出了最硬的一招：整肃军纪，依托淮水和江水两道天堑进行防御。如果王翦进攻，而且攻势过猛，那他就放弃淮北。他的思路很明确，绝对不和王翦短兵相接，只要这样永远防守下去，王翦的粮草迟早会被耗尽。

另外，项燕还抱着个更大的希望：秦灭四国，生吞下去还没有消化，他可以派人去四国旧土煽动叛乱，让王翦后院起火，和上次打李信一样，来个前后夹击。如果四国的残余力量不能完成这样的任务，还有个齐国呢，他可以动员齐国，直奔空虚的秦国老巢。王翦如果回救，他就和齐国来个前后夹击。

总之，项燕特别喜欢夹击，包饺子。

可是，人生在世，大部分时候都是想得美妙，现实却很糟糕。项燕派人去四国寻找残余力量，发现这些残余力量全成了残次品。他又派人去找齐国国王田建，让他大失所望的是，田建居然把他的人扔进囚车送给了嬴政。

项燕不知道，几十年来，齐国被秦国用金钱和美女还有虚伪的诺言驯化成了宠物，这个被管仲训练出来的强国，已变得毫无斗志。

项燕有些失落，有些茫然，更让他失落和茫然的是，在他总想搞秦国内部的时候，却被自己的内部搞了。

楚国这次集结的部队，来自各个地区，各个地区又有各个地区的小算盘，所以看似是50万人，其实根本不是铁板一块，而是如同几十块布缝补在一起的破衣烂衫。

首先，项燕和熊启意见就不同。熊启主张速战速决，他分析说："你想耗死王翦，这不可能，因为他的粮草比你多，秦国有巴蜀，现在又有四国的物资，你饿死了，他都能撑死。我们不能和他们玩僵持消耗战，这是在玩自己呢。"

项燕开始时不理熊启，但他架不住各地区的将军都来起哄。大家都认为他懦弱，因为之前打李信，易如反掌，由此可见，秦军也没有那么厉害。更让项燕无奈的是，国王熊负刍也发来命令，让他快点进入战场，因为这位国王对这么一场大战充满了好奇，他甚至想跑来前线，好好欣赏这场战役。

的确，王翦和项燕的兵力加在一起，已经过了100万，这是个无比夸张的数字，倘若在楚国的平原上来场大会战，那场面肯定惊心动魄。

项燕的运气没有王翦好，他没有遇到一个英明的国王，他只好出战。如果这时还不出战，他有可能会被当成叛徒，不会死在战场上，而只会死在黑漆漆的监狱里。

将军难免阵上亡，项燕一咬牙，把50万人带到了王翦面前。王翦马上发现，楚国的主力到位了，不禁欢呼雀跃。

他手下的将军们也上蹿下跳，纷纷询问："将军，开打吧。"

王翦说："打个屁，都给我回去休整去。"

将军们像霜打的茄子一样，有胆大的问："为何不打，咱们来这里不就是和楚国主力决战的吗？"

王翦说："决战早就开始了，你们不知道吗？"

谁都不好受

对于伟大的统帅而言，决战在想要决战时就已经开始了。王翦说决战早就开始了，指的不仅仅是战场上的决战，还有他和嬴政的决战。

他带着嬴政全部家当已经出来一年，这一年里，王翦只担心两件事。一是军队士气，自李信被项燕打残后，秦军的士气始终不高，这也是王翦为什么让军队休整的根本原因。第二件事就是嬴政的态度。嬴政最近一个月来，不停地来信，字面意思是嘘寒问暖，其实背后的意思特别明显，那就是"老王你在楚国干吗呢？怎么不动啊？每天都有人在我耳边聒噪，说王老将军年纪大了，神经退化，不会打仗了。"

王翦很焦虑，他总是提醒嬴政，当初二人可有言在先。但尽人皆知，做领导的说话向来都是放屁居多。嬴政很焦虑，比王翦还焦虑。

王翦知道，楚军如果再没有动静，那他可就危险了。幸好，楚军终于有了动静，项燕带着他的主力来了。

王翦问下属："这一年来，士兵们都在干什么？"

下属回答："扔石头。"

扔石头是冷兵器时代军队训练的一门科目，谁扔得远，谁就是赢家。

王翦再问：“他们扔得怎样？”

下属回答：“每天除了扔石头，没有别的事做啊，有的人能扔到天上去，砸死飞燕。”

王翦说：“士气恢复了！现在我下令，无论楚军干什么，就是骂你老母，任何人也不许出战。”

秦国的将军们全部傻眼，老王头真是被李信之败吓成脑残了，这是出来打仗的吗，这是出来找骂的啊。

项燕把50万人全部投入战场，分为十个翼，轮番攻击王翦的阵地。但秦军死守，楚军毫无成效。楚军气个半死，要秦军出来打野战，秦军就是不出。楚军开始说脏话，一句比一句脏。但秦军士兵都是陕西人，听不懂两湖方言，所以并不生气。但后来楚军找了个陕西人做翻译，秦军听懂了，个个都感觉肺要被气炸了。

王翦好像什么都没听到，该吃吃，该喝喝。

楚军的胆子越来越大，包括项燕都认为自己过度担心了。他后来恍恍惚惚地认为，秦军这次倾巢而来，不是为了灭楚国的，而是为了防止楚军趁着大胜李信的势头大举反攻。

熊启的脑子还算清醒，秦军越是懦弱，他越是担心。他对项燕说：“王翦肯定在谋划什么诡计，各国的军队，能和当今秦军抗衡的只有赵国军队，咱们楚军根本不是对手，可王翦却闭门不出，假装害怕，这很危险。”

项燕忽然又觉得熊启说得对，马上悲观起来，抱着头，愁眉不展，根本不像是一个军团的统帅，倒像是个走投无路的赌徒。他对熊启说：“人生在世所遇到的很多事，你明知走不通，却仍然要走，知道为什么吗？”

熊启认为这已经是人生哲学了，他不懂，也不想懂。

项燕就用哲学家最低沉最雄浑的声音告诉他：“因为你必须走。”

这是句废话，等于什么都没有说，熊启虽然知道王翦在玩花样，但远没有项燕那么悲观。按他的估计，王翦是想熬死楚军。很多人都知道，楚军的粮草供应已经出现问题，但秦军的粮草还堆积成山。

楚国中央政府的所有官员都催促熊负刍让项燕赶紧决战，熊负刍就催促项燕赶紧决战。项燕苦不堪言，希望国王能再给他点时间，至于这点时间要干什么，他不好意思说。

他还是抱着最后一点希望：王翦在外太久，嬴政心生怀疑，然后把王翦召回。

但是，他还没有等到，熊启开始动了。

熊启带着一半的部队和项燕告辞，他认为，决战的机会不是等来的，而是寻找来的。所以他带领部队决心开辟另一个战场，逼着王翦和他决战。

项燕坚决不同意，本来楚军人数就少于秦军，一旦分兵，必会被王翦逐个击破。

熊启觉得，兵行险着，不这样做，迟早会被王翦熬死，与其这样死，不如拼一下，把军队分成两部分，一部分吸引王翦来攻，另一部分从后面攻击王翦。

项燕哭笑不得，25万人包围60万人，熊启先生，您这兵法是从厨子那里学来的吧。

两人争吵不休，熊负刍的催促又来了，这位伟大的国王以国王的身份命令项燕和熊启："立即决战，否则军法处置。"

项燕回信给熊负刍："我也想决战啊，可是王翦那老家伙不出来，难道让我和空气决战吗？"

熊负刍认为项燕在耍什么阴谋诡计，项燕没有诡计可以耍了，摆在他面前的只有两条路：要么王翦被召回，要么他被王翦吃掉。

项燕不知道的是，王翦比他的处境还要难。

自王翦走后，嬴政的睡眠质量非常差，他常常在祠堂中久久不肯离去，跟随他的人总是被阴暗笼罩，那是从嬴政内心深处发出来的光。

秦国自称霸中国后，虽多次对各国用兵，但从未像这次一样，把所有家底完全交给一个外人。嬴政是铁了心要灭亡六国，他之前的几位祖先没有过这个想法，因为没有他这样的魄力。

一个人魄力越大，疑心就越重，尤其是嬴政这种从小就没有安全感的人。他口口声声说用人不疑，的确如此，但有时效，过了一定时间，他会本能地去疑。

幸好他的怀疑对象王翦足够聪明。每隔一段时间，王翦就会请求他给田地给豪宅。嬴政每次得到王翦这样的请求时，都心领神会，两个人既是对手又是同谋，互相飙戏，上演着一部绝妙的惊悚剧。

这场戏随着蒙武带着训练完毕的骑兵到来，宣告结束。

蒙武经过一年多的努力，终于恢复了秦军的轻骑兵建制，王翦大为欢喜，和他商议道："楚军被咱们熬得死去活来，他们现在已经完蛋了。虽然如此，但我还是希望能减少伤亡，所以你带领轻骑兵，向东穿过原来的魏国土地，迂回到楚军的背后彭城（今徐州），然后咱俩一起夹击项燕。"

——彭城这个地方，此时还没有太大名气，十几年后，项羽威震天下，建西楚王国，把首都定在这里，它才名扬天下。

蒙武这才搞明白，王翦一年多来为什么总是按兵不动，原来是在等他的骑兵，他至为感动，认为自己太重要了。可王翦提醒他："少臾美，我之所以迟迟不动，更重要的原因是要把楚军熬成疯子，然后再揍他。"

秦楚两国的决战就此上演，但楚国一开场就演砸了。

王翦灭楚

王翦让蒙武去攻彭城，然后夹击项燕，项燕得知消息后，大为恐慌。他也看出了王翦的战略，所以他准备挥师向东，去保护彭城。

这在当时的情况下，的确是唯一的一着棋，可问题是，项燕忘了还有熊启。

熊启坚决不同意，因为他的根据地在西边，如果大军向东，他的根据地必然会被王翦吃掉。

熊启非要分兵，回他的老巢。项燕苦口婆心地规劝，要他以大局为重。但熊启认为，那是你的大局，我的大局是保住西面、保住彭城，不然就干脆谁也别动，就在这里等着蒙武和王翦包围咱们。

对于这种无赖的法子，项燕无计可施，两人就在战场上分兵。王翦捧着饭碗，爬到高处，一边吃饭，一边乐呵呵地看他们分兵。

按项燕的考虑，他先动，因为他人多，他动了，王翦即使出营灭掉熊启，楚国主力还在，这是为大局着想。可如果不是身临其境当炮灰的人，永远不明白其中的灾难性，所以熊启根本不等项燕有任何举动，就带着自己的兵团，迅速西退。

项燕大怒，老子好心为楚国，你却一点不为祖国着想，你动我也动。

这正是王翦所希望的，他一看到对方分兵，各行其是地动起来，激动得脸色发紫，下令全线攻击——只攻项燕，放过熊启。

秦军的将士们足足憋了一年多，又被楚人辱骂了一个多月，如今有活动筋骨和复仇的机会，怎能放过？他们像疯了一样，冲出营垒，冲向了项燕麾下正在缓缓后撤的楚军。

阵前后撤，对大多数军队而言都是大忌。春秋时期，晋军和楚军开战，晋军“退避三舍”，连连后退，楚军紧跟不放，但由于晋军后退时军阵严密，井然有序，楚军始终找不到攻击的机会。这可能是中国古代战争史上唯一的大兵团会战，一方后退，另外一方无法做有效攻击的案例。

项燕在王翦阵前后撤的500多年后，前秦帝国和东晋帝国也面临这种情况。前秦以绝对优势的兵力后撤，想不到这一撤，撤成了淝水之战的溃逃，最终，中国的统一向后延迟了200多年。

项燕一见秦军发动攻击，急忙骑马在两翼阵前掠阵，但秦军的速度太快了，眨眼之间，前锋部队已冲进楚军阵营，楚军左右两翼刹那间崩溃，纷纷逃亡。

项燕已无回天之力，厄运之神从他下令后撤的那一刻起，就已紧紧抓住了他。

项燕兵团大败，被凶悍的秦军杀了个底朝天，熊启发现项燕被攻击，在马上大吼一声：“哇呀呀！”然后掉头风驰电掣般地跑掉了。

经过一天的屠杀，项燕主力全部被歼，项燕也在乱军中落马被杀。

王翦并没有时间庆祝胜利，他头脑清醒，干掉楚军主力并不等于灭掉了楚国，因为楚国太大，首都还在，首都附近还有一支水军，实力不容小觑。尤其是那个楚王还在，只要楚王南逃，号召全楚人民抗秦，那如火如荼的游击战就会让秦军吃不消。

所以，当众人在欢呼胜利时，王翦已秘密派出一支部队，协助秦军水军，直奔寿春，蒙武当仁不让。他采用的策略是，绕过淮河上的楚军水军，突击寿春北门，直接切断寿春方面和水军的联系。

寿春成了孤城，熊负刍在危难时刻，承担起一个国家领导人的使命。他亲自爬上城墙，挥舞着他的权杖，号召寿春20万百姓和寿春共存亡。

寿春保卫战正式打响，这场战役相当惨烈。寿春城兵力不多，大都是老百姓主动参战，没有作战经验，怀着满腔悲愤和热情，以肉身为武器，和侵略者血肉相搏。

蒙武是势在必得，寿春百姓是誓死抵抗，当寿春城门被攻破后，蒙武因为自己的士兵遭受了重大损伤，所以下令屠城。

楚王熊负刍就在囚车里，眼睁睁看着自己的百姓被成批成批杀掉，在充斥着死亡的空气和泛着血光的天色中，楚国人喊出了："纵然楚国只剩下三户人家，也要灭秦（楚虽三户，亡秦必楚）。"

蒙武在攻陷寿春后，王翦又派出一支部队，以寿春为中心，向楚国南部快速扫荡，一鼓作气，扫灭了楚国的有生力量。

但楚国还是没有灭亡，这个国家的气势太过于强悍。熊启得知寿春陷落，熊负刍被活捉后，立即宣布自己是楚国国王，他向楚国乃至当时的世界宣称，只要楚国还有一人在，就会和秦国抵抗到底。

熊启迅速带着他的兵团，绕过秦军的封锁，抵达楚国大城广陵。广陵这座城立即被秦军的战力和血腥所笼罩，没有投降者，只有殉国人，包括熊启。

王翦后来对嬴政说："知道我为何必须用60万人才能灭楚了吧，因为楚国太大，最要命的是，楚国人的反抗精神太强烈，所以必须用屠杀摧毁他们！"

楚国，自此灭亡。从其公元前704年建王国到公元前223年被嬴政所灭，共立国481年。

但几十年后，楚国人项羽就反过来灭掉秦帝国，复兴楚国。

世事变幻，的确难以预测。

王翦辞职

王翦凯旋回秦，嬴政亲自到郊外迎接。这支战无不胜的大秦军团，在王翦的带领下，再创奇迹，嬴政非常高兴。

为王翦接风的宴席上，嬴政开怀痛饮，王翦也忘了自己的年纪，不由多喝了几杯。人年纪一大，在酒精的作用下，平时不说话的人，话也会多起来。

王翦现在就犯了这个毛病。他放开一切顾虑，对嬴政说："大王，当初我走时，向您要了很多房产和金钱，现在我该归还给您了。"

嬴政愣了一下，随即心领神会，他忽然就有点反感王翦，我当然知道你为啥讨要那些东西，你也知道我知道，有些事永远放在肚子里不说出来，就是它最好的归宿，一旦说出来，就没有意思了。

那些喝酒的文臣武将，看到王翦如此高风亮节，并没有给予赞赏，而是困惑起来。所有人的目光都投递到嬴政和王翦的脸上。

嬴政开始还笑着，现在的脸却比驴脸还难看。他对王翦说："王老将军，喝多了吧。你若还回这些东西，岂不是在故意证明君有戏言，如果你真还了，我如何面对天下人？"

王翦的酒醒了一半，他立即意识到自己的得意忘形，马上从怀里摸出小本本来，嬴政阻止他："收起来吧。"

王翦脸色难看了，哆嗦着手收起小本本。

嬴政又说："我是说，你把你讨要的那些房产啊，金钱啊，都收起来吧。"

文武百官都哈哈大笑，王翦觉得这一点都不好笑，而且还很危险。

那天晚上，王翦和嬴政同时在各自的家中失眠了。

王翦一直在不停地抽自己的嘴巴，险些没把自己的牙抽掉。他觉得酒这东西真是害人精，本来和嬴政的微妙关系可以继续保持下去，现在因为一点酒，彻底完蛋了。

嬴政没有像王翦那样自责，而是深深恐惧。自亲政以来，嬴政走的每一步路，都精准得让人惊叹，而他把这些成功归于自己的不可被他人轻易琢磨。比如李斯，始终不知道嬴政在想什么，有时候嬴政说“是”的时候，李斯觉得根本不是同意，有时候嬴政说“不是”的时候，李斯觉得根本就是同意。

嬴政觉得，法家思想家们有个共同的主张：领导人必须保持神秘性，这种神秘不是龟缩在宫里不见任何人，而是内心的神秘，永远不能让别人轻易知道自己在想什么。

嬴政自认为这几年来，在这一点上做得不错，不过，王翦打碎了这种美好。

“王翦这老头，”嬴政从床上坐起来，“太聪明。”

王翦当然聪明，否则不会在大秦军界这么多年，从来没有得罪过任何人，而且还深得国王的喜爱。他既懂军事又懂政治，绝对是所有领导人都希望拥有的那种帝王师。

可嬴政不喜欢王翦，用他的话说就是，一个人太聪明了，对于领导人而言就是罪恶。

两个人在大秦最黑的夜里，各自想着心事。东方发白时，两人的心事合二为一：嬴政说，我要王翦滚蛋；王翦说，我必须滚蛋。

第二天，王翦和嬴政见面。两人互相审视着，互相揣摩着，最后王翦摸出小本本对嬴政说：“大王，我年纪大了，这次在楚国待了一年多，腰酸背痛腿抽筋，根本无力再胜任任何工作，所以我想回家养老。”

嬴政急忙说：“王老将军，你这是什么话，天下未定，齐国未灭，我需要你啊，你不能扔下我不管啊。”

王翦真想把一口唾沫吐到地上，他拿着小本本说：“大王，您现在手下人才济济，文有李斯、王琯，武有李信、蒙武，我这把老骨头，不中用了。天下归秦，已是大势。”

嬴政摇头说：“不行啊，老将军，您这一走，我心里如同失去了魂魄一样。”

王翦说：“大王，我是非走不可啊，我的身体大不如前啦。”

嬴政再三挽留，王翦再三请辞，最后，嬴政本着为王翦身体着想的好意，允许王翦辞职回家养老。

不过，王翦走之前，嬴政还是想请王翦帮个忙。嬴政说：“希望您能推荐个人选灭齐。”

王翦说：“非我儿子王贲不可。”

嬴政问：“老将军您就不怕别人说闲话？”

王翦反问：“什么闲话？”

嬴政说：“您推荐自己的儿子担此大任，别人会怎么说？”

王翦说：“您问我谁能灭齐，没有问王贲是不是我儿子啊，我推荐的王贲是能灭齐的人，只不过恰好是我儿子罢了。”

嬴政大笑，说：“很好，王老将军，我心目中的人选，也是王贲。”

齐国的灭亡

齐国有过光辉，而且其实直到灭亡，仍然很光辉。春秋时期，丞相管仲和国王姜小白（齐桓公）把它带上高峰，第一个称霸天下，后来，管仲去世，姜小白也去世，齐国霸权就转移到晋国。再后来，政权从姜家转移到田家（田氏代齐），齐国始终都在一等国家之列，没有人敢把它当成二流国家。

齐国最让秦国震惊的一次是在公元前298年，齐军联合韩、魏两国居然攻进函谷关，这是自秦国崛起后从未有过的事，秦国吓个半死，被迫割地求和。在此之前，秦国知道遥远的东方霸主齐国很强大，但没想过居然如此强大，所以在公元前288年，秦国要称“西帝”时，做的第一件事就是请齐国称“东帝”。

秦国之所以有这种小动作，就是担心自己称帝，齐国不让，所以搞出个“东西帝”这种鬼东西。

嬴政之前的几任秦国国王，不会把楚国当回事，但对于齐国却极为谨慎，所以对齐国采取拉拢、拍马屁的策略，让齐国尽量安分守己点。嬴政亲政后，加强了对齐国的维稳政策。

秦国花巨资收买了齐国的宰相后胜，让后胜在国王田建面前叙述以下几点内容：秦国和齐国永远是好朋友，齐国只要不干涉秦国的行动，那秦国就将抢劫到的利润中的一半给齐国。

田建是个慈悲的国王，认为百姓享受和平才是君主之天职，所以他接受后胜的建议（其实是秦国的建议）。他在四十年的时间里，做了两件事：第一件事，放弃武装部队的训练和边境的巩固；第二件事，对任何国家的灭亡都采取漠然视之的态度。

站在齐国百姓的角度来看，田建这两件事做得非常好，效果突出，当他国百姓被血雨腥风所笼罩时，齐国百姓却活在太平盛世中，长达四十余年。

然而站在当时天下的角度，齐国虽然还存在着，却已经是名存实亡了。

齐国对所有国家的呼救和哀求，都置若罔闻。对不断涌入齐国的各国难民，齐国政府用刀枪驱赶，田建只对一种难民感兴趣：各国王室成员，因为他们有钱。

秦国在用武力开疆拓土，齐国则用暂时的和平来招收有钱的难民，而获取巨额利润。

韩赵灭了，燕魏灭了，齐国依旧歌舞升平；楚国灭了，齐国还在歌舞升平。当楚国灭亡的消息传到齐国时，许多有识之士都提醒田建，齐国恐怕也要完蛋。

田建就去问后胜。后胜气得胡子直抖，愤怒地说道："这是什么人说的话，应该处决。秦国和咱们的关系，苍天可鉴，它怎么可能灭咱们！"

田建"哦"了一声。

就在他心事重重时，即墨（今山东平度市）行政长官来见田建。

这个家伙忧心忡忡，满脸焦急之色。他对田建说："大王，大事不妙啊。"

田建正高度紧张，一听这话，险些没晕死过去，哆嗦着问："什么大事不好？"

即墨城的行政长官说：“秦王国现在干掉了五个国家，放眼望去，只有咱们齐王国了。”

田建问：“如何是好？”

即墨城的行政长官说：“咱们齐王国有战士100万。现在，韩赵魏的官员们，不愿意接受嬴政的统治，都逃亡到咱们国家，只要咱们把他们集结起来，给他们100万战士，叫他们收复故国疆土，然后进攻秦王国。楚国的那些官员也不喜欢嬴政统治，如今逃亡在咱们首都的有好几百人，给他们100万战士，让他们收复国土，然后进攻秦国。秦国被消灭，齐国就是天下第一了。”

田建掰着手指，算着：“100万，100万，就是200万。”

他觉得不对：“咱们的战士不够啊。”

后胜原本听即墨行政长官说大事不好时，还很担心他说出什么高明战略来，结果听到一半，就哈哈大笑起来。他对田建说：“这人是个疯子，咱们哪来那么多战士，纵然有，难道把咱们齐国的战士交给那些失败者，这不是羊入虎口吗？”

田建点了点头，说：“是啊，来人啊，把这个家伙拉下去砍了。”

然后，田建又探寻似的对后胜说：“是不是应该防卫一下？”

后胜扯起嗓子吼道：“防卫什么？我看最应该防卫的是韩赵魏燕余孽，应该把他们都赶出咱们的国家。”

田建看到后胜气急败坏、高度自信的模样，顿时解除了心中最后一丝不安，抓起一个老螃蟹，扔进嘴里。

嬴政不吃海鲜，他对大海充满着敬畏，认为那是神仙居住的地方，而那些螃蟹啊，鱼虾啊，都是神仙的小弟。

他喜欢面食，因为面食咬起来，感觉特别充实。

田建在吃螃蟹时，嬴政正在和王贲吃肉夹馍，两人吃得直打嗝，才停下来。

嬴政拿着一根筷子，指着王贲，问：“你说，怎么灭齐国？”

王贲说：“容易得很，比灭楚国容易一万倍。”

嬴政说：“为什么？”

王贲说："因为齐国被咱们阉割了40多年，只是具行尸走肉罢了。"

嬴政点了点头说："你说得对，但兔子急了还咬人呢，咱们不能像灭楚国一样，和齐国硬碰硬，损失太大。"

王贲说："当然，我有个绝好的主意……"

嬴政听完王贲的绝好主意，一拍巴掌："就这么干！"

王贲的绝好主意其实一般，在那种形势下，任何人都能想得出来。这个主意是这样的：先在齐国西面，列下重兵，把齐国几十年未打仗的主力吸引到西边来，王贲则率领精锐从齐国北面奇袭，直奔齐国首都临淄。

齐国果然中计，田建让他的部队迅速在西境集结，王贲就在齐国主力还没有抵达西境时，从前燕国境内快速南下。让王贲大为惊骇的是，他几乎没有遇到任何抵抗，所过之处，齐国城池全部投降，包括齐国首都临淄。

田建坐着一辆牛车出临淄城，王贲接受他的投降，并将胜利的消息传回咸阳。嬴政得知消息后，喜出望外。他固然知道齐国会投降，却不承想，投降得这么快，投降得这么温和，就好像两个国家不是敌人，而是同谋一样。

田建投降时还怀着美好理想，他觉得嬴政会看在这40多年来齐国的"无为"上，放他一马，至少会给他个小城池，让他养老。

但嬴政显然不是这样想的，他灭齐国是为了统一天下，是为了破掉从前的封建制。所以，田建的理想没有实现，他被流放到一座谁都不知道的森林里。在那里，这位齐国的国王，每天都为自己的过往而自责，一自责就号啕大哭，一哭就停不下来，最后，田建阁下活活哭死在树林里。

灭齐之后，嬴政统一了全中国，如同一个人风卷残云般吞吃了几百个肉夹馍，现在，该是消化的时候了。

从前的赵国和燕国灭亡后，残余势力仍然还在，楚国的反抗依然存在，嬴政给他的军队下令，分成若干支队，在整个六国境内用屠杀消除所有对秦国的质疑和反抗。

秦帝国还没有建立，血腥已经成了它的标志。

嬴政踌躇满志，自三皇五帝以来，还没有哪个国王能拥有这么广大的国土，这么多的纳税群众。这是一个从来没有过的震撼，即使尧舜禹复生，也会被吓得再死过去。

嬴政要做的事还有很多，灭六国统一天下，只不过是他棋盘上的第一步，如何下好这盘棋，嬴政和他的团队还有更长的路要走。

而他们永远都不可能知道，他们接下来走的路，居然让中国两千年里的帝王将相们全部困在里面，再也没有人走出来！

秦国的成功密码

在正式进入嬴政的大秦帝国之前，我们有必要找出下面这个问题的真相：秦国灭六国，统一中国的成功密码是什么？

这个问题的真相特别关键，因为自大秦帝国以后，每个如同嬴政一样的开国皇帝，几乎都在遵循这一套路，任何人抛开这套路，都注定不会成功。

中国人始终把一个人、组织，乃至开创国家的成功归功于以下三点，就是孟子所说的“天时、地利、人和”。

如果你认为这六个字很虚，那是因为你还没有摸到成功的门墙，或者说，你还未具备成功的要素。这六个字，在成功者眼中，比嬴政后来修的万里长城还要扎实。

我们先从地利来谈。秦国远离中国（当时的中国指的只有中原韩赵魏燕齐，连楚国都不是中国），孤立于中国之外，它的东面是黄河“几”字弯道，黄河以南通往秦国的几条通道被山脉阻隔，只有少数几个战略要地可以通行，在冷兵器时代，这个地理位置对于一个国家而言，是老天爷任性似的无限垂青。秦国未强大时固然出不去，但别的国家也进不来，所以秦国不必关起门就能聚集力量，直至这种力量能开天辟地，东方国家却仍蒙在鼓里。

从这一点来看，在交通、经济并不能无限沟通的冷兵器时代，关起门来埋头苦干，才是强大之道。但很多国家也埋头苦干过，为什么没有强盛如秦国？

原因就在于秦国的地利。

再来看天时。个人、组织乃至于国家，在通往成功的路上，必然有竞争，而其成功必须有对手的积极配合。也就是说，对于一个成功者而言，最佳的敌人就是那群蠢猪似的敌人。

秦国崛起，并开始对各国进行伤筋动骨的伤害时，东方五国，包括南方的楚国，都没有清醒地意识到秦国的野心，他们固然联合过，但各怀鬼胎，每次联合向秦国进攻，没有起到任何效用；恰好相反，他们的狼狈模样增加了秦国灭掉他们的信心。秦国的对手，韩赵魏燕楚齐，没有一个值得秦国敬佩，全是些自毁长城的二流货色。

一个人遇到的对手全是二流货色，这就是天时，是老天爷让他成功。时势逼人赢，就是这个道理。当然，对于天时最好的解释是，几百年的诸国并立，战争不休，人们已经厌倦了这种状态，内心深处迫切希望不要有战争，而不要有战争的唯一办法就是，世界上只有一个国家。按中华传统思路，人和天是合一的，当所有人的愿望都一致时，天就会满足人。当时的世界，只有秦国能做到这点，因此，人们在潜意识里，会不由自主地把天下太平的希望放在秦国身上。这也就是为什么嬴政灭了那么多国，其所引起的反抗，并没有所灭国家之百姓参加的原因。

天时和地利只是一个平台，老天固然把这个平台给你了，而且还把你推上了平台，但怎么演，就是“人和”的问题了。

“人和”简单而言，就是人的个人努力。这种个人努力和天时地利恰好配合得严丝合缝，最终，由量变到质变，从质变到裂变，成就大业。

秦国的努力，天地可鉴。

儒家泰斗荀卿曾到秦国游览，他看到的情况让他震惊：秦国的百姓质朴豪爽，做任何事从不绕弯子，直来直去，而且勤奋，敢于做别人不敢做的事。官员们都有责任心，哪怕是个看管街道的小吏，也在极端认真地履行自己的职责。荀卿认为，所有人都有责任心，敢于管分内之事，这是一个国家强盛的最大动力。荀卿说，最怕的就是，人人都没有责任心，该自己管的事，敷衍了事，那就不可能产生秩序，没有秩序，国家注定失败。

荀卿在秦国政府中还注意到更让他震撼的事，那就是，秦国的优秀官员，特别是中枢机构的官员，大部分是外国人。秦国的文化很低，西周时期，它不过是西周王朝放马的一个小部落，直到周幽王烽火戏诸侯，西周灭亡，秦这个部落因为救驾有功，所以才被封为国，拥有了陕西那块当时所有国家都看不上的苦寒之地。

秦国在春秋时代和战国初期，一直不受东方国家待见，还总被欺负，幸好它有地利，否则早就玩完了。也正因这种时刻处于低谷的状态，秦国历代国王都放开怀抱，大胆重用外国人，商鞅就是这种思想的直接受益者。这种肯用外来人才的胸怀，弥补了秦国没有人才的短板，快速成长为强国。

秦国的百姓由于文化水平低，从来不知道东方国家的温良恭俭让是怎么回事，所以崇尚阳刚武德，鄙视小鲜肉。商鞅变法，只不过是商鞅因势利导，将秦国百姓的阳刚尚武之气彻底激发出来而已，杀敌者就有好前程，秦国人以砍下敌人的人头为人生最快乐事，由此，直接激发了秦兵团的战斗力，所向无敌。

当然，一个组织强大与否，归根结底是组织领导人的问题。我们常常谈到组织文化，其实所谓组织文化，就是一个组织领导人的文化。秦国的国王们，知识水准都不高，脑子里没有那么多文化思想的缠绕。正因如此，秦国的国王们都喜欢直奔主题，以快速见效为治国方略，如此，才能提高全国的效率，最终把其他国家远远抛在后面。

一个组织乃至国家的政策，不能随意改变，但是，我们都知道的一点是，一朝天子一朝臣，任何一个新任领导人，无论出于什么目的，都会或多或少地改变前任的政策。中国有句话叫“人亡政息”，说的就是这个道理。

在国王一人说了算的国家，如何能让自己制定的政策被手下执行到底，那只有一个办法：活得长。

秦国在商鞅变法后的150余年的时间里，走了狗屎运，所有的国王都活得很长，这就保证了政治的连续性和稳定性。

而政治的连续性和稳定性，是一个国家稳步发展的必备条件。

另外，我们要说的是，秦兵团所用的兵器。战国中期，铁器最先在魏国使用，军队开始装备比青铜兵器要硬的铁制兵器。之后，东方各国都开始把铁制兵器装备在军队中，由于炼铁需要精湛的技术，当时的炼铁技术还不发达，所以铁制兵器在战场上并不比青铜兵器强多少，甚至还差了许多。而秦国始终与东方各国相隔绝，在军队中装备的一直是青铜兵器，青铜的冶炼在战国时代已经非常成熟，所以，在战场上，从兵器角度而言，秦国显然占据了一定的优势。

有时候，固守传统要远比挑战新事物，有利得多。

最后，我们要说的是秦国的行政与法律。其实这是上面内容的一个重复：秦国的行政效率超级高，因为法律严酷，所以国王早上定的命令，晚上就能传遍全国，第二天，所有的公职人员就会快速认真地执行。这种效率，即使在今天，也是许多国家、组织无法做到的。

法律严酷，并不是坏事。很多王朝的覆灭，最终都是因为法律过于松弛，有法不依，执法不严。法官审理案件，喜欢和稀泥，不肯承担本应属于自己的责任。人一旦不承担责任，注定会影响自己，乃至国家。

最后的最后，我们要谈到的就是嬴政。

史书说，嬴政是继承了前六任国王的庞大遗产，像扫落灶台灰一样扫掉了六国。这只是一种事后诸葛亮的肯定，秦国如果没有嬴政，统一天下的进程很可能会推迟。

因为嬴政个人的素质，诸如冷酷、使命感、精准的用人和海洋般的创造力以及敢想敢做的魄力，才是他统一中国的关键要素。

没有嬴政，中国固然能统一，但绝不会在公元前221年就统一。

当然，一个人在某个领域内脱颖而出，成为万王之王，有一个因素也不可少，那就是猪一样的对手。嬴政所面对的六国国王，全是没有责任心、只肯享受国王的待遇而不肯负国王应承担的责任的人。嬴政的六个对手，没有一个是成才的，全是酒囊饭袋。

所以，秦国成功的密码，最终会归结到伟大的嬴政身上，我们后人称他为千古一帝，也正源于此。

第三章

皇帝一世：千年帝制的创始人

嬴政报告

公元前221年，完成了中华统一的伟大工程后，嬴政坐在高高的椅子上，俯瞰天下。这个天下，是他的了。就如一个伟大的厨师完成了一桌精美的菜肴，即使别人不问，他也会沾沾自喜地介绍一番。

"嬴政报告"就在这种心态下面世了。"嬴政报告"的主旨很清晰，嬴政灭六国，非源于他的贪婪和傲慢，而是六国的错。

他按照灭六国的顺序一一说明，首先是韩国。嬴政说："韩王这个人背信弃义，先是奉献土地和国家的印章（玉玺）给我，请我收他为奴仆，不久后就背叛誓言，和赵、魏两国联合攻我。攻我不成，又搞各种小动作，还派间谍郑国来秦，妄图颠覆我国。这种国家，和它谈诚信没用，只能用拳头，所以我灭掉它。现在它比奴仆还温顺，很好。"

其次是赵国。"赵国最可恨，总是背叛盟约，后来李牧又多次杀我同胞，我灭掉它，很好。"他说。

下一个是魏国。“魏国开始说以臣仆身份服侍我，突然就和韩、赵两国联合攻击我，我用水淹它，让它洗心革面，很好。”他说。

然后是燕国。“燕国这个国家总喜欢玩江湖把戏，还让那个笨蛋荆轲来刺杀我，把我吓个半死，这种国家，怎能不灭它？”他说。

再然后是楚国。“我们两国，始终称兄道弟，互相通亲，可它总是在背后怂恿中原各国攻击我，这种小人，非灭了不可。”他说道。

最后是齐国。“齐国用宰相后胜的计策，居然不再和我秦国结交，反而要和我们成为敌人，这种国家，必须灭。”他说道。

这是“嬴政报告”中对秦灭六国做出的解释。嬴政的意思是，灭六国者，非秦也，乃六国也。

世界上有一种逻辑叫强盗逻辑，“嬴政报告”可谓开山鼻祖。胜者为王，为什么会成为王，因为他就是说出再荒唐的话来，被他打败的敌人也无话可说。

“嬴政报告”的核心，不在叙述灭六国的原因和过程，而是最后一段：我本一微不足道的肉体凡胎，起兵诛灭暴戾六国，幸好祖宗保佑，能灭掉六国，天下大定。如果这个时候，我还称什么王，那就名不副实了，必须变更称谓（我、秦国、秦国政府等），才能彰显我的功业，才能让后世知晓。

“嬴政报告”至此结束，结束的同时，秦王国的历史也结束了，秦帝国冉冉升起。

嬴政的功业在当时的确是空前的，其震撼程度令人瞠目结舌。几年前，中国本部还有各种国家，各种王。然而不到十年，中国本部居然只有一个国家，一个王。对于经历了从夏商西周春秋战国千年“国家林立”历史的中国人而言，这简直就如同一场梦，不可思议。

嬴政有资格做这份报告，下面听这份报告的人，也认定嬴政大王必须脱胎换骨，成为千古第一人！

听报告的人有三位：丞相王绾、御史大夫冯劫、廷尉李斯。这是嬴政的政治核心圈三人组。

每个人都身怀绝技。李斯自不必说。王绾文武全才，曾在王翦灭楚的战争中，为稳定王翦后方做出重大贡献。但他的缺点是年纪太大，经常听不清别人说什么，而且固执己见，喜欢古老的事物，不喜欢新鲜事物，这注定他在喜欢向前看的嬴政那里的结局不会太好。

冯劫本性刚直，头脑清晰，能对一些大事做出正确判定，他和李斯恰好相反，李斯喜欢走曲线，冯劫一条道走到黑。

三个人听完嬴政的“报告”后，都欢呼雀跃。李斯最先发声说：“大王您说得太好了，您的确是千古第一人，必须有个特别光辉闪亮的称号才能和您般配。”

冯劫微微点了点头，王绾说：“还是要从上古时代的三皇五帝那里找思路。”

嬴政就问王绾：“怎么个思路啊？”

王绾说：“从前的所谓五帝（黄帝、颛顼、喾、尧、舜）统治的地方不过千里，诸侯们有服从他们的，也有不服从他们的。他们对那些不服从的特别遥远的诸侯，只能干瞪眼。现在大王您兴起正义之兵，干掉了那些暴戾之国，平定天下，四海之内都是您说了算，天下用的是同一种法律，就是把五帝捆到一块，也不如您的功勋大。三皇是天皇、地皇、泰皇，泰皇最贵，您以后的绰号（尊号）就叫泰皇吧。命为‘制’（皇帝颁发的典章制度），令为‘诏’（皇帝下的命令），天子自称曰‘朕’。”

嬴政听了王丞相这番大论，皱了皱眉。李斯立即感知到了嬴政的不满，他向前一步说：“王丞相的提议非常好，但还有待商榷之处。”

嬴政不动声色，去看冯劫，冯劫琢磨了一会儿说：“大王，其他我倒觉得可以，只是这个‘朕’（我的），现在大家都自称朕，您说您以后不让别人这样自称，这是不是不太好啊。”

嬴政脸色微变，李斯又感知到了：嬴政不满意王绾的意见，并非这一条，很可能，嬴政对这个“朕”很满意。

他又向前一步说：“臣考据过这个朕，它是征兆、显微的意思，它提醒身居高位，尤其是大王您这样的人，必须保持神秘，才能治理天下。所以，那些凡夫俗子自称朕，大大地大逆不道，以后谁敢自称朕，就诛三族。”

嬴政大为满意，说：“命为‘制’，令为‘诏’，天子自称曰‘朕’，就这么定了。”

很显然，没有定的是最重要的，也就是嬴政的尊号。

李斯被难住了，王绾说的“泰皇”真就是当时世界上最尊贵的称号了，冯劫没有觉得这是什么难事，他对嬴政说：“大王，这个尊号啊，我觉得以后慢慢琢磨都成。”

嬴政愠怒：“这是什么话，什么叫以后慢慢琢磨？”

冯劫不说话了。

王绾又想到了点什么，站出来说：“大王，‘泰皇’可真就是最尊贵的了，您总不能比他还要大吧，搞个‘大泰皇’什么的。”

嬴政看着三人，说：“你们呀，非要在那个固定小圈子里打转，古有三皇又有五帝，有称皇的人，有称帝的人，为啥非要在皇那里琢磨，可以到帝那里琢磨嘛，干脆，我把三皇和五帝全部盖过去，就称皇帝。”

李斯第一个鼓掌叫好：“大王的智慧实属天授啊，这这这，真是厉害得很啊。”

王绾说：“这个……这个……”

嬴政大手一挥，说：“就这么定了，我尊号为皇帝，皇帝自称曰‘朕’，命为‘制’，令为‘诏’，把这个形成固定制度，万万年不变，以后的那些家伙就在我设置的这个圈子里转去吧，哈哈！”

但还有别的问题，嬴政说：“从前做国王的死后，臣子和家人们总给他搞个谥号，什么周厉王、周幽王、齐桓公、楚庄王的，这是下属议论领导，晚辈议论长辈，这很不好。所以，把谥号制度取消。”

谥号制度是西周王朝吃饱了撑的搞出来的玩意儿。当国王贵族或者是高级官员，乃至特殊人物死掉后，政府就有一个专门小组认真评估他生前的言论和行为，给他另外起一个形容词，其实就是个绰号，这个绰号就叫谥号。比如西周王朝第一任国王姬发，因刚强直理，所以死后的谥号就是武王；姬发的老爹姬昌，因悯民惠礼，所以死后的谥号就是文王。再比如周武王灭了商王朝，最后一任国王帝辛就被周武王起了个谥号——纣王，“纣”这个字的意思是残义损善，也就是说，帝辛没干好事，所以才叫他纣王。

由此你就可以看出问题所在：即使是个混账王八蛋国王，只要他的后代还在位，那给他的绰号绝对不会差；反之，即使是个英明神武的国王，只要他的江山被人夺了，他的绰号肯定好不到哪里去。

嬴政认为，给死人起绰号这种方式就不好，死的人尸骨未寒，几个人就坐在他坟墓前，商量着给他起个绰号，这是什么行为？大逆不道！

嬴政取消谥号制度，很是英明，但遗憾的是，秦帝国灭亡后，谥号制度又被恢复。所以当我们看历史时，就会发现这样一个问题：同一个人，一会儿是“高祖”，一会儿是“高皇帝”，一会儿“神武”，一会儿“文宣”，搞得人头痛不已。

这是中国人给死人化妆的方式之一，让我们陷在玄玄乎乎中，无法自拔。但中国人似乎习惯了这种绰号，所以当嬴政提出要废除谥号制度时，李斯三人大吃一惊，小心地问嬴政：“您如果真千秋万岁之后，世人怎么称呼您啊？”

嬴政瞪了三人各一眼，说：“如果真有那么一天，你们就称我为始皇帝，以后接班的就是二世皇帝、三世皇帝，直到万万世。”

简单而言，嬴政的意思是，我是皇帝一世，以后的接班人就是二世、三世，直到万万世。这种思路真不是普通人能具备的。

谥号制度到嬴政时已流行千年，嬴政突然把它废除，这种改天换地的勇气和创造力，恰好是嬴政的优点，也是他可以成为中华帝国第一任皇帝的资本。

“嬴政报告”奠定了皇帝制度，这皇帝制度可不仅是秦帝国的皇帝制度，也是汉帝国的、宋帝国的，更是千年不倒翁中华帝国的！

传国玉玺与避讳

嬴政搞了很多诸如“朕”“皇帝”“制”“诏”之类的新鲜称谓，让时人眼前一亮，不过这些东西，更多的是出于个人崇拜的目的，要高人一等，与众不同。皇帝即使不是神，也不能被看作普通人，所以，关于皇帝的一切，都要神圣化，要超级神圣化，包括皇帝的大印。

嬴政之前的各国领导人，都喜欢用玉制作自己的大印。嬴政上台后，觉得皇帝的大印必须不同于那些国王的印，就把这件事交给李斯去办。

这比给嬴政起皇帝的绰号还要难，因为当时，最珍贵的就是玉，大印如果不用玉，难不成用铁吗？

李斯琢磨了好多天，心里才算有了点主意，他跑去和嬴政说：“玉乃天地间的精灵，最符合陛下（注意，嬴政规定，他的臣民们要称他为陛下）的身份。”

嬴政不高兴地说：“你这是什么话，从前那些做国王的都用玉刻大印，难道他们都有资格称皇帝吗？”

李斯说：“陛下先别急，我的意思是，以后用法令规定，只有皇帝才有资格用玉制作大印，如果有人敢违反这一规定，就诛三族。”

这是李斯技术上的垄断之计，如果自己不能出新，那就堵住别人的路，这样，自己的“陈”就成了“新”了。

嬴政说：“你这个主意很好，但我厌倦了那些破玉烂石，你要用当今世界上独一无二的玉来帮我制作大印。”

李斯等的就是嬴政这句话，他说：“这个没有问题，我早就准备好了。这块世界上独一无二的玉就在咱们国库里啊。”

嬴政说：“我怎么没有印象？”

李斯说：“和氏璧啊。”

嬴政的眼前闪过一道白色的光，光芒万丈中，他看到了那块玉，那是几年前灭赵国之后，秦军在赵国的国库里搜出来的赵国镇国之宝。

这块和氏璧，充满着血泪。当初发现这块玉的人是楚国人卞和。玉在石中，卞和以极精湛的专业知识认定它是千古一玉，但两代楚王都认为卞和胡扯，还把卞和搞成了残废。后来终于有人慧眼识玉，卞和这个残疾人才算过上了锦衣玉食的生活。

再后来，这块玉从楚国不知怎么流落到赵国，当时的秦王听说这块玉后，就想讹诈来。赵国的蔺相如带着玉去了秦国，以人亡玉碎为要挟，终于让秦国不再对这块玉有非分之想。

嬴政灭赵，这块玉自然而然就到了秦国。嬴政对李斯的意见非常赞同，不过他还有自己的想法。他对李斯说："你要让这块玉自己能说话。"意思是，玉要刻上特别的字，告诉天下人，我嬴政现在就是天下之主。

李斯懂这些套路，他找来高明的雕刻师，在玉上刻了八个大字：受命于天，既寿永昌。

这八个字的意思是：（既然我）顺受天命，当（了）皇帝；（就）应该使黎民长寿、国运永远昌盛。

这种口气，充满了高度自信，让人不知不觉就陷入纳头便拜的臣服旋涡中。

这个玉被称为传国玉玺，它是后来正统皇帝的象征物。不管你多么昏庸，只要你有这个传国玉玺，那你就是正统皇帝；反之，无论你多么英明神武，没有了这个传国玉玺，就是白章皇帝，总感觉缺了些什么。

我们注意到的是，嬴政所创造的一切，都是在为搞个人崇拜添砖加瓦。无论是"朕""皇帝"，还是传国玉玺，都是在彰显个人崇拜。有彰显，自然就有禁忌，嬴政所创立的禁忌制度，影响了中国几千年，后人称呼这一制度为避讳制度。

所谓避讳制度，简单而言就是，皇帝是神圣的，不但皇帝的身体和名誉不可轻易被侵犯，就是皇帝的名字也不可侵犯，否则就是犯上。发展到后来，凡是尊者的名字，卑下的人都不能侵犯。

"讳"这个字，我们第一个想到和它相关的词汇是"忌讳"，它作动词时是躲开的意思，作名词时是尊长的名字。所谓避讳，直白而言就是，对尊长的名字，不但不能写，也不能说。

当你读先秦史时，会发现有“秦灭荆国”的叙述，凡是稍懂那段历史的人看到这句话，肯定会丈二和尚摸不着头脑，因为当时没有荆国啊。这就是“避讳”制度搞的鬼，荆国就是楚国，嬴政的老爹曾用名子楚，为了避“楚”这个字，楚国就成了荆国。

最有趣的就是北宋时期的名臣文彦博了。文彦博本来姓敬，曾祖父时，后晋帝国开国皇帝叫石敬瑭，所以，他只好改姓文。后来石敬瑭的后晋灭亡，文家又改回姓敬，但北宋开国皇帝赵匡胤的爷爷叫赵敬，文家只好再姓文。

避讳制度延续了两千多年，在这两千多年的历史中，因避讳制度而闹了不少笑话，比如五代大臣冯道，因名字中有个“道”字，所以有人在他面前读《道德经》时就把“道”改成了“说”，于是第一段就成了：说可说，非常说。

再比如，我们常常能听到的“只许州官放火，不许百姓点灯”就是避讳制度搞出的笑果。当时，一个叫田登的人当州长，不准人民冒犯他的名字，冒犯他名字的人就要被处罚，于是人们只好把“灯”改叫“火”，上元节时，州政府出告示：本州按传统，放火三日。

也有因避讳而惨遭不幸的，清王朝诸多文字狱，都和避讳有或多或少的关系。比如有人主编一部字典，里面遇到康熙、乾隆、雍正的名字，而没有缺笔画（缺笔画就是避开），因此被砍了脑袋。

两千年来，中国人因避讳制度，把自己搞得神经兮兮，每次提笔，先想想当朝的历代皇帝的名字，再想想自己爹妈的名字，又想想一些师长的名字，把所有脑细胞都用在避讳上，哪里有时间去思考文章内容！

嬴政在这点上，不但禁锢了中国知识分子的思想，还把中国知识分子搞成了神经病。只这一项，就把他统一中国的丰功伟绩全部抵消了。

不过幸运的是，嬴政没有在这种浑蛋问题上过多纠缠。他要做的事还有很多，而且都是前无古人后无来者的光辉事业。

废封建，郡县起

嬴政所建立的帝国，之前从未出现过，嬴政团队面对的是一个全新的局面，所以最关键的一个问题就自然而然摆到了桌面上。那就是，对于这么大一个国家，如何来进行管理。

嬴政把这个问题抛出后，丞相王绾最先从历史角度来谈这个问题。他说：“各国刚被击败，特别是燕、齐、楚三国离咱们很远，如果不在那里设王，恐怕不能镇抚。请陛下把那些土地分封给几位皇子。”

以当时的情况来看，王绾的建议没错。嬴政只是在军事上灭了六国，并没有在政治上完全统一中国，如果此时不派人过去镇抚，很可能不久就会出乱子。但是，王绾错误的地方在于，嬴政不是那种喜欢按历史经验来做事的人。

所以当王绾提出要嬴政实行分封制时，嬴政撇了撇嘴，漫不经心地问王绾：“这个分封制还有什么好处吗？”

王绾被问得一愣，不是被问住了，而是觉得分封制这么好的东西，皇上居然不知道。他清了清嗓子，说：“周王朝八百年国祚，靠的就是这一制度啊。陛下您想啊，把您最亲的人（儿子）放到全国各地，为您看家护院，他们守望相助，您就在咱们大本营安枕无忧，世界上还有比这更好的制度吗？”

嬴政歪着脑袋听，听完了，就喊了一声：“李斯，你有什么看法？”

李斯急忙小跑到嬴政面前，说：“我还真有看法，当然不是针对王丞相啊。”

说完，还看了一眼王绾，王绾撇了撇嘴，略带不屑。

李斯说：“姬昌（周文王）、姬发（周武王）创立周王朝搞分封的时候，是因为周王朝的力量不足以到达某些地方，就比如被咱们灭掉的齐国，那时的山东之地，周武王势力根本就没有到达那里，齐国的建立，全是靠其鼻祖姜子牙一拳一脚打出来的，可不是周武王分封的……”

“你等会儿。”王绾听了半天，发现李斯有史实错误，他向嬴政请示，“陛下，我有不同意见。”

嬴政示意他可以说。

王绾端起身段来，看着李斯，道："这个姜子牙去齐国时，那地方只有当地土著，根本没有反抗力量，何来一拳一脚打出来之说，你平常不读历史吗？据史料记载——"

"你停！"嬴政低沉地说了句，王绾马上闭了嘴。李斯就继续说："所以我觉得，分封制是当时的形势所决定的，而咱们现在却把整个天下都拿了下来，根本没必要搞分封。另外，周王朝搞分封的时候，王子以及同姓者居多，但随着时间推移，他们相互间的关系就疏远了，再后来，双方就开始如仇敌般厮杀，即使是周天子也无法制止诸侯间的这些争斗。今天，托陛下的神威，天下已建立起了陛下直辖的郡、县，对于诸皇子和功臣，可以赏赐给他们国家的赋税和丰厚的奖品，这样，一方面很容易安抚他们，另一方面也不会出现心怀异志的人。只有这种做法才是安定之道，分封诸侯之类的意见，纯粹扯淡。"

王绾急了，几十年修行的仪态瞬间失去，他卷起袖子和李斯文争武斗。嬴政吼了一声，他才老实起来。

嬴政说："李斯说得对，从前，天下人之所以陷在战争的泥潭里出不来，苦斗不休，就是因为诸侯国的存在。幸好有我嬴政，天下才真正获得安宁。现在再要分封，这不是又种下战乱的种子吗？想要用分封的办法来寻求和平，是找不到和平的，我赞同李斯的看法，实行集权郡县制。"

就这样，秦帝国开始在全国统一实行郡县制，共设置36郡，郡下有若干县。各郡除了负责行政的长官太守，还设置了负责军事的尉和负责对官吏实行监察的监，县设县令和助手县丞。天下所有官员的任命权都控制在中央政府手中，中央集权就此确立。

这次讨论后的当晚，王绾死乞白赖地来见嬴政，他居然哭了。

王绾说："陛下，您想想李斯都干了什么。郡县制啊！天下人谁能想得到，皇帝的儿子居然没有封地，也没有权力，他们可是您的儿子啊。"

嬴政一面喝着胡辣汤，一面擦着汗，并且也让王绾吃。

王绾说："我刚吃完饭，人一老就吃不下东西。"

嬴政说："这是皇帝的命令，你就是撑死也得喝。"

王绾只好服从命令，好不容易喝下去一碗，侍卫又给他上了一碗，居然还有一个特别大的肉夹馍。

王绾捂着肚子，说："陛下您宰了我吧，我宁可被您宰了，也不愿意撑死。"

嬴政说："我不宰你，你也不会被撑死，我只是想和你谈谈历史教训。"

王绾肚子马上松快了很多，因为他喜欢谈历史。

嬴政抓起一个肉夹馍，说："王丞相，你觉得为什么我大秦能统一天下？"

王绾能说出来很多，但不知从何说起。

嬴政告诉他："人才！因为我大秦得到了很多人才。"

王绾点头承认。

嬴政说："你虽然点头承认，但你没有真正理解。为何我大秦能得到那么多人才——其实别的国家也有很多人才——原因就在于，诸侯国林立，一个人才在这个诸侯国不被重用，就会跑去另一个诸侯国。若咱们再玩分封，不说别的，一旦有个国家如我大秦一样得到很多人才，岂不是把咱们给灭了？我实行郡县制，搞中央集权，那些人才除了我这里，没有别的去处，天下人才全在我手里，还有谁能动摇我的万世江山？！"

王绾惊愕地张着嘴，嘴张得能塞进那个肉夹馍，他想不到，嬴政的想法会是如此剑走偏锋，但仔细思考，这种说法是正确的，没有任何问题。

他说不出话来，嬴政看着他说："今后谁再敢说分封，我就要他的命。"

王绾被吓得打了几个嗝，从此，他再也没有提过分封的事情，不是他怕死，而是他觉得，嬴政陛下说的还真是有道理啊。

可出了皇宫，王绾又觉得嬴政说得没有道理，他又跑去找李斯。

李斯在吃夜宵，和嬴政一样，捧着大碗喝胡辣汤。

王绾以一副忧国忧民的神情对李斯说："您得劝劝皇上，这个郡县制不行。"

李斯被辣得满头大汗，身边的服务人员为他擦汗，他呼了口气，道：“您是丞相，您都劝不了，我哪里能劝得动陛下啊？”

王绾说：“话可不能这么说，这个郡县制你可是赞同的。”

李斯回击：“我赞同郡县制，你却让我去劝大王搞分封，王丞相这是想让我在大王面前前后不一，你想让我死啊。”

王绾急忙摆手，说：“瞧你说的，我哪里有这样的意思，我总觉得吧，咱们大秦好不容易做这么大，千万不能土崩瓦解啊。”

李斯板起脸来，训斥王绾：“老王，您这话可是诛三族的罪啊。”

王绾魂飞天外，脸色像死人一样。李斯停了一会儿，却哈哈大笑，他说：“我和你开玩笑呢。”

王绾擦了额头的汗，说：“我知道你在和我开玩笑，但我下面的话可不是开玩笑。”

李斯说：“你说。”

王绾说：“周王朝存在了八百年，每次遇到夷狄进攻，都能化险为夷，原因就在于，有很多诸侯国来救驾。咱们大秦，如果没有了诸侯国，万一夷狄来攻，如何是好？”

李斯居然沉思起来，王绾一见李斯沉思，仿佛看到了希望，眼巴巴地看向李斯。可李斯让他失望了。

李斯格外沉静地说：“你说的不是没有道理，天下没有无懈可击的事物，但问题是，天下乱了几百年，这是沉痛的教训，我们必须吸取教训，不能让这种错误的事情再发生，所以要改弦易辙。如果真如你所说的那样，那也是没有办法的事，只好等后来人再推陈出新。一代人只能做一代人的事，关注当下，尽可能不犯从前的错误，这就是天理。”

王绾垂头丧气，他感觉无所适从了。待了一会儿，他告辞出来，又想到冯劫。给他抬轿子的人说：“丞相啊，天都快亮了，咱们还是先回去睡一觉吧。”

王绾唉声叹气，嘟囔着：“天亮了，天亮了。”

天的确亮了，大秦帝国正如旭日般冉冉升起。

一切以建设为中心

嬴政做了皇帝后，其实内心时刻都有隐忧。正如他有次请李斯吃饭时偶然说到的那样，在他之前，没有人统治过这么大的疆域，这个崭新的世界对他而言，无疑是个巨大的挑战。没有历史经验可以借鉴，他嬴政所能凭借的只有磅礴的创造力和顽强的意志。

李斯提醒嬴政道：“任何事总有第一次，我们很荣幸得到这个机会做这样的事，不应该忧郁，应该高兴才对。”

嬴政点了点头，但仍有疑虑，说：“王绾老先生说的也不是没有道理，如果分封制和郡县制并行呢？”

李斯大叫起来：“皇上，万万不可，这是儒家那套典型的折衷主义、和稀泥态度，您以为这样做两面都照顾到了，但最后两面都会失败。人做事，必须选定一点，孤注一掷，在这一点上干到底。”

嬴政一拍桌子，跳起来说：“我果然没有看错你，现在朝中各种声音，搞得我很无力，有你的赞同和支持，还有什么事做不成。”

两人深情对望，这种场景很肉麻，两人也感觉到了，于是急忙挪开目光。过了好一会儿，嬴政问李斯：“如何治理这样一个大帝国？”

李斯回答：“中央集权，所有权力都控制在一人手中，要比控制在许多人手中更安全。集权最重要的是控制思想，思想的解释权不应该外放，皇上必须将行政权、军权和思想权力抓在自己一人手中。简单而言，就是要统一思想。”

嬴政问：“如何统一思想？”

李斯回答：“愚民，尽量不要让百姓思考，就算让他们思考，也只能思考一种思想，让他们在一种思想里转圈。”

嬴政琢磨了一会儿，说：“你说的这只是一种理想状态，每个人都会胡思乱想，如何让他们只服从一种思想？”

李斯回答：“这简单，人之所以胡思乱想，是因为吃饱了没事干闲的。我们应该以最少的物质条件为基础，建立秩序，以百姓的无知来维持秩序。如果他们很闲，那就让他们忙碌起来，进行各种国家基础建设。他们一忙起来，就没有时间思考了。”

嬴政伸出拇指，夸奖李斯：“你这个主意很好。”

李斯美滋滋的，但说起话来却理性十足：“百姓是皇上的棋子，不可以对他们仁慈，要让人怕你，而不是让人爱你。人怕你，主动权在你手中；人爱你，主动权却在别人手中。所以对百姓，要以暴力，而非仁义。”

嬴政点头，说：“该如何消化六国？”

李斯回答：“首先，咱们已经确立了中央集权制，但这只是咱们自己关起门来玩的东西，我们要做的是，告诉天下百姓，咱们的大秦帝国是天命所归，这就要好好找找历史依据了。应该找老王头（王绾）。”

嬴政下令：“叫老王头来，有要事商议。”

王绾屁颠屁颠地来了，他本以为嬴政是单独接见他，乐观一点猜测，可能还是分封制的事情。可当他看到李斯时，就知道一定不是这件事了。

他有点闷闷不乐，嬴政一眼就看透了他的心情，说：“王丞相，我有比分封制还重要的事要向你请教。”

老王头两眼放出光芒来，说：“皇上您说。”

嬴政说：“如何能让天下人认可咱们大秦帝国啊？”

老王头来了劲，说：“要找历史依据啊。”

李斯看着他，说：“这就是我们找您来的原因啊，您说吧。”

王绾不太高兴，什么叫“我们”，你李斯什么时候和皇上如此亲密，捆到一块儿了。

嬴政又看出端倪来了，说：“王丞相，我找你来就是这个意思，你说说看。”

王绾偷偷看了眼李斯，拿出百倍的智慧来，对嬴政说："若想让天下人认可咱们大秦帝国，就必须先认可从前的那些国家，因为咱们不是凭空冒出来的，而是从它们那里来的。我觉得用'五德终始'说，就可以。"

所谓"五德终始"学说是齐国的神秘学者邹衍正式提出来的。根据邹衍的说法，所有的王朝都由象征"五行"的一种天命主宰（"五行"即构成宇宙或自然的五个基本要素"金、木、水、火、土"），王朝按照这五种德的顺序循环交替。

老王头不无谄媚地对嬴政说："咱们可以这样对百姓讲啊，当初黄帝得到土德，所以便出现了称为黄龙的大蚯蚓（蚯蚓在土里）。后来夏王朝得到木德，所以有条青龙就停在它首都的郊区，这条青龙撒了泡尿，当地的草木繁茂之极。商王朝灭掉夏王朝后，继承的是金德，所以有座山上冒出了许多白银。而周王朝得到火德，于是就有一条火龙出现在天空。我们现在取代了周王朝，就属于水德。"

嬴政说："这个学说很好，但有两个问题，请王丞相解答。第一，历代王朝都有异象，咱们秦帝国可有？第二，我看这玩意儿是迭代的，难道还有王朝替代咱们吗？"

老王头回答："您的祖宗秦文公有次去郊外打猎，曾捕捉到一条黑龙，水属黑，这就是异象啊。"

嬴政大致一算时间，这是很久很久以前的事了，没有什么说服力，不过有总比没有好。他最担心的不是这个问题，而是第二个，秦帝国是否也会灭亡，被别的德取代。

老王头说："不对，因为五种德到了咱们这里，已经走完，最终就会定在咱们这里。五德固然是循环往复的，但我们只要在内部适时调整，那么，这五种德就会在咱们大秦帝国永远存在下去。"

嬴政拍手叫好，这个解释很完美，他之前说要一世、二世，乃至万万世，完全符合五德的现实啊。

其实在李斯看来，"五德终始论"是个能够自圆其说的骗局，但骗局不骗局不重要，重要的是，当事人只要相信，那任何骗局就都成了真理。

嬴政随即下令：“秦帝国的国色为黑色。”黑色，多么威严神秘的颜色，夜是黑色的，天地一半的时间也是黑色的。人类无法知道的那些地方，永远都是黑色的。

当我们今天谈到嬴政时，说他不谈仁义，只谈严刑峻法。这固然和秦的传统有关，其实也和他相信的五德有关。

与五德中的水德相配的方位是北方，北方属于阴阳中的“阴”，充满杀气的“阴”主的是刑罚，所以嬴政实行以严厉的法律为基础的残酷政治，也就符合其理论了。

——其实在秦王国时期，黑色已经是秦的主流颜色，只不过还没有被郑重其事地纳入法律。秦军打仗，清一色的黑色，连军旗都是黑色，远远望去，好像一群大乌鸦。所以秦军打仗，很多时候都喜欢打野战，因为隐蔽性好。

“五德终始”学说让嬴政更加坚信自己王朝的正统性，在理想中，他也认为六国百姓会相信，大秦帝国是天命所在，然后服服帖帖。可六国百姓万一不信怎么办？

李斯说：“先摧毁他们。”

李斯的这几个字，引出了他和嬴政更具创造力的几大措施，它们是：移民、销毁兵器和修建“高速公路”。

交通线的扩张

当初，秦军攻陷邯郸城后，嬴政坐车去邯郸，进入赵境后，车子就开始晃动起来，晃动之后突然停滞下来。车队前锋跑过来对嬴政说：“大王，咱们需要换车。”

嬴政问：“为什么？”

前锋就说：“因为咱们车的车轮之间的距离和赵国车的车轮之间的距离不

一样，这就导致车道也不一样，所以咱们的车在赵王国的路上没办法走。”

嬴政说：“这还真是个事，等我灭掉所有国家后，就制作一样的车，修建一样的道路。”

现在，这个愿望可以实现了。

嬴政和李斯立即将其付诸实践。他们以国家名义规定，以后天下的车辆，两个轮子之间的距离都为六尺，如此一来，全国各地车辆往来就很方便了，这就叫“车同轨”。自从“车同轨”了以后，再加上道路的修建，秦政府对全国的控制的确更严密了。然而任何事有利就有弊，后来秦末英雄豪杰们造反，其运兵速度显著提升，也是嬴政和李斯造成的“恶果”。

与“车同轨”并列的一句话是“书同文”。嬴政未统一中国前，各国文字虽都属于中国字，但字体都不一样，同样一个“鸟”字，赵国和秦国的写法就不同，这就给政令的推行和文化交流制造了障碍，所以嬴政让李斯统一文字。最后，李斯把一种形体匀圆齐整、笔画简略的新文字“小篆”作为官方规范文字，并且规定，以后谁敢写出不同于小篆的鸟字，就要斩首。

接着，嬴政和李斯确立了让老百姓没有时间胡思乱想的方式：在全国修建公路。

交通是一个帝国的大动脉，嬴政清楚地意识到这一点。

嬴政修建的第一种公路叫驰道。驰道宽67.5米，中间三丈是皇帝专用的道路。谁敢走这条路，谁就是想谋反，诛三族。皇帝专用道路的两边用青松隔开，道路外侧用铁锤夯得异常结实。秦帝国共有两条驰道，一条由首都咸阳向东直通原燕国和齐国故地，另外一条则由首都咸阳直达原楚国故地。

驰道只有天子才能使用，不过，如果我们认真琢磨这两条驰道的目的地就会发现，这其实是一条运兵道路。原楚国和燕国、齐国离咸阳很远，一旦这几处发生叛乱，嬴政能迅速通过驰道运兵，抵达叛乱地。

嬴政下令修建的第二种公路叫“直道”。虽说是直道，但一点都不直，而且是典型的军事公路。直道起点在离咸阳不远的云阳，经过陕西省抵达子午岭，然后到达今天陕西和宁夏交界处的定边县，再由定边南折向东北，进入鄂尔多斯草原，经过内蒙古乌审旗和东胜后，到达终点站包头。这个“直道”九曲十八弯，目的是对付和防范匈奴。

嬴政下令修建的第三种公路叫“五尺道”。五尺不足两米，道路很窄，原因就在于它是修建于崎岖险阻的山路之上，这是嬴政进军西南地区时修建的一条军用道路。虽然只有五尺，可修建起来难度特别大，当时没有炸药，必须在山石上猛烧，然后再泼冷水，将石头粉碎。烧纸容易，烧石头可就难了。但这条道路，嬴政用了不到两年时间就全线通车。这足以说明一点，人若真心想做成一件事，这件事必定能做成。

嬴政在整个中国修建公路，有人认为他是为了巡游，但这种看法显然是格局不够。嬴政和李斯修建的公路，主要目的是稳定帝国秩序，其次是军事用途，然后是巡游，最后就是李斯的思路：不要让百姓闲着，他们的身体一闲下来，脑子可就开始胡思乱想了。

为了修建公路，嬴政和李斯又做了件让人大跌眼镜的事，那就是，把原来六国的所有城墙全部踏平。欲建设，先破坏，这是嬴政和李斯的思路。它背后的理论支持是，防范某些阴谋家据城造反。

在疏通了全国的道路后，嬴政又把原六国的12万户富人迁到咸阳，以此来破坏以原六国富豪为中心形成的地方秩序和经济力量。李斯的思路是：全国只能有一个经济中心，那就是咸阳。

最后，还是为了防止原六国人民造反，嬴政和李斯收集了天下所有的青铜兵器，在咸阳进行熔化冶炼，铸造成青铜人。

六国的青铜兵器，远没有我们想象的那么多。因为战国后期，铁器出现，六国的步兵都已经配备了短兵相接的铁制兵器。不过，铁器的冶炼技术不过关，所以很多国家还在使用青铜器。嬴政和李斯收了天下所有的青铜兵器，李斯的意见是，把这些青铜全部熔化，制作成钱币，统一发行。嬴政不认可，他有更高级的方略。

他对李斯说：“当初吕不韦灭东周，说好了带回来九个鼎，结果只带回来八个，倒不如把这些青铜兵器熔化，制作第九个鼎。”

李斯还没有发表意见，王绾先跳了起来说："这个绝对不成。大禹制作的九鼎是在我中华最光辉的时刻，日月同天，五星一线时制作而成。这个鼎其实不是人制作的，而是天制作的。您现在要补上一个鼎，没有了神圣性，不但不能填补九鼎，反而会降低九鼎的神性。"

嬴政不高兴了，说："王老丞相，大禹也是人。而且咱们早就讨论过，什么尧舜禹，他们统治的地域都不及我的十分之一，况且，鼎就是人造的，哪里有什么天神地鬼的！"

王绾还是觉得不行，和嬴政争得面红耳赤。看他的样子，如果嬴政真要铸造一个鼎，他就要和嬴政玩命。

李斯这个和事佬出来打圆场说："皇上，九鼎算什么，咱们可以制作只属于我们大秦帝国的标志物。"

嬴政眼睛发亮，说："你快说，怎么个搞法。"

李斯还没有想好，而且这种事，他认为应该由皇上来想，皇上的想象力并不差啊。

嬴政就发挥他的创造力。创造力这种东西，你越是刻意求它，它越是不来。所有的创造力都是在自然状态下出现的。

那天晚上，嬴政被这件事折磨得头痛，天下还有好多事要做，但奇怪的是，他非把所有的精力放在那些破铜上。

头痛欲裂时，嬴政眼冒金星，房间里的灯忽明忽暗，高原上的风沙滚进咸阳，拍打着门窗。嬴政在风沙中，看到一个巨人，向他走来。

出于本能反应，他抓过床边的青铜剑，握上了剑柄。那个巨人走得很缓慢，似乎是从宇宙的另一面走来的，气喘吁吁，神情疲惫。

巨人站在嬴政面前，嬴政只能仰头去望。巨人对他说："看着我，记清我的模样，我有12个兄弟。"

嬴政大怒，站起来，抽出青铜剑，怒斥道："你是何人，敢和朕这样讲话！"

巨人哈哈大笑，一转身，就消失在风沙中了。

巨人一消失，嬴政就在床上一个鲤鱼打挺醒来，房间里寂静无声。

他恍然大悟，这一定是神仙知道了他的难处，特意给他托梦来的。第二天，他就找来李斯说了这个梦。

李斯只好相信他的创造力，问他："皇上，那您的意思是，铸造12个金人（青铜人）？"

嬴政说："可惜我没有记住巨人神仙的样子。"

李斯说："咱们大秦帝国的勇士，都如巨人。"

嬴政想了一下，点了点头说："你说得对。赶紧去办吧，要抓紧时间。"

李斯马上就跑去令人制造金人。制造过程中，嬴政总是问进度。李斯为了提高效率，忽略了质量，所以后来制造出来的金人高度不一（8~13米），重量不一（60~90吨），甚至还有一个金人只有30吨，俨然是个侏儒小金人。

嬴政把金人摆在大殿里，总感觉12个金人像是一个马戏团全家福。虽然如此，嬴政还是赞赏李斯的效率，当然，他对自己的创造力，尤其是神仙托梦这件事更是异常欢喜。

无论是推倒六国城墙，还是收集兵器制造金人，抑或是迁徙有钱人到咸阳，其实都是中央集权的一种方式，目的就是摧毁一切潜在的反抗力量，让大秦帝国能活万万年。

但是，嬴政和李斯真的以为大秦帝国能活万万年吗？

嬴政统一天下的"水分"

李斯和嬴政，曾经探讨过这个问题，就如同千年后北宋帝国开国皇帝和他的宰相赵普探讨的一样。

嬴政问李斯："天下苦战百年，何以至此？"

李斯回答："分封制惹的祸。"

嬴政说："这个问题已经解决，但恐怕还有其他问题。"

李斯说："当然有其他问题，一个重要问题是，周王朝后期王权衰落，无法控制诸侯，因此导致诸侯混战，黎民受苦。"

嬴政说："这个问题也解决了，咱们搞中央集权，所有的权力都集中在皇帝身上，都在咸阳。"

李斯陷入沉思，嬴政问他："你在想什么？"

李斯叹息道："这套玩意儿，咱们是第一次玩，万一玩不好可就惨了。也就是说，咱们没有任何经验啊，没有经验的事，做起来比较麻烦。有时候还真是这样，创新不如守旧。"

嬴政吃了一惊，说："李斯，你怎么说这种丧气话？"

李斯说："皇上，我的意思是，咱们还是要低调一点。"

嬴政哈哈大笑，说："李斯，你这个人很搞笑，天下都是我的了，还怎么低调啊，和谁低调去？"

李斯犹豫了一下，终于还是说出了他一直想说的话来："皇上，天下还有别人呢。"

嬴政一愣，问道："什么？你说什么？"

李斯说："当今天下，还有前楚国的滇国和东海国。"

嬴政皱了皱眉，说："这两个国家，我是知道的，但他们在蛮荒之外，和我们中国有什么关系，让它们活着吧。"

李斯说："就是在中国，也有个国家还在。"

嬴政浑身一颤："哪个？"

"卫国，"李斯说，"它一直都在。"

李斯说得没错，卫国一直都在，而且就在中原腹地。

卫国是西周初年诞生的，最初分封的时候，它特别大，属于诸侯国第一序列（公侯伯子男）的公国，但这个国家太不争气，到了嬴政时代，它只拥有濮阳城这个弹丸之地了。公元前241年，秦王国取了它的濮阳城，让它迁往野王，虽然它的国君仍然称王，但已是名存实亡了。

李斯提到的这件事，嬴政的大臣们也提到过。嬴政始终对这个问题避而不谈，如今李斯又把问题抛出来，并且还指出嬴政没有统一天下这个痛处，嬴政就不得不面对了。

嬴政其实一直在回避这个问题，而且他把这个问题回避得特别好。

王翦灭楚国后，回来报告："楚国南面还都是些破烂部落，但真正能被称为国的也不是没有，比如东海国和滇国。"

嬴政很不高兴地说："咱们要统一天下，你赶紧去把它灭了。"

王翦说："这两个地方在深山老林中，又有河道纵横，咱们以陆军为主，进入那种不熟悉的领域，太危险了。"

嬴政只好作罢，但王翦却说："要灭也应该灭卫国，它在中国，太显眼了。"

嬴政思考了一会儿，说："灭卫国还不容易？我的信早上送过去，它的国君中午就出门投降。可没有必要，对于完全有把握拿下的东西，何必着急呢，让它在那里待着，也是体现咱们的大度嘛。"

王翦恍然大悟。

但嬴政对王翦的恍然大悟很不高兴，说："你是不是明白了什么？"

王翦说："哎呀，没有啊，我只是敬佩您的大度。"

嬴政假装很满意，其实他和王翦都明白：留下卫国，是给自己不能灭掉滇国和东海国一个台阶下。

按照嬴政的理想思路：我灭卫国、滇国和东海国，易如反掌，只是我不想灭而已。

但这是掩耳盗铃，所以，当李斯提出这个问题时，嬴政有点心虚，他不知道自己是否该和李斯说真心话。

最终他以皇帝应该具备的意志力忍住了。他说的是另一套："李斯，我灭卫国、滇国和东海国，易如反掌，只是我不想灭而已。做皇帝，应该要大度！"

李斯一瞬间就看透了嬴政的酸葡萄心理，他当然不会说出来。

所以他只好说："皇上英明！"

但回到家中，当他回想起这些年秦国征战杀伐的历史时，不禁偷偷地发出感慨：这个国家用血编织出来的一幅巨画，鲜艳的颜色能保持多久呢？

李斯在想这件事的时候，嬴政也在想，他想得要比李斯更加深入。

嬴政很清楚地明白一点，他所建立的这个帝国，前无古人，现在所做的一切工作都是在“先干了再说”的秦帝国模式指导下进行的，但这指导模式是不是正确的呢？或者说，现在正确，以后是不是还正确呢？

嬴政心里没谱。

他想到的唯一让帝国万万年的办法，是凭自己的意志力和创造力永远统治这个帝国。他有能力做到控制，在控制的前提下，慢慢摸索帝国的永生之路。

而这就需要一个前提，那就是让自己永生。如何让自己永生，他也想到了唯一的办法——长生不老药。

据从前他接触的几个齐国术士说，人间的确有这种神仙和不老药。只要有，嬴政就不担心得不到，因为天下都是他的，神仙既然生活在他的天下，怎能逃脱他的意志？

既然完全有把握得到，那就不着急。嬴政现在有一件事要做，这件事充分体现了人性的弱点。

嬴政荣归故里

众所周知，人在他乡做出一番事业后，必定要回老家显摆。不久后，项羽就说出“富贵不还乡，如锦衣夜行”的名句。其实，项羽也不是第一个崇尚荣归故里的人，首倡者是嬴政。

公元前220年，大秦帝国的国家机器在不断运转着，士卒与百姓有的在修路，有的在锻造青铜，有的在统一度量衡，还有的在把全中国的富人驱赶进咸阳城。

只有嬴政，看似很清闲。他望着大秦帝国这个永不停歇的庞大机器，发出了龙吟虎啸般的感慨：壮哉我大秦，若是祖宗能看到这样的情景，该多好！

李斯凑了上来，轻轻地说："皇上，这简单得很，回老家祭祖啊。"

嬴政微微而笑，说："你说的不是没有道理。"

嬴政的老祖宗，说来话长。其祖宗最早是商纣王手下的名将，一直帮助商王朝镇守西境。西境之外，全是野人，嬴家能始终未让野人过境一步，足以证明其强悍善战。

西周王朝建立后，西周国王们发现嬴政的祖宗不但会打仗，而且有一套养马绝活，所以就很看重嬴家，但始终没有分封他。后来周幽王被犬戎所杀，西周灭亡，但在东周延续的过程中，嬴家贡献了力量，所以周王就给了它一个封国，这就是秦国的来历。公元前325年，秦国宣布进入王国时代。

秦国的发祥之地（老家）在当时的陇西郡（治所在今甘肃省临洮县南）和北地郡（治所在今甘肃庆阳市西南），李斯的话让嬴政不由想起了老家，想起了祖宗。

于是在统一天下的第二年（公元前220年），嬴政带着一支庞大的炫耀队伍，浩浩荡荡地回了老家。这是他第一次巡游，之后，就开启了巡游天下的暴走模式。

嬴政这次回老家的口号是，到帝国西境去展示武力，震慑西边的少数民族。他在途经离今天兰州500公里的成县时，听说这里有座神奇的山，不禁动了心。

这座山叫鸡峰山，山的模样像鸡冠，很多人都知道，鸡这个东西很玄妙，它是世界上唯一存活下来的恐龙后代，同时，它也是勃勃生机的象征，并且在术士那里被认为能道破天机，因为公鸡一鸣，天就亮了。

鸡峰山的模样奇异，发生在它身上的事更奇异。据说，当年黄帝战败蚩尤后，就跑来山上祭拜天地。天地当时忽然震颤，黄帝以为自己做错了，想不到震颤之后，就是万鸡齐鸣，场景很是壮观，这说明神鸡们认可了黄帝。

据嬴政的老家人说，这座山早就知道嬴家能得到天下。当初嬴政的祖宗秦文公曾在这山上碰到两只鸡，他顺手捉到了一只母的，按照母鸡的说法，谁得到它谁就能称霸，后来秦文公果然称霸。

这些传说让嬴政大为好奇，他让李斯布置，他也要学黄帝登山祭祀，因为黄帝祭祀过的地方，绝对是圣地。而且嬴政也希望这个圣地能给他点征兆，比如山摇地动、晴天霹雳等异象。

然而这些都没有，由于布置这次祭祀的人没有经验，搞得场面混乱，还险些造成山林失火。

嬴政大发雷霆，不是对布置人发火，而是对这座山，他下令将山上的树木全部砍伐，拉回咸阳建造宫殿。

嬴政喜欢和大自然较劲，这是第一次，但绝对不是最后一次。

经过艰苦跋涉后，嬴政终于抵达了他的老家。老家的人都事先被政府官员训练过，嬴政问他们生活如何。他们脸上洋溢着紫红色的微笑回答："托新政府和皇上的洪福，我们过得可好了。"

嬴政又问："家里有什么困难吗？"

他们又笑得如同铁树开花般，回答道："不用皇上您惦记，这里的官员都特别好，我们生活在一片幸福的海洋中。"

嬴政大为满意，对李斯说："看看，就在几年前，这里还到处是战乱，西北的野人总是来抢劫，官员也不作为，只几年时间，新政府就给了他们这样一个好天下。"

李斯说："是啊是啊，都是托您的洪福。"

晚上，嬴政大摆宴席。战国时代，是有宵禁的，嬴政这次特别高兴，取消宵禁，让所有老百姓都来唱歌跳舞，老百姓们就唱道："大秦出了个好皇帝，丰衣足食无人欺……"

但由于跳舞这环节，没有事先训练，所以跳的舞蹈还是当初秦国的野蛮之舞。嬴政自从灭六国后，把六国政府的歌舞团都拉到咸阳，他每天听的看的都是阳春白雪，如今一见家乡的粗野之舞，不禁叹气道："狗改不了吃屎啊。我虽然已是皇帝，可我老家人还是野蛮的西方蛮子（原六国对秦国的评价）。"

李斯安慰嬴政道："皇上不应该这样说话，如今天下是您的，还有什么家乡和他乡这种说法呢！"

嬴政恍然，点头道：“你说得没错，但我还是不喜欢这种野蛮之舞。而且这地方，还真是不咋地，咱们明天就回咸阳吧。”

很多人回老家，和嬴政的行径一样：他们不是真热爱家乡，他们回来的目的就是为了炫耀，炫耀之后，恨不得赶紧逃离这个兔子不拉屎的老家。

嬴政的荣归故里行动很快就结束了，在回来的路上，他望着西北荒凉的旷野和天空中惨白而凄凉的云彩，突然就问李斯：“别的地方也都这样吗？”

李斯说：“皇上，眼见为实啊。”

嬴政说：“好，咱们开启巡游天下的模式吧。”

这句话结束，嬴政精彩的后半生刚刚上演，然而在精彩好戏上演前，一个对嬴政不太妙的小插曲抢先一步上演。

这个小插曲就是高渐离刺秦。

刺秦者，高渐离

荆轲的好友高渐离，之所以能在历史上留下名字，其实和荆轲一样，是因为刺杀过嬴政。当初，荆轲刺秦失败，高渐离就离开了燕国，整日以泪洗面，把筑演奏得更哀戚，更让人动容。

高渐离和荆轲之间有一种难以言说的友情，这让他有时候一想到荆轲就彻夜难眠。失眠导致他身体消瘦，消瘦让他没有力气干活赚钱，没有钱就没有吃的。高渐离渐渐被世人所遗忘，也被泉下的荆轲忘记。

后来，他跑到河北平乡，找了个大户人家，卖身做长工。他尽量隐藏自己，但他击筑的本事暴露了他。每次他经过演奏筑的地方，都会驻足倾听，久久不肯离去，而且还会偷偷摸摸地指指点点：这没有合拍，那里很好……

他的主管上司发现了他的奇怪行为，就对这户人家的主人说：“此人像是懂音乐，而且音乐素养很深。”

主人就把高渐离叫来，问他：“大丈夫在世，最要紧的是完全释放自己的才能，你遮遮掩掩，肯定活得很难受。今日，我就让你完全释放自己。”

高渐离流下眼泪，拿起筑开击。在场的人听了他一曲，纷纷叫绝。客人走完后，主人就把高渐离请进私室，问他：“你到底是何人？”

高渐离不答反问：“您可曾听过刺杀嬴政的荆轲？”

主人魂飞魄散，哆嗦地问道：“难不成你是荆轲的鬼魂？”

高渐离说：“非也，我乃荆轲的好同志高渐离。”

主人“哦”了一声，意思是，没有听过。

高渐离就把他和荆轲的友谊渲染了一番，最后说：“您说得对，人必须释放自己的才华。”

他回到房间，脱去长工的衣服，换上从前的考究服装，拿出精心保存的筑，坐在院子中间，开始击筑歌唱，歌声如钱塘江大潮，呜咽雄浑，悲壮激昂。

因此一击，高渐离开始名扬平乡，然后是河北，再然后是北中国，最后就传到了咸阳嬴政的耳中。

嬴政对音乐很有研究，而且在整个秦王朝政府中，无出其右者。当然，很多人都认为，这是因为嬴政是皇帝，没有人敢比他高明。

当他听闻河北有这么一个音乐家后，马上派人把高渐离请到咸阳。有人在彻底调查了高渐离的身份后，提醒他，此人是荆轲的好友，还是把他宰了吧。

嬴政太喜欢高渐离击筑了，所以不忍心。某天，他听完了高渐离的一首曲子，不禁泪水横流。

高渐离立即感到杀机四伏，但嬴政哭完，杀机就消失了。

嬴政问他：“你是荆轲的好朋友，我把你好朋友剁成了肉酱，又灭了他的三族，你怎么看？”

高渐离说：“皇上，你灭的荆轲的三族，根本就不是他的三族，他这个人没有亲戚啊。”

嬴政觉得高渐离很幽默，他也和高渐离玩了把幽默：“你一定有三族吧？”

高渐离说：“皇上您还真说错了，我也没有。”

嬴政说："我是个特别爱才的人，你就是人才。但你又是个炸弹，说不定什么时候就会在我身边自我引爆。你说我该如何是好？"

高渐离说："杀人者靠两样，一是心，二是眼，您只要挖了我的心，剜去我的眼，我就不可能杀任何人了。"

嬴政拍掌道："你可给我解决了一个难题，你的心我不能要，你要用心来为我演奏筑。我就搞瞎你的眼睛吧。"

高渐离说："很好，音乐家，要眼睛也没用，甚至要耳朵也没用，只要用心即可。"

——高渐离这句话被千年后的两个人所证明：伟大的音乐家阿炳和贝多芬。

嬴政说："但怎么搞瞎你呢？"

高渐离说："我从您身上闻到了荆轲留给您的仇恨，所以您还是慢慢弄瞎我的眼睛吧。"

于是，嬴政就用烟熏火燎，生生把高渐离的双眼搞瞎了。

自从高渐离双目失明后，嬴政就少了分小心，经常让高渐离坐得很近，演奏乐曲。

几个月后，高渐离见嬴政已彻底放松警惕，就在筑中灌注了铅，某次演奏时，当嬴政正听得如痴如醉时，高渐离突然举起筑，照着嬴政的大头砸了下去。

这一砸，是高渐离数年击筑的全部功力，犹如彗星撞地球，筑又离嬴政的大头近在咫尺，就是孙悟空再世，都躲不过。高渐离信心百倍，筑还没有落到嬴政头上，他就已经喊出了夙愿："荆轲，我为你报仇了。"

但是，嬴政一偏头，筑砸在了他的肩膀上，嬴政的衣服柔顺丝滑，所以筑就顺着嬴政的肩膀滑了下去，高渐离用力过猛，惯性使他被筑带着滚向了前面，他被摔了个狗啃屎。

"哈哈，"嬴政大笑，"快，快来，捉住他。"

高渐离被两个赶来的卫士按在地上，他大惑不解，明明我已经胜券在握，嬴政根本躲不过去，怎么就失手了呢？

他趴在地上，问嬴政："你一直在防着我？"

嬴政回答："没有。"

他不明白："既然没有，为何你能躲过我的一击，我露出什么破绽了？"

嬴政回答："你的行为没有任何破绽，但你的音乐露出了破绽。你在弹奏的过程中，乐声使我感觉到了杀气，越来越重，所以当你音乐突然一顿，我就知道你要砸我。"

高渐离趴在地上，长叹一声："荆轲，我们终于要团聚了。"

嬴政也叹息道："其实你完全可以成功的，只要你不用心演奏。一旦用心来演奏，就会被人感知到杀气，优势就是劣势啊。"

最后，他说："看在你多次为我演奏的分上，我就满足你的愿望，来啊，拉出去砍了，让他去和荆轲团聚吧。"

这场刺杀从开始到结束，不过几秒钟的时间，嬴政却感觉像是过了好多年。他很感伤，就问跑来救驾的文武百官，说："为什么总有人要杀我？"

这个问题，文武百官不好回答，他们虽然知道答案，却不敢说。

嬴政从感伤中恢复过来，说："这回没有好音乐听了，该干啥干啥去吧。"

第四章

创造性的统治方式——巡狩以镇四方

一次神秘的“刺杀”

嬴政从老家回到咸阳后，按照李斯的愚民策略，开始大兴土木，一个是阿房宫，一个是骊山陵。阿房宫是他世俗统治的象征，而骊山陵（嬴政13岁那年登基时，陵墓就已开始修建，只不过嬴政做皇帝后，加快了进度）则是他死后进行统治的地方。

有人认为，嬴政让人把骊山陵墓建造得超级宏大雄伟，是因为他迷信。这种说法有待商榷，嬴政固然迷信，但在那个理性刚刚兴起的时代，谁不迷信？

实际上，嬴政搞这些国家建设，一方面是出于李斯的愚民策略（不让百姓有思考的时间与精力），一方面，秦国始终就是这种动态情状，只有在不停的运动中，才有前进的可能。

不过，阿房宫是个烂尾工程，由于建造面积太大，直到秦帝国灭亡，也没有完工。骊山陵墓直到嬴政死前也没有修好，不过嬴政还是踏实地住了进去。其实，这是嬴政最不希望看到的结局。

公元前219年时，嬴政41岁，作为一个政治家，正是洞察力和决断力的高峰时期，他从来没有想过死亡。

正如他在这一年年初和李斯交谈中所说的那样：人只要永远保持动力，不要停滞不前，就不会死亡。

李斯对长生之术不是很了解。他来自楚国，楚国虽然迷信盛行，但对于生老病死看得很开。当时只有原齐国的人喜欢谈论长生，大概是因为那地方离神秘不可知的大海很近，人人都觉得除了人世间，还有一个世界。

李斯就对嬴政说："人生老病死是常态，是天道，想改变它，就是违背天道，况且仅靠人的力量根本不可能长生不死。"

嬴政听了，若有所思。他带李斯在咸阳城周边巡视，看到阿房宫冉冉升起，看到骊山陵墓的工匠们正在向地心前进，看到咸阳的雪花漫天飞舞，他不禁感叹起来，说："李斯，咱们好像没有什么事可干了。"

李斯吓了一跳，说："皇上，您可千万不能这样想，这是堕落，事是人做的，您不去做事，怎么可能有事干？！"

嬴政觉得李斯说得有道理。于是有段时间，嬴政就跑去阿房宫和骊山陵墓工地去视察工作。皇上亲临现场，这让两处工地的人，无论是官员还是民工都受宠若惊。嬴政可不是跑那里看热闹，走形式的。

他仔细地检查每一个石块，发现有问题，马上就把负责人叫来，就地处决。不但把负责人处决，还牵连制作石块的民工。

在严格要求下，李斯发现人杀得越来越多，工地成了刑场，急忙对嬴政说："不能再这样搞下去，否则人全被杀没了。"

嬴政说："那你说怎么办，这工程就是豆腐渣嘛。"

李斯说："干脆每块石头都刻上制作人的名字，以后派专员来检查，如果不合格，就处理民工，不能总杀官员啊。"

嬴政点了点头说："这个主意很好。"

这就是产品负责制：把每个工作人员的产品备案，以后产品有问题，直接找负责人。这种规定的优点在于，能把最底层员工的积极性调动起来，其实嬴政这种方式不是调动，而是恐吓。但有时候恐吓要比赞赏效果大得多。

这个规定出台之后，阿房宫和骊山陵墓的工程，真就很少出问题了，因为每个人都怕死。

嬴政和李斯都认为，他们又做了件创新的事。不过很快，嬴政又觉得无聊起来。

换作别人，在嬴政的位置上，根本就不可能无聊。

嬴政有批不完的奏折，当时的奏折内容都写在竹子上，嬴政一天批示的奏折要两个精壮大汉合力才能抬进来。给嬴政抬奏折的人，经常累得腰间盘突出。让人惊异的是，嬴政居然每天都能保质保量地完成奏折的批示。

任何一个伟人都有超乎他人想象的充沛精力，这是做成大事的关键。随着对帝国的全面了解，嬴政批示奏折的速度越来越快，结果剩下的时间，嬴政就陷入了无聊中。

身边的太监给他出主意说："做皇上的除了工作，其实还有很多值得做的事，比如搞美女。"

嬴政点了点头说："是啊，当年我每灭掉一国，就按照灭亡之国的后宫在咸阳城建造一座，然后把他们的美女都搞到宫里来，我应该去宫里耍耍。"

太监乐得合不拢嘴，说："哎哟喂，皇上您真是懂得享受人生。"

嬴政突然变色，吼道："你想让我堕落啊，来人，拉出去五马分尸了。"

又有太监给他出主意："皇上乃真龙天子，真龙向来是见首不见尾的，您应该找个没有人能找到您的地方，隐居起来，外面大事小情留给大臣处理就是了。"

嬴政说："是啊，否则会累死的。"

太监乐得嘴都歪了，说："哎哟喂，皇上您英明。"

嬴政暴跳如雷，说："你想让我离我的帝国远一些啊，来啊，给我拉出去五马分尸了。"

后来，再也没有太监敢给嬴政出任何主意了，因为这些太监一致认定，这个皇上，有点摸不透，神经质。

只有李斯知道，嬴政陷在一种莫名的空虚与恐惧中。就像是一个埋头苦干100年而终于大仇得报之后的复仇者一样，复仇之后必然是空虚与恐惧。空虚的是，没有目标了；恐惧的是，不知以后该怎么走，因为前路漫漫，看上去并不是那么好走。

嬴政的空虚和恐惧正是源于此，当灭掉六国后，他没有了对手，看似没有对手，其实他的对手正是他一手建立的大秦帝国，从来没有人治理过这样大的帝国，没有任何经验可以借鉴，全靠想象力和执行力。

任何人坐在嬴政的龙椅上，都会产生这样的恐惧，稍有差池，帝国就将陷入万劫不复之地。但嬴政有时候却仿佛穿越时光隧道一样，他能看到大秦帝国在一座光明的山上，山的四方有仙鹤遨游，有童男童女，清新脱俗。还有他从来没有见过的花花草草，飘浮在空中，时开时落。

一旦这种美好景象出现时，嬴政就恍恍惚惚地入睡了。然而，他的脑子却很清醒，因为他能看到有个人用一把短匕首拨开了门闩，向门里探头探脑。

那把匕首，嬴政太熟悉了。当初荆轲来刺杀他时，用的就是那把匕首。而那个探头探脑的人，似乎也特别像荆轲。

他从床上坐起来，按住床边的青铜长剑，冷冷地问道："可是荆轲？"

那人从门缝里挤了进来，站直了。

嬴政握住剑柄，慢慢地抽了出来："你不是已经被我杀死了吗？"

来人面无表情，在青灯之下，脸色苍白，犹如鬼魅。他向嬴政扑了过来，速度之快，让嬴政根本来不及拔剑。

嬴政大吼一声："来人啊。"

门哐当被撞开，一群卫士冲了进来，看到嬴政坐在床边，正在拔剑。

李斯也跑了进来，嬴政满头大汗，说："有刺客。"

卫士们分为两部分，一部分紧紧把嬴政围起来，一部分则在房间里四处搜寻。

结果是，连根刺客的毛都没有找到。

嬴政不信，再加派人手仔细搜查，一直搜到天亮，什么都没有。

李斯说："皇上是不是看错了？"

嬴政深吸了一口气，一字一句地说："天下虽统一，但并不太平。"

李斯愕然，嬴政又补充了句："我虽是皇帝，但也是肉体凡胎，想要天下太平，我必须永生。"

他拿出皇帝的威严，对李斯下令道："我要巡狩天下！"

嬴政到此一游

嬴政说他要巡狩天下，这是书面语，意思是，巡所守也。换成白话文，巡狩的意思就是，作为最高统治者，必须经常带着军队在自己的势力范围内进行巡行视察，祭祀神仙鬼怪，进行各种统治活动。

似乎只有中国人才有这种兴师动众、劳民伤财的行为。早在远古时期，三皇五帝这些老家伙就喜欢到处巡狩，夏王朝、商王朝和西周王朝时期的君主们，也喜欢巡狩。但他们巡不了多远，因为他们控制的地方不大，一旦巡狩到别人家的地盘，那巡狩就变成战争了。

另外，嬴政之前没有驰道，巡狩的统治者坐在没有减震的车里，被颠得上吐下泻，腰酸背痛，所以大多数统治者都不喜欢到处巡狩。

只有嬴政，开创了中华帝王们巡狩的恢宏篇章。

嬴政巡狩，并非在成为皇帝后，才有这种爱好的。公元前234年，秦军在河东郡大败赵军，嬴政就跑到三川郡巡狩。公元前228年，邯郸沦陷，嬴政巡狩邯郸，杀了一批小时候的仇人。公元前224年，王翦灭楚，嬴政也跑到楚国去巡狩。

当时一大批官员认为，嬴政总是跑来跑去的，很冒险。嬴政却说："真正的统治和管理是在现场。现场为王，做任何事，如果有可能的话，都要亲临现场，一切解决问题的方案都在现场，不在帷幄中。"

这话听上去是有点道理，可很多大臣还是想不通，他们伟大的领导人，为什么精力如此充沛，如此喜欢亲临现场？

而让他们更为震惊的，是公元前219年的这次巡狩。这次巡狩，嬴政的目的性很强。第一，他主要想去齐国和燕国故地，因为这两个地方离他的权力中心咸阳很远，他去巡狩是为了威慑那地方的人，让他们不要胡思乱想；第二，这几年来，他身边围绕着一大批从齐国来的巫医和术士。从他们口中，嬴政确信的一件事是，世界之外有另外的世界，而那另外的世界，用我们今天的话来说就是神仙世界。有人觉得嬴政连这个都相信，简直是糊涂蛋。可我们今天寻找外太空生命体的行为，在许多年后的人眼中，也会认为我们是糊涂蛋。嬴政去齐国故地，就是因为那地方搞这种玄乎东西的人特别多，其实这在当时看来，就是一项巨大的科学工程。

不知是出于炫耀，还是嬴政想让神仙世界的人知道自己的强大，嬴政这次巡狩，场面之壮观，让人瞠目结舌。

嬴政的仪仗车队，雄伟惊人，他自己坐的车称金根车，六匹马挽驾，他在里面怎么躺都可以。在随从车队中按五行五色，有五色安车和五色立车，又称为“五时副车”；还有当时最先进的科学产物——辒车（空调车）。随行人员包括当时的宰相王绾和隗状，还有王贲、赵亥等几个侯爷，接下来就是嬴政最信任的李斯。

前面的属车蒙上虎皮，最后两辆车悬挂豹尾，仪仗车队后面，就是浩浩荡荡、黑压压一片的步兵，整个车队两侧，则是黑压压的骑兵，运动起来，旌旗招展，万马奔腾，尘土遮天蔽日，没有见过世面的人看到这种排场，简直就会魂飞魄散。

嬴政的巡狩车队从咸阳出发时，一个从今天江苏徐州沛县来的小公务员，恰好踩了狗屎运，看到了这壮观的场面。他不禁目瞪口呆，垂涎三尺，好不容易回过神来，说了一句：“大丈夫就应该活成这样啊。”这个人叫刘邦，后来果然做了皇帝。再后来，嬴政到楚国故地巡狩，一个落魄贵族子弟也看到了，说：“我会取代他。”此人不久之后就如愿以偿，复兴了楚国，这个人就是项羽。

嬴政这次巡狩的第一站是峄山（今山东邹县），他之所以选这里为第一站，是因为这个地方是鲁国故地，鲁国是当时保存儒家文化最好的国家，而且孟子的故乡也在这里。嬴政去齐鲁故地，就是想和当时的儒家思想做进一步深入的沟通，到峄山，这是个象征。

他抵达峄山，片刻不歇，叫人去召集当地的儒生。那些儒生抱着儒书发了羊角风似的来了。

鲁国儒生何以如此，没有一点知识分子的体统呢？原因就在于，公元前256年，楚国灭了鲁国，而嬴政灭了楚国，在他们看来，嬴政就是他们的恩人。

恩人来了，必须热情欢迎。

可当他们看到嬴政的浩荡车队时，心里就犯了嘀咕。因为嬴政这种排场，恰好是儒家不喜欢的，儒家认为人应该艰苦朴素。

这就是首因效应，他们首先觉得嬴政不怎样，当看到嬴政时，无论嬴政怎么做，都没法引起他们的好感。

嬴政先让他们谈儒家思想的现实意义。这正中儒家下怀，他们就是靠这吃饭的，所以他们大谈仁义。最让嬴政和李斯反感的是，他们又大谈历史，什么三皇五帝啊，什么夏商西周啊，都是因为实行仁义才活了那么多年。然后话锋一转，借古讽今，说现在你嬴政搞的是霸术，这玩意儿不能长久，若想长久，不能把知识分子当成下属，而是要把知识分子当成老师。

嬴政来火了，说："我让你们谈儒家思想如何和现实接轨，你们却让我改变现实，真是鸡同鸭讲，给我滚蛋。"

儒生们一看嬴政发怒，几个膀大腰圆的侍卫奔他们来了，连忙逃之夭夭，连抱来的儒书都忘了拿。

他们跑出很远，发现嬴政根本就没有想要他们的命，这才放慢脚步，负起手来，恢复了知识分子的傲慢，议论道："嬴政这个王八蛋把天下人都当成刍狗，肯定不得好死。"

其他后跑来的儒生也附和道："千年来，咱们何尝见过实行残暴统治的王朝活过十年的？嬴政还吹牛说万万世，我看他一世都过不了。"

大家都赞赏这人高度的前瞻性，想不到这话才说完，就有人蹲在地上哭了起来，而且声音越来越大。当时正是黑夜，他们又在荒山野岭，峄山此地多狼，所以很多人就劝他别哭，担心会把狼给招来。

可这人越哭越来劲，最后把其他人的眼泪也带了出来，顿时，所有儒生都围成一个圈，同时发声，号啕大哭。

哭了很久，西边的乌云飘过来，遮住了微弱的月光，这才有人反应过来，说："为什么哭啊？"

第一个哭的人停止，说："我哭的是怀才不遇啊。你们哭的是什么？"

后面的人叽叽喳喳道："我们哭的也是这个。"

但他们再也不能哭下去，不是因为他们哭不动了，而是嬴政忽然就改变了心思，派士兵把他们全都驱赶回来，然后对他们说："你们还是很有用的。"

这群儒生听到这句话，激动得双手直颤说："皇上，我们还有什么用？"

嬴政看着他们，笑着问："你们对封禅泰山，懂吗？"

儒生的带头大哥马上来了兴趣。这事儿他们擅长啊，因为儒生的老祖宗就是搞这些基本礼仪的。

这位颤颤巍巍的老儒生说："在俺们山东，泰山被认为是人间最高的山，人间帝王必须到最高的泰山去祭祀上帝，这表示帝王不是瞎搞出来的，而是受命于天的。在泰山筑坛祭天称为封，在泰山下的梁父山上辟基祭地，谓之禅，这就是封禅。"

嬴政觉得这个有点意思，但他板起脸来说："不要说你们山东，天下都是我的。"

儒生们唯唯。

嬴政说："既然你们懂这个玩意儿，那就跟我去泰山吧。"

儒生们很高兴，嬴政又补了一句："我的车不够，你们走路去。"

儒生们心里开始同时骂娘，但在嬴政面前，他们不敢多说一句话。出了嬴政的大门，他们就开始诅咒起来。然而，这种话，他们永远都不会在嬴政面前说，因为他们怕死，另外就是，他们知道，用脏话和诅咒永远搞不死一个人。

可嬴政却偷偷派人到他们的住地窃听，知道了他们的嘴炮行为，但嬴政没想过杀他们，只不过在第二天，嬴政命令他们和他一起登海拔500多米的峄山。嬴政健步如飞，可儒生们很少锻炼，所以累得气喘吁吁。

嬴政最先登上去，站在高处看他们狼狈登山的样子，哈哈大笑。

儒生们受了极大刺激，却不敢发作。而就在他们上气不接下气中，嬴政快乐地让李斯在峄山刻石。刻石就是告诉天地，嬴政到此一游，然后再把自己的丰功伟绩吹嘘一番，最后述说一下，他这么多丰功伟绩，无法表达，只能用这点短短的内容来叙述。

比如峄山刻石，基本内容是：

皇帝立国，维初在昔，嗣世称王。
讨伐乱逆，威动四极，武义直方。
戎臣奉诏，经时不久，灭六暴强。
廿有六年，上荐高号，孝道显明。
既献泰成，乃降专惠，亲巡远方。
登于绎山，群臣从者，咸思攸长。
追念乱世，分土建邦，以开争理。
功战日作，流血于野，自泰古始。
世无万数，陀及五帝，莫能禁止。
乃今皇帝，壹家天下，兵不复起。
灾害灭除，黔首康定，利泽长久。
群臣诵略，刻此乐石，以著经纪。

这段内容的大致意思是，我（嬴政）建立了空前的中央集权的大帝国，并且称皇帝，这是从前的那些王所无法想象的。我南征东讨，干掉诸侯，统一天下，这是一场正义的战争。我的将领们按照我的指示，用了很短时间就消灭了六国诸侯。我把秦王国变成秦帝国，继承了先祖的遗愿，完成了统一天下的大业。伟大的统一事业已经完成，所以我跑出来看看自己的土地，给万民灌溉雨露。今天我登上这座山，回想当初的征战，为什么千年来，老百姓过不上太平日子，这是因为分封制的缘故。如今我和我的将领们统一天下，世界再也不会有黑暗，人间处处是和平，这是天长地久的好处。群臣纷纷赞颂我的伟大功绩，但由于种种原因（这种种原因归根结底是一种原因，那就是我的丰功伟绩，世上所有的文字都说不完），只能用这些字来说明了。

儒生们看了嬴政的这石刻，有摇头的，有吐舌头的，都认为嬴政太狂妄，做人应该低调；认为嬴政这家伙肯定不得好死，他的王朝也一样，嬴政这人太该死了，居然让我们走路去泰山。

嬴政：封禅规程我来定

嬴政是个说到做到的人，那群儒生果然从峄山走路到泰山，由于他们不能走驰道，所以走起来特别辛苦。有的人把鞋子走破，还有人走得一夜白了胡子。他们怒气冲冲，可当抵达泰山山脚时，一个好消息传来：嬴政同时召集了一大批齐国故地的儒生，并且宣布，如果谁能把祭祀泰山的事搞得漂亮，谁就可以带一大批儒生去咸阳做官。

峄山的儒生们欢呼雀跃，觉得没有白白走破鞋子，齐国故地的儒生更是兴奋得发狂，因为他们没有如峄山的同行们那样受了那么多苦。

嬴政召集齐鲁儒生讨论封禅大会，李斯做主持人。李斯和嬴政不同，他讨厌儒生，认为这些家伙只靠不切实际的理想和虚伪的道德混饭吃，什么实事都做不好。嬴政固然相信法家，但也不排斥儒家，如果儒家的东西对他的统治有用，他可以海纳百川。

李斯提醒他：“皇上，这群靠耍嘴皮子吃饭的人，您也信任？”

嬴政说：“我这不是用封禅这件事来面试他们嘛。”

李斯说：“很好，那您就看看他们是如何露出大尾巴的吧。”

会议才开始，齐鲁两地的儒生就吵了起来。齐儒生说：“这还用比试吗，泰山在我们齐地，你们这些乡巴佬跑来丢人现眼？”

鲁儒生反击说：“呸，儒家文化我们鲁国保存得最好，你们就是半吊子蠢儒。”

双方人马吵得来了劲，撸胳膊挽袖子要动手，李斯大怒，对他们吼起来：“都闭嘴，你们的狗命不想要了，什么鲁地，什么齐地，现在都是皇上之地！”

李斯一转身，对着嬴政行礼道：“皇上，这些人应该拉出去斩首。”

儒生们大惊失色，心想：这个李斯真狠，为这么点破事，就要斩我们，可见嬴政身边的人和嬴政一样，都不是好鸟。

但他们失算了，嬴政这回做了次好鸟。嬴政安慰李斯道：“知识分子坐在一起讨论思想，难免争吵，这有什么呢，咱们要大人有大量。”

李斯气咻咻地给儒生们发下命令：“封禅仪式的操作规程，你们可懂？”

儒生们异口同声道：“懂。”

齐地儒生们补充说：“我们比他们懂。”

鲁地儒生把口水吐到地上说：“你们根本就不懂。”

李斯喝止他们，说：“那现在就拿出泰山封禅仪式的操作规程来。”

儒生们自动分成齐鲁两拨，开始闹哄哄地议论起来，嬴政在上面看着这热闹的场面，对李斯说：“看他们多认真啊。”

李斯没有说话，他瞧不起这些人，从骨子里就瞧不起他们。

半天时间过去了，嬴政都快睡着了，儒生们才推出一个代表，向嬴政做封禅仪式操作规程报告。

儒生代表首先做开篇：“从古至今，举行过封禅仪式的共有72人……”

李斯打断道：“少放屁了，我只知道有12人：无怀氏、伏羲氏、神农、炎帝、黄帝、颛顼、帝喾、尧、舜、禹、汤、周成王。”

儒生代表紧张地咽了口吐沫，直接说操作规程。

规程很庞杂，齐地儒生列了30多项，鲁地儒生列了60多项，李斯把齐地儒生的报告拦腰截断，再把鲁地儒生的报告掐头去尾，中间再拦腰截断，最后总结出15项来。

李斯读给嬴政听，嬴政从听第一项开始，就很不高兴。这第一项是关于封禅贡物的：主要是北地的禾、包裹物体用的长江和淮水一带出产的三脊的茅草、东海的比目鱼、西海的比翼鸟。此外，还要求有15种稀世珍品不求自来。这15种稀世珍品中就有凤凰、麒麟。

嬴政撇了撇嘴，认为这些东西不可能不请自来。然后他又听到“登山祭天时要用蒲草包裹车轮，避免对泰山的草木有所损伤”，他怒了，说：“这是什么狗屁规定？”

李斯说：“还有更狗屁的呢，皇上，您听这一条：封禅的时候要扫地而祭，铺地的席子必须用茅草编织，皇上本人在祭祀时要全程光着大脚丫子。”

嬴政听到这里，暴跳如雷，他指着那群儒生的鼻子说：“你们这群浑蛋，车轮都要包茅草，为什么我要光脚丫子。你们居心不良，朕才不听你们这一套。”

儒生们齐刷刷地跪下说：“皇上，我们真没有骗您啊，这都是经典里记载的。”

李斯小声对嬴政说：“封禅仪式好几百年都没有举行过，这些规矩都是儒生们臆想出来的，目的是想让皇上难堪。”

嬴政深吸了口气，压住怒气，看着那群儒生的脊背说：“什么经典，我就是经典，李斯，你来制作操作规程，要简单不要复杂，我们的目的是让上天看到咱们在祭祀，只要有这个就可以了。”

李斯把儒生们轰出去，儒生群中有声音传来：“皇上，如果您不按这个规程走，上天会不高兴的。”

换作别人，这句话肯定会将其触怒，但嬴政不相信这些。他对李斯说：“你给我好好做，我让这些榆木脑袋看看，什么叫泰山封禅。”

李斯说：“皇上您就瞧好吧。”

在李斯的策划下，嬴政的封禅仪式很简单：先派人到泰山顶上修建祭坛，然后再在泰山山脚修建祭坛，接着是开山修路，从泰山南面登上山顶，祭祀刻石，行封礼；最后，从泰山之巅下山，禅于梁父山，是为禅礼。

一切都进行得很顺利，直到禅礼快要完毕时，发生了一点意外。

这意外，正是后来儒生们灾难的源头。

五大夫

所有的儒生都对嬴政擅自制定封禅礼仪不满意，在儒生眼中，要遵循古典，绝对不能创新。不过，儒生们对这种信仰也只是说说，一旦信仰和实际利益迎头相撞，他们一定选择实际利益。

嬴政登泰山的途中，儒生们前呼后拥，好像嬴政能封禅，没有他们绝对不行。途中，嬴政偶尔问他们一些哲学问题，有人的回答居然让嬴政略满意。所以，嬴政就随口说："你们跟着我祭祀泰山，功劳很大，等结束后，我封赏你们，至少应该是个五大夫（秦帝国二十等级爵位的第九级）啊。"

儒生们大为兴奋，登起山来，有如神助，气不喘心不跳。然而，嬴政好像只是随口一说，在泰山之顶举行完封礼，李斯刻石，嬴政对随行的官员都进行了赏赐，儒生们等得望穿秋水，一直等到嬴政下山开始举行禅礼，也没有等到嬴政兑现当时的承诺。

有儒生就沉不住气了，抱怨起来，这一抱怨，忽然就觉得封禅之路好辛苦，几乎耗尽了他们几十年积攒的体力。

禅礼举行过程中，儒生们就开始特意表现出不专心的样子来，中途茶歇时，嬴政把这些儒生叫到跟前问："在泰山之巅，你们精神抖擞，怎么下了山，就如霜打的茄子？"

儒生们你看我，我看你，异口同声道："皇上曾说过要封我们为五大夫，怎么忘记了？"

嬴政愣了一下，突然想起来，不禁哈哈大笑。他说："你们这群鸟人，眼界太窄，只盯着个五大夫，不知还有天下。"

儒生们乱了起来，这叫什么话，言出必行，你身为皇上，更应该如此，不但出尔反尔，还讥笑我们，老天会惩罚你的。

嬴政真就是憋不住笑，对李斯说：“这群家伙没什么前途。”

李斯说：“我早就和您说过，他们就是靠嘴炮吃饭的。”

嬴政几乎是笑着开始了下半场的禅礼，很快就要结束，泰山忽然震动了一下，然后树木开始摇摆，青草立即枯萎，泰山周边被乌云笼罩。

嬴政面朝苍天，一滴雨落到他脸上，然后是两滴，三滴。

他还没明白怎么回事，突然听到一声撕心裂肺的喊叫：“下雨啦，老天怒啦！”

嬴政回头一看，那群儒生像群受惊的鸽子一样，到处飞舞，但仪仗队纹丝不动。雨突然就大了起来。

李斯上前几步，慌忙跪下说：“皇上，赶紧避雨。”

嬴政气愤道：“李斯你脑子进水啦，雨有什么可怕的。”

李斯说：“这山东的雨和咱们陕西可不一样，这雨是愣头青，傻乎乎地一下起来就如老天倾盆。”

嬴政还要再说什么，脸已被雨水洗刷，真的就如老天的大盆倾倒一样，只一会儿工夫，泰山脚下已被雨水密不透风地笼罩，几米之内不见人。

李斯忽然就在他身边不见了，嬴政扭头就跑，在逃跑过程中，他听到那些儒生的嘶喊和哀号，但他也听到了讥笑的话音。

这些话音都是一个主旨：哈哈，嬴政这蠢货，不封咱们五大夫，老天都看不过去了，给他浇冷水。

嬴政已顾不得皇上的体统，撒开脚丫子没命地跑，雨更大了，好像还有冰雹，砸在嬴政脑袋和身上，冰冷疼痛。

嬴政跑了很长一段路，眼前模模糊糊看到一个大黑影，跑近了，才发现是一棵大树，这棵树长得特别奇怪，像把撑开的伞。嬴政跑到树下，头顶的雨顿时就停了。但大树外面仍然是大雨滂沱。

很快，雨停了。嬴政从树下走出来，看到迎面而来的狼狈不堪的那些儒生。他们虽然被拍打成了落汤鸡，可心情很好，因为嬴政也被拍成了落汤鸡。

李斯也跑来了，浑身湿透，仪仗队和嬴政的卫队也跑来，全跪在嬴政面前。儒生们看着这幅画面，嬉笑着。

嬴政看见那些儒生的行为，本来要发怒，忽然看到那棵大树，就来了兴趣。

他对李斯说：“你看这棵树，它能在我被雨浇的时候罩着我，比人有用多了，所以我封它为五大夫。”

李斯还没有说话，儒生们就议论起来：“妈妈的，嬴政是有病吗？封棵树为五大夫，我们连棵树都不如吗？”

嬴政看透了这群书呆子的心思，高声对着大树说：“朕封你为五大夫，你要好好做，不要像那群废物一样，只会打嘴炮。”

儒生们喧嚣起来，嬴政吼起来：“你们就是那群废物！”

李斯站起来，下令：“把这些家伙全部赶走，封这棵树为五大夫。”

嬴政拦住李斯：“等等，五大夫要有仆人，这些书呆子，以后就老实地在这里给五大夫做仆人吧，谁敢走，就诛灭三族。”

儒生们差点晕倒，这是他们有生以来受到的最大耻辱，比当时嬴政灭他们的国家还要让他们感到耻辱。

当天晚上，嬴政一边打着喷嚏，一边和李斯谈心。

他说：“法家思想和儒家思想，本来可以互补，外儒内法，应该是不错的治世之道。我本来对儒家很有好感，但我错了。幸好有这次事件，让我看透了儒家的迂腐、守旧和浅薄。他们的思想，只能祸国，不能治国啊。”

李斯非常赞同嬴政的看法，而且还火上浇油说：“儒生自以为是，总觉得如果不用他们的思想，就不符合天道。应该远离他们，或者干脆全部杀掉算了。”

嬴政接连打了好几个喷嚏，说：“还不至于，他们这种人全靠我这种人给他们平台，如果没有平台，他们就是天底下第一大废物。”

李斯觉得消灭儒生的机会还没有到，就转过话头说：“皇上，这次封禅很成功，您真是千古一帝，您下一站准备去哪里？”

嬴政不知是拿不定主意，还是感冒让他头脑不清醒，只是在那里眼神迷离地摇头。

李斯不便再问，告辞出去，走到门口，嬴政打了个惊天动地的喷嚏，对李斯说："我听说这个地方的术士很高明，你去找几个来，我要见见。"

徐福出场

嬴政说他要见山东大地的术士们，这是个特别容易的事。因为术士和儒生是山东除了大葱和煎饼的另两大特产。

在这件事上，李斯琢磨不透嬴政的心思，他以为嬴政只是对神秘主义好奇，找来几个人和他聊聊而已。

李斯就派人在大街上随便捉了几个术士，来向嬴政交差。想不到，嬴政只和那些术士聊了几句，就命人把他们五马分尸了。

李斯这才感到事情重大，急忙跑来道歉。嬴政气愤地说："我让你去找术士，你却给我找了些骗子。"

李斯说："怎么会啊？"

嬴政说："他们居然说自己能呼风唤雨撒豆成兵。"

李斯想笑："皇上，这就是术士啊，他们其实就是骗子。"

嬴政说："你没有搞明白我要什么，我要的是术士，不是骗子。"

这话，让李斯犯难了。

他跑回自己的临时住所，绞尽脑汁地琢磨来琢磨去，终于想到了办法。这个办法就是请教专家。

专家名叫徐福，几年前曾以齐国文化特使的身份去过咸阳，李斯接见过他。徐福当时给李斯的印象是，很博学，上知天文，下晓地理，当然也很玄乎，因为徐福好像什么都会，既能治疗绝症，又能给妇女接生，还能驱鬼捉妖。

李斯还清晰地记得，当时嬴政一直咳嗽，都快把肺咳出来了。徐福去见嬴政，从怀里捏出一叶枇杷，在嬴政面前念念有词，然后让嬴政吞吃了，很快，嬴政的咳嗽就缓解了。

嬴政觉得这很神奇，还想让徐福留下来做他的御医。但徐福说："东海有几个老友过八百岁生日，我要回去给他们庆生。"

李斯当时觉得徐福在胡扯，而嬴政由于忙着解放全国，所以两人慢慢就把徐福忘了。

如今，李斯想起他来，马上就派人去寻找。

他本以为徐福会很难找，想不到第二天，徐福就被人带了来。他还和几年前一样，白净的圆脸上，两颗善良的眼珠骨碌碌转，下嘴唇向前噘着，像是在寻找食物。

李斯很高兴，说："我以为你这种世外高人，要找你一定如大海捞针啊，想不到找到你居然如此容易。"

徐福笑了笑，说："谁说是你找到我的，我一直就在等你和皇上。"

这句话是神秘人士的口头禅，李斯假装当真说："哎呀，您真是能掐会算啊。"

徐福说："几年前咱们分别时，我就说过，不出10年，你我必会在山东相会。"

李斯说："有这话吗，我怎么不记得了？"

徐福转移了话题："说吧，找我什么事？"

李斯说："不是我有事找你，是皇上。皇上想找几个术士，可前几天，我找了几个，却都被他五马分尸了。"

徐福眼珠子转了三圈，说："皇上要找的术士，肯定是我这种，不是你要找的那种，你可否带我去见皇上？"

李斯有问题还没有想清楚："请问徐高人，什么'是你这种，不是我要找的那种'，你们术士不都是玄玄乎乎的吗，有何区别？"

徐福把眼珠摆正了，严肃地说："这不是您所能懂的，术士也分三六九等，我属于一等，能找到神仙，向神仙索取不老药。"

李斯险些没把口中的茶水吐出来，他强咽下茶水，正色道：“徐高人，您这话在我跟前说说就算了，千万不能到皇上那里胡说，小心被五马分尸了。”

徐福摇头苦笑道：“话不投机半句多，道不同不相为谋，请带我去见皇上吧。”

李斯就带着徐福来见嬴政。

嬴政一眼就认出了徐福圆咕隆咚的脸和那两颗眼珠，大为兴奋，他请徐福上座，李斯作陪。

嬴政问徐福：“徐大师从哪里来？”

徐福回答：“从海上来。”

嬴政从来没有见过海，兴趣大增：“这个海，有何高明之处？”

徐福回答：“海上有三座仙山，蓬莱、方丈、瀛洲，这山里面住着各色神仙，我常来常往。”

嬴政“哦”了一声，去看李斯。

李斯说：“海即晦，‘晦’是‘明’的反义，是黑暗的意思。黑压压一大片世界，令人恐惧。我们的天下四周就是被海包围，海内是光明所在，海外则是光明照不到之地，妖魔鬼怪的家园。神仙怎么会住在这里？”

嬴政点了点头，去看徐福。

徐福转了转眼珠，说：“原齐国的威王、宣王和原燕国的昭王都曾经寻找过这三座山，这三座山漂浮在东海之上，山上有长生不老药，鸟兽通体洁白无瑕，用黄金、白银和青铜盖成的宫殿林立。这三座神山的神秘就在于，你能远远望见它，却不能靠近它，因为一靠近它，它就消失，或者是风雨大作，把船只掀翻。直到现在，还没有人到过那里。”

李斯抓住了徐福言语的漏洞，进攻道：“徐胖子，你刚说你去过，怎么现在又说没有人到过那里呢？”

嬴政夸张地点头，看着徐福说：“是啊，您怎么回事？”

徐福把拳头放到嘴边，轻轻地咳嗽了一下，说：“皇上，我不是一般人啊，我是能去的。”

李斯“嘿”了一声，要说话，嬴政打断他，向徐福请求：“可否带我们去看一下三座神山？”

徐福眼珠狂转起来，说：“哎呀，这个……”

李斯像发现了敌人的重大缺陷，急忙道：“啊哈，皇上，徐胖子和您五马分尸了的那些术士没什么不同啊。”

徐福脸红脖子粗，站了起来：“皇上，咱们现在就去看。”

嬴政也站起来，鼓掌叫好：“好，马上出发。”

徐福不能马上出发，因为据他说，他要先去通知神山上的神仙，这是礼数。

李斯说：“可以啊，我和你一起去。”

嬴政补充道：“咱们一起吧。”

徐福的脸马上肿了起来，神情略显慌张，不过他还是经过历练的，长吸了一口气，给人一种“死就死”的英雄气概，吐出了一个字：“好！”

徐福的好运

李斯小看了徐福，他固然认为徐福有点才华，但并不认为徐福是个神人。其实徐福大有来历，据他后来的弟子说，徐福是鬼谷子的弟子。

鬼谷子在战国时期可是神一般的存在，他不仅精通兵法、武术，还精通奇门八卦、看相、中医、巫术、预言等神秘法术。这个人培育出的弟子，他们的名字都如雷贯耳，比如庞涓、孙膑、苏秦、张仪，当然，还有徐福。

徐福在鬼谷子那里到底学了些什么，世人不得而知，徐福也是讳莫如深，但只要是鬼谷子有名有姓的弟子，绝对不会差，这从苏、张、庞、孙那里就可得到证明。

徐福学成下山后，就跑回祖国齐国，用各种别人根本不懂的学问，取得了政治界和思想界的认可。但徐福没有从政，也没有当什么学术教主，而是云游大海，追寻一种别人想都没想过的理想。

公元前219年，嬴政巡狩山东半岛，徐福早就得知，所以就在半岛附近等嬴政，当他听说嬴政要找高明的术士时，马上现身。他对嬴政的思维路径预测没有问题，但冒出来的李斯让他大伤脑筋。

让他更痛苦的是，李斯居然要跟着他去找神仙，这就违背了神仙和他订立的秘密条约，可为了证明自己是个神人，他必须让嬴政看到神山。

几天后，嬴政和他的巡狩大部队从泰山出发，向芝罘（今山东烟台）、琅邪（今山东诸城）进发。路上，徐福只要一有空，就仰头看天，然后捻指占卜。

李斯认为他在故弄玄虚，嬴政却兴趣十足，不停地向徐福请教。

抵达芝罘后，他们登上高处，苍茫大海立即出现在眼前。嬴政感觉自己的呼吸都停止了，大海对于这位陕西人来讲，简直就是神仙梦幻般的存在。他从来没有想过，世界上居然有大海这种东西，站在海浪不停拍打的岩石上，他不禁高喊起来："大海啊，都是水。"

嬴政抒情时，徐福在不停地向海面张望，张望许久，突然就大叫一声："神山！神山！"

众人都按照他的指点望去，果然就望见了遥远的海平面上浮现出山的模样来。李斯眼神不太好，他只看到模糊一片，而且很飘忽。

他问徐福："这怎么不像是三座山啊？"

徐福去看嬴政，嬴政兴奋地张着嘴，嘀咕着："是神山，果然有神山。"

见到嬴政的态度，徐福有了底气，他冷冷地对李斯说："就是三座神山，皇上都看到了，你看不到，说明你福分浅。"

李斯被噎了一下，不吭声了。

嬴政叫起来："李斯，真是神山。"

李斯还没有继续质疑徐福，徐福已经扑通一下跪在嬴政面前，道："皇上，我没有骗你吧，这就是海上三神山。"

嬴政说："对对对，徐福，你真是神人啊。"

回到暂住地，嬴政就把所有人都赶了出去，单独和徐福谈话。

他问徐福："你能去神山上吗？"

徐福说："当然。"

嬴政说："那你可否向神仙求些不老药？"

徐福"哎哟"了一声说："皇上，您这口气可够大的，还求些，能请到一颗就不错啦。"

嬴政说："是是是，那请您走一趟。"

徐福转动眼珠，很为难的样子。

嬴政问："有什么难处吗？"

徐福叹口气说："皇上，您看我是什么人？"

嬴政说："天下第一神人。"

徐福说："不对，我是悲天悯人之大好人。这么多年来，我始终想把长生不老药从神山带回人间，让天下所有人都不再受生老病死之苦，可是，我带不回来啊。"

嬴政焦急万分："为啥啊？"

徐福说："天地间，只有我能登上那座山，只要能登上那座山，就能永远不死，但我不能带回任何东西。"

嬴政皱眉道："那些神仙会搜你的身吗？"

徐福摇头说："神仙无所不知，哪里还用搜身。我曾偷偷带走过一颗不老药，可一离开神山，不老药就变成空气了。"

嬴政扼腕长叹，原地转圈："这可如何是好啊？"

徐福摊开两手，表示："我也不知道啊。"

嬴政转了好多圈，突然有了主意。他对徐福说："你先去问一下神仙，就说是千古一帝需要不老药，看他们有什么条件。"

徐福说："人家都是神仙了，还有什么需要的东西啊？"

嬴政更加痛苦，忽然就咳嗽起来。

徐福两颗眼珠滴溜溜一转，闭上眼睛，再缓缓睁开，说："皇上，我有一个办法，可以一试。"

嬴政催促道："快说。"

徐福说：“神仙活得都太久了，可能怀旧，所以喜欢年轻的新生的东西，你可给我几千童男童女，我带着他们去神山，他们一高兴，说不定就成功了。”

嬴政叫起来：“好！别说几千，就是几万也没有问题。”

他叫人进来，下令：“马上去给徐神仙准备童男童女各一千。”

徐福用拳头抵住嘴巴，咳嗽一声说：“皇上，还是要搞些金银啊什么的，不是神仙需要这些，而是要向神仙展示一下您的实力。”

嬴政说：“没有问题，你要多少我给多少。”

徐福说：“好，那我现在就去准备准备，您准备好您的东西了，通知我，我马上出海。”

嬴政要送徐福，徐福也不客气，在嬴政前面大摇大摆地出了门。门口，李斯正把脸贴在门上，像老鼠一样在偷听。

真实的谎言

嬴政把李斯叫进来，教训他：“你堂堂一帝国廷尉，怎么还偷听啊？”

李斯说：“皇上，自从海上出现仙山后，我就一直在琢磨，后来我终于想起来，从前看过《墨子》，里面就提到这种事情，其实那就是个光的反射，山是存在的，但不在海上，在陆地，大海就如同一面镜子，把陆地的山照进去罢了。”

嬴政让李斯坐下，语重心长地说：“最开始，我也不太相信徐福这家伙，但我是亲眼看到仙山的。且不管到底有没有这仙山，宁可信其有，不可信其无，你一旦不信，就连那点希望都没有了。”

李斯觉得皇上有点神经错乱，既然不太信，为何还要委徐福以重任呢?

嬴政接着说：“你就没有想过吗，海上如果真有不死药，徐福把它拿来后，咱们就可以找些人来研究这个药，然后大批量生产。到时候，不但我不死，你不死，天下凡是拥护我大秦帝国的人都不死，那咱们大秦岂不是万万年了？这是一个利国利民的大工程，你要有大局意识。”

李斯被说得晕头转向，皇上这到底是信还是不信呢，皇上有这么伟大？皇上搞迷信，原来是为了天下百姓？

他发现自己越来越不了解嬴政了，嬴政也不需要他太了解自己。他让李斯赶紧去帮忙，给徐福准备童男童女。

李斯老大不情愿，可他是个好下属，上司的命令就是他的天理。

他在挑选童男童女过程中，特意挑了些丑陋的；给徐福准备的船，也是粗制滥造。有人提醒他，万一船沉了怎么办？

李斯冷笑道："放心，徐福是神人，不会让船沉的。"

一切准备就绪，徐福说他要从琅邪出海，因为那里有神山入口，嬴政就跑到琅邪去等他。

嬴政一到琅邪，可就被这个地方深深吸引了。

春秋末期，那个品尝别人大便的越王勾践为称霸世界，而把越国从会稽迁来琅邪。勾践这人除了能卧薪尝胆，还具备独特的眼光，琅邪就是个神秘之地。在嬴政看来，这里就是神仙的住所。

他带领着文臣武将参观琅邪城时，发现琅邪城到处都是勾践的鬼影，他很不高兴，于是另起炉灶，在城东南十里处的大乐山新建琅邪台。这座琅邪台体现了大秦帝国的工程建设实力：共有三层，一层高三丈，台顶周长200多步，登上台顶就能看到汪洋大海。

琅邪台建造过程中，李斯总跑去看，不但他自己跑去看，还带着王贲、王绾一起去看。王贲晕船，一看到大海就想吐，所以总是在琅邪台上扫兴，王绾就不同，他和嬴政一样，从没有见过海，这次和嬴政出来巡狩，他最大的收获就是看到了大海。

李斯让他们上琅邪台，可不是欣赏海景的。李斯对二人说："徐福那小子有点玄乎。"

王贲刚刚吐完胃里的所有东西，现在正干呕，没有心情说话。王绾倒是说："李斯，这次我和你看法一致，但咱们也别给皇上添堵，皇上搞点高科技（长生不老药），也没啥嘛。"

李斯被王绾噎了一下，正要说什么，徐福翩翩而来，好像是从海上的云彩中飘过来的。

“你们在谈论我啊？”他轻飘飘地落地，不带一点尘埃。

李斯没好气地反问：“那又如何？”

徐福笑了笑，指着王绾所站立的地方，说：“王丞相，你站了个福地啊，只要在这个地方，挖一口井，这井水就有神奇之处。”

李斯撇了撇嘴，说：“少忽悠了，这是第三层，挖下去，是第二层，还没有着地呢。”

王绾打圆场：“李斯，只要深挖，总会到第一层的地下去的嘛。”

王贲“呃呃”了两声，说：“来人啊，给我挖。”

按照徐福指出的位置，几百个人昼夜不停地挖，两天后，挖出了地下水，水特别清澈。嬴政知道了此事，也跑来看热闹。

徐福就当场表演，他伸出手来，在脏的地方摸了一把，说：“你们去看水！”

大家就都伸长了脖子向井里观望，不久就都大惊失色：水变浑浊了。

嬴政惊讶万分，问徐福：“怎么回事？”

徐福回答：“只要井边的人，身上有脏的地方，井水就会变污浊。”

他说完，用水把手洗干净，对众人说：“看井。”

众人就又去看，井水恢复了清澈。

嬴政被徐福这套神迹搞得晕头转向，越发信奉徐福。李斯虽然不信，可事实就在眼前，他也找不出质疑徐福的理由来。他很生气，在潮湿的琅邪，他鼻子居然冒起了火星。

嬴政对井水虽然感兴趣，但更感兴趣的是长生不老药，所以他催促徐福赶紧上路。

徐福同意了。

本来嬴政要为徐福搞个轰动天下的送行大会，但徐福说，怕惊扰到神仙，神仙把神山隐去，就麻烦了。

所以，嬴政就在琅邪等出海的徐福，李斯也在等，但他希望徐福永远都别回来。

让李斯大感头痛的是，半月后，徐福就回来了，一个人回来的。

嬴政一见徐福，就吃了一大惊，才十几天时间，徐福好像苍老了一千岁，而且还真的就老了，走路颤颤巍巍，连说话的用词和语调都变了。

嬴政焦急地问他："你咋一个人回来的，神仙把那些童男童女都收了？"

徐福说："神仙没有收，童男童女，我放走啦。"

嬴政大为迷惑，问道："为啥啊？"

徐福开始讲述他这几天的经历。据他说，自己走了很久，才看到神山，还没有靠近神山，突然他的船就被一个大神拦住。

大神问徐福："你的什么的干活？"

徐福回答："我是皇上的使者，是来替皇上向神仙求不死药的。"

大神说："皇上的礼物，微薄得很，不老药可以看，不可取。"

大神就让徐福看了不老药，药是蓝色的，在波光照耀下，很是好看。

徐福验了货，确定是真的后，就问大神："你需要什么礼物？"

大神回答："三千童男童女、百工、技师以及谷物种子，拿来这些，就可以换走长生不老药。"

徐福一说完，李斯就大叫起来："我的神啊，神仙也要种植谷物，我还是第一次听说。"

嬴政也纳闷儿，问徐福："你真见到不老药了？神仙要谷物干啥？"

徐福气息奄奄道："这个，我也不知道，神仙大大地神秘。"

李斯对嬴政说："这纯粹是扯淡嘛。"

嬴政瞪了他一眼，转向徐福说："这些礼物，我马上给你准备，还要辛苦你再跑一次。"

徐福点了点头说："问题不大。"

嬴政说到做到，给徐福准备了三千童男童女、百工、技师，甚至还给他配备了一支火箭军（弓箭手部队），同时带了大批种子、粮食、淡水等给养，装备了当时世界上最先进的楼船。

徐福恢复了圆润的脸和清澈的眼珠子，带着这些礼物，乘坐大船，出了海。

嬴政等了半个月，徐福没有音信；等了一个月，徐福还是没有音信；又等了一个多月，徐福像被大海吞噬了一样，杳无影踪。

李斯藏了一肚子对徐福的风凉话，可看到嬴政的脸色越来越难看，就只好烂在肚子里。

嬴政每天都会去海边，站在高处，向远处眺望。他面无表情，没有人知道他在眺望什么，想什么。

三个月后，嬴政等得不耐烦了，要去下一站。临行前那天晚上，他对李斯说："大海真是个奇怪的东西，这些水都是从哪里来的？"

李斯不知道该怎么接这话，嬴政也没有想让他接，继续说道："神仙为什么不住在陕西，非要跑这么远住在海上？"

李斯"呃"了一声。

嬴政说："大海是个神秘世界，神仙是神秘的，肯定要住在海上。"

一阵海风吹来，把门吹得直响。

嬴政说："派人在此蹲守，徐福一出现，就带他去咸阳见我。"

李斯摇头叹息，说了一个字："是！"

回到住处，李斯找来几个心腹，对他们说："徐福蒙骗皇上，罪该万死，你们派人在这里盯着，只要他一露头，就地处决。"

心腹们大为惊骇，说："皇上知道了怎么办？"

李斯怒目圆睁，虽然睁得很大，但仍然像老鼠的眼睛。他问："你们是听皇上的还是听我的？"

心腹们全都低下头。

李斯望着即将大作的海风，自言自语道："他也不可能回来了，这么大的海风。"

泗水捞鼎

徐福在短时间内真就没有回来，嬴政在琅邪待了三个多月，还把当地的赋税免了12年，又从别地迁来富人千户，把琅邪搞成了大秦帝国的一个特区。

然后他把李斯、王绾、隗状召集到一起，说："刻石。"

李斯对王、隗二人说："上次刻石的内容是我出的，这次该轮到您二位了。"

两人对这种永垂青史的行为当然趋之若鹜，但写了好多遍，嬴政也不满意，李斯等的就是这个机会，他开始写，写完呈递给嬴政，嬴政改了几个字，这篇磅礴大气的小文就出现了：

六合之内，皇帝之土。
西涉流沙，南尽北户。
东有东海，北过大夏。
人迹所至，无不臣者。
功盖五帝，泽及牛马。
莫不受德，各安其宇。

这篇小文，充分展现了中国文字的魅力和威力，让人看了，不禁心头大动，情绪高昂。

其实这段话只是说明了一点：六合之内的所有空间，都是我大秦的疆域。不过这有点吹牛了，当时南中国有很大一片疆域还不在嬴政的统治下，即使是北面的匈奴，也要几年后才会被驱逐。

吹完牛后，嬴政等徐福等得心情低落，就离开了山东地界，向江苏彭城（徐州）巡狩。一路上，嬴政始终在思考一件事，这件事他不能和任何人说，只能和自己说。

从泰山封禅到芝罘望神山，嬴政觉得自我神化已经做得很好，但总觉得还是缺了点什么，如果徐福真能把不老药拿回来，那就是件非常完美的事情了。可惜，徐胖子把这事给搞砸了。

嬴政甚至想，徐福这胖子脑子不好，其实你只要当着文武群臣的面，随便给我颗药丸，说是长生不老药，把这出戏演一下，就完美无缺了。

一想到徐福的愚蠢，嬴政在车里狠狠地拍了下桌子，车马上停下来，身边的卫士急忙跑过来跪在车下，询问皇上有什么吩咐。

嬴政掀开帘子，正午的阳光马上射进车厢，一股难忍的酷热在车厢升腾，嬴政长吸了口气，问："到哪儿了？"

卫士回答："前面就是泗水。"

嬴政"哦"了一声，放下帘子，没有说话，整个车队就那样停在烈日下，道路两旁的花树因酷热而发出凄惨的叫声，嬴政听得很清楚。

他从帘子里伸出手去，用一根手指，指了指地，卫士明白了，站起来扯开嗓子喊："皇上旨意，原地休息。"

李斯适时地跑了过来，隔着帘子对嬴政说："皇上，怎么停下了？"

嬴政说："我忽然想起了吕不韦。"

李斯又接不上了，彭城这个地方和吕不韦一点关系都没有，嬴政这思路比蛙跳还神奇。

过了一会儿，嬴政说："我想起吕不韦，是因为他当初灭东周时，搞来的那些鼎。"

这事，李斯知道。但他不知道的是，嬴政也没有见过那些鼎。吕不韦后来说，鼎已经被供奉在隐秘之地，嬴政去过那个所谓的隐秘之地，的确有鼎，但好像被做旧过，而且不止九个。显然，这是个千古之谜，吕不韦好像做了很多鼎，只要需要，他能拿出十个百个"九鼎"来。

嬴政在琢磨事，李斯不知道皇上在琢磨什么，但很快，他就知道了。

嬴政让他凑近点，说："当初吕不韦灭东周迁九鼎，走到泗水，其中一只鼎掉进水里，我要沐浴焚香，在此捞鼎。"

李斯脑袋嗡了一下，皇上你脑子不好吧，吕不韦当时灭完东周就直接回咸阳了，怎么可能绕圈子跑到泗水来，难道吕不韦像只没头苍蝇似的跑到这里来，就是为了丢失一只鼎？

他直言道：“皇上，这事比徐福去找不老药还不靠谱，我看……”

车厢里的嬴政“嗯”了一声。这个单音节的声音是如此有威力，帘子都被掀了起来，就在帘子被掀起的瞬间，李斯看到了嬴政那毫无血色、极为恐怖的脸。

他立即不说话了。

他似乎明白了一点，嬴政玩这套把戏，是为了继续搞自我神化，和他泰山封禅，派徐福找老不药，异曲同工。

既然皇上说，吕不韦当初吃饱了撑的绕个圈子跑到泗水来丢了一个鼎，那咱们就捞吧。

太监传旨：“捞鼎。”

嬴政特别嘱咐李斯，要把仪式搞得隆重些。

李斯心领神会，不就是把仪式搞得神秘庄重些嘛。首先，嬴政要沐浴焚香，口中念念有词：我大秦帝国已是天命所归，唯独缺少象征天下的鼎一枚，希望泗水之神把鼎还给我。其次，要找些术士来装神弄鬼一番。最后，干活的就是那些士兵了。

在准备过程中，李斯忽然想，水里根本就没有鼎，肯定捞不上来啊，捞不到鼎，这个神化过程不就砸锅了？

但他的思路还是窄，嬴政和他想的不一样。鼎肯定是捞不到的，为什么捞不到，因为有东西不让捞啊。为什么不让捞？说明大秦帝国还有做得不好的地方，比如还没有将大秦建设好，那回咸阳后，就要加大力度，接着搞工程建设。

打捞开始了。李斯特意找了座桥，桥的一头是术士们，披头散发地跳起野人之舞，桥的另一头是嬴政，焚香祷告，桥上是一群士兵，一根粗长的绳子被士兵缓缓地送到水面。礼仪官适时地对着水面喊叫起来：“泗水之神，送鼎上来，如若不送，我就打捞。”

喊了好几遍，泗水水面没有任何异象，李斯看向嬴政，嬴政向他示意：

“开始吧。”

李斯向礼仪官示意，礼仪官吼道：“捞！”

几个早已经准备就绪的士兵从桥上跳进水里，深深地扎入水中。过了许久，那条巨大的绳子动了一下，李斯喊起来：“找到鼎啦，拉！”

桥上的士兵一面拽绳子，一面喊起口号：“嗨皇上，嗨皇上！”但只拽了几下，绳子就不动了，好像被什么东西卡住了。

士兵们大为吃惊，有人说：“这鼎好重啊。”

又有人说：“废话，这鼎就是江山，当然重。”

大家齐心协力，使出吃奶的力气，绳子仍然纹丝不动。

李斯一路小跑，跑到桥边，向下看，看了半天，突然大喊：“哎呀不好，有条龙在水里抱着鼎呢！”

桥一头的术士闻听此言，全都故作慌张状，野人之舞跳得更疯狂了。嬴政则浑身发抖，像是厉鬼上身，口中念念有词。桥上的士兵们更是大惊失色，心想，怪不得这么费劲，原来我们在和一条龙拔河呢。

士兵们又把上辈子的力气用上，绳子还是不动，突然，绳子动了，像是龙突然松开了鼎，士兵们由于惯性，险些从桥的另一面冲下水。

绳子也上来了，李斯急忙跑去拿起绳子，就喊了起来：“哎呀，龙把绳子咬断了。”

嬴政又一次厉鬼附体，大声喊叫：“呜里哇啦，看来咱们做得还不够，所以龙不让咱们拿鼎。我们要继续为帝国奋斗，千年不动摇。”

泗水捞鼎，就这样结束，下水的那些士兵后来不知什么原因，全都消失了，好像被大地吞没了一样。

只有李斯和嬴政知道，水里的士兵是怎么消失的，以及为什么要消失。

泗水捞鼎之后，整个天下都在传，说嬴政这家伙真神，虽然拔河输给了龙，但从三皇五帝以来，有谁敢和龙拔河啊？

湘山祠遇险

在泗水制造神话后，嬴政从江苏境进入湖南境。在湘潭待了几天后，嬴政就嚷嚷着要走，因为这地方他总感觉瘆人。所以李斯急忙准备，让嬴政从水路出发去洞庭湖。

洞庭湖在今天是美景，但在秦帝国时，连野人都懒得居住。嬴政待了几天后，又吵嚷着要走。李斯说："离此不远，有个湘山祠，可以到那里去游览一番。"

嬴政打起精神，乘坐船只去湘山祠。在旅途中，嬴政看到江水浩荡，不由得想起了徐福和海上三山。他就问李斯："徐福有消息了吗？"

李斯回答："没有。"

嬴政叹了口气，两岸的风景很美，但嬴政没有心情欣赏。

前面的船来报告说，很快要到湘山祠了。

嬴政就向外看去，一座并不高的山，山上树木郁郁葱葱，隐隐约约露出一祠堂来。

有人告诉嬴政，这就是湘山祠。

嬴政没觉得有什么特异之处，他站起来，一方面舒缓下久坐的疲劳，一方面想对这个并不起眼的地方发表一下看法。

可他的希望落空了，因为他一站起来，船就剧烈地晃荡起来，他又被摔回了座椅上。他正要暴怒，整个水面开始翻滚，在最后被摔晕过去前，他听到一声："下雨啦。"

当他醒转过来，看到几张焦急的脸，是御医、博士（秘书）、李斯等一干大臣。他本能地问："怎么回事？"

一个博士回答："下雨了。"

嬴政摸了摸剧烈疼痛的头，气愤地问："什么雨？"

大家都去看在场的一个术士，因为这场雨来得的确蹊跷，而且狂野神秘。但术士也搞不明白，支吾了半天，才说了几个字："中到大雨。"

嬴政气咻咻地抬眼看了一眼山上的湘山祠，问：“这个浑蛋地方供奉的是什么神？”

这是博士的专长，几个博士就抢着回答：“尧的两个女儿，也就是舜的妻子埋葬在这里。”

嬴政一跳三丈高：“混账，这一定是这两个娘儿们捣鬼，来了阵歪风邪雨，我要收拾她们。”

博士急忙说：“哎呀皇上，万万不可，这两个娘儿们可是尧的女儿，您就是看在她们爹的面子上，也不能收拾她们啊。”

嬴政啐了那个博士一口，站起来，但头晕，又坐了下去。他环顾四周，发现不在船上，而在岸边。

他问李斯：“船呢？”

李斯回答：“您的船还在，其他几艘船被打翻了。”

嬴政暴跳如雷：“臭娘儿们，来啊，让地方官安排人，伐木烧山。”

李斯说：“好的。”

其他在场的人，都莫名其妙：这个皇上真奇怪，居然和死人斗气。

当天晚上，地方官召集了三千劳工，开始伐木。嬴政就在山下看着，每伐倒一棵树，他就暗自叫声好。

李斯站在他身边，肌肉一直在跳。夜已深，月光普照江水和湘山祠，整个世界沉浸在银辉之中。

李斯对嬴政说：“皇上，夜深了，回去休息吧。”

嬴政说：“我要亲眼看着这两个娘儿们被烧。”

大火在凌晨燃起，烧了整整六天，山变得光秃秃的。但嬴政还不解恨，他让人制作红色颜料，把山涂抹个遍。

看着奇丑无比的山，嬴政乐了，但随即就感伤起来，他问李斯：“徐福有消息了吗？”

李斯回答：“没有，始终没有。”

嬴政就叹了口气，望着江水，喃喃自语：“江山如此多娇，如果没有永恒的生命，这江山将来又是谁的呢？咱们回咸阳吧。”

李斯出来很久了，也的确想家了。听嬴政这么一说，他马上回复：“是。”

嬴政到底信不信神仙

绕了个圈，嬴政从武关（陕西商县）回到咸阳。阿房宫和骊山陵墓的工程正在加班加点地建设，政情惨急，民工死伤无数。

嬴政认为这是小事，因为法家格言说了，百姓皆为君王棋子，是用是弃，棋子永远都没法自己做主。

李斯跑去阿房宫转悠，见已初具规模，不禁浩叹不已。他又跑去骊山陵墓，但看不到初始规模，因为这个陵墓太大了。这是世界上从来不曾存在过的建筑，只有在另一个世界才可能存在。

嬴政对另一个世界深信不疑吗？这是李斯常常思考的问题。

他在工地转得毫无兴趣了，就跑回府邸，和那些幕僚聊天。聊得失去兴趣了，李斯就不知道该干什么了。

实际上，李斯真不知道自己该干什么，帝国的一切都在按部就班地进行着，大秦帝国就像一列永不停止的高速列车，飞驰向远方。

而驾驶这列飞速行驶的列车的人，居然是个相信世上有神仙的人，这就让现实主义者李斯很难接受。

其实作为楚国人，李斯是个另类，他不谈怪力乱神。楚国人喜欢谈宇宙天地，李斯只谈人世。按他的看法，人只要处理明白人世，自然就知道宇宙天地是怎么回事了，因为万物一体，所有的东西都有感应，一通百通。

李斯相信暴力，但这种暴力只适合治理人世。嬴政也相信暴力，但嬴政的暴力是对整个宇宙的。也就是说，嬴政如果有绰号，那肯定是嬴大胆，李斯和嬴政一比，就是个胆小鬼。

某次夜宴，大家都走了，只有李斯和嬴政还在吃，两人吃着肉夹馍，喝着胡辣汤。嬴政就说：“还是咱们的食物好吃，齐鲁那地方的东西，根本没法比。”

李斯就说：“但齐鲁那地方有神仙啊。”

嬴政放下肉夹馍，喝了口胡辣汤，擦掉额头上的汗珠对李斯说：“我为什么信神仙？”

李斯“啊”了一声，心想：你信神仙，我怎么知道你为什么信！

嬴政不等他回答，就侃侃而谈：“咱们当时在海上看过神山吧，眼见为实，这就是实证主义。”

李斯说：“皇上，我当时给您解释过，其实墨子说过这种事，它就是反射。”

嬴政摆手制止他道：“好，你不相信你看到的，那你相不相信你听到的，海上三山的事在民间传了几百年，无风不起浪啊。”

李斯说：“我不信这个。”

嬴政说：“好吧，那我不妨直接告诉你，我信神仙，其实是在恢复传统文化。”

这就扯得有点远了，李斯惊讶得嘴巴还没有闭上，嬴政已经解释道：“我祖先秦穆公曾经得了重病，一连五日卧床不起，大家以为他死定了，可第六天晚上，他做了个梦，梦见神仙让他平定晋国之乱。早上醒来，他就痊愈了，而且后来真的平定了晋国之乱。我们大秦国，就有这种传统。”

李斯恍然大悟，原来信神仙是恢复传统文化。

嬴政不理他，而是谈起了这次巡狩的正事。

“齐鲁之地，我看可以太平下来，因为这个地方的人大都迷信，相信神仙，只要我推崇神仙，那这些人就会被我吸引来，这就叫民之所好，好之，民就老实。”

李斯大为惊骇，原来嬴政相信神仙还有这个原因。不过，嬴政对楚国故地很不满意：“楚国这个地方很差，潮湿闷热，而且还总和我作对，比如那个尧的女儿，所以我觉得，楚国没好人。这个地方要严加治理。”

李斯脸色很难看，因为他就是楚国人。嬴政似乎发现了这个秘密，急忙改口说：“你除外。”

李斯的脸色这才恢复，想要说点什么，又不知说什么好。

嬴政突然就问他：“徐福有消息了吗？”

李斯回答：“没有。”

他说完这两个字，就恍惚起来，感觉这个问题在不久的将来还会被问到，而且不止一次。这让他很烦躁，手里的肉夹馍就成了很恶心的食物，难以下咽。

嬴政站起来，把座椅上的肉夹馍碎末扫了下去，说：“咱们还得去巡狩。”

李斯立即感觉到浑身的骨关节都疼起来，他强忍着疼痛，问：“去哪儿？”

嬴政不假思索地回答：“琅邪。”

李斯骂了句娘：你娘的徐福。

徐福正在海上寻找神仙，李斯在咸阳城骂他的同时，他就打了个喷嚏，然后揉揉肉嘟嘟的鼻子，掐指一算，暗叫一声：“不好，嬴政马上就来啦。”

徐福这次没有预测对，嬴政没有马上就来，而是在阳武（今河南省阳武县）东南方一个叫博浪沙的地方，遇到了一个麻烦。

制造麻烦的人叫张良，十几年后，他成为造了大秦帝国反的刘邦的智囊，并帮助刘邦建立了西汉帝国。

但在公元前218年，张良永不可能预料到日后他将名留青史。他像个过街老鼠一样，到处躲藏，吃不饱穿不暖，而且他还要到处找人，找各种人去宰嬴政。

荆轲当初刺杀嬴政时，嬴政还只是个国王；而当张良刺杀嬴政时，嬴政已经是皇帝。

遗憾的是，和荆轲一样，他失败了；和荆轲不一样的是，他比荆轲狡猾，居然轻易逃出生天。

寻找刺客

张良本是韩国贵族，其祖父和父亲都曾长期担任韩国丞相。嬴政未灭韩国时，张良的志向是效仿父辈，做国家栋梁；嬴政灭了他的祖国后，他就把志向更改为杀掉嬴政。

他一直密切关注嬴政的动向。嬴政第一次巡游，他一路跟踪，来到嬴政的老家，但没有机会下手；嬴政第二次巡游，他从咸阳一直跟踪到琅邪，由于断粮的缘故，没有再跟下去；但以他对嬴政的了解，他确信，嬴政还会巡游。

他发誓要让嬴政下次巡游回不了咸阳。但张良绝不会像荆轲一样，亲自上场。因为他太柔弱，相貌身材都像个娘儿们，是那个时代典型的手无缚鸡之力的小鲜肉。

他只能把自己的希望寄托在别人身上。你若用心去做一件事，老天就会来帮你，在张良寻找刺客的道路上，荣幸地遇到了一位黑社会老大——沧海君。

沧海君不知是哪国人，但肯定不是秦国人，所以他决定帮助张良。他把手下的古惑仔们召集起来，让张良选择最佳刺客。

张良对沧海君说："杀嬴政是有去无回的事，必须有奉献精神，我们做事要光明正大，先要和你的古惑仔们说清楚。"

沧海君说："不能说，一说，这事就砸了。"

张良向来以诚信待人，他坚持要把事情说清楚，所以当着沧海君所有古惑仔的面，慷慨激昂说道："嬴政无道，杀我等同胞，有谁愿意以自己一命，拯救天下人性命？"

古惑仔们刚从街上砍人回来，脸上还充盈着杀气，听到张良如此说，你看看我，我看看你，突然就作鸟兽散，一转眼的工夫，全都没了影子。

张良傻眼了，沧海君说："你看，我不让你说，你非要说。这些人平时偷个鸡，摸个狗，帮别人站个台，欺负一下比他们弱小的人没有问题。但刺杀嬴政这事，对他们而言，太大了。他们吓都吓死了，怎么可能去刺杀？"

张良唉声叹气，沧海君安慰他道："你别灰心，只要你给足钱，肯定能找到傻了吧唧的人替你去死。”

张良觉得沧海君认知有差错，他解释道：“这不是找人替我去死，而是让天下人活得像人，如今嬴政到处搞建设，天下人从各地赶赴咸阳，尸体遍布于道，我这是替天行道。”

沧海君说：“行了行了，你心里知道怎么回事就是了。人家荆轲可是亲自上阵的，你却要替死鬼，你和荆轲，高下立判。”

张良不和他辩解，说：“我去准备钱，你赶紧去给我找人。”

张良开始到处赚钱，好不容易积攒了一些钱，要去找沧海君时，他弟弟突然一病而死。其实，张良在赚钱期间，他弟弟就病了。他弟弟希望老哥拿点钱出来买药，但张良不同意。

弟弟一死，按照传统，应该给弟弟举行葬礼才对，但张良一算计，举行葬礼要花掉很多钱，所以就把弟弟草草掩埋。

弟弟尸体上的黄土未干，张良就跑去找沧海君。沧海君鼻青脸肿，据说是帮另一个黑社会老大站台时，被对手揍的。

本来沧海君的情绪很低落，但看到张良把一兜子钱扔到桌上，他立即恢复了大哥范。他对张良说：“前段时间，我的小弟在一个村庄里偷鸡时被人揍个半死，我就派了所有小弟去报仇，结果这些家伙全被人揍了个半死。我只好亲自出马，你猜怎么着，那个家伙长得像座山一样，拎我就像拎只鸡。”

张良两眼放光，道：“这就是我要找的人啊，他叫什么，在哪里？”

沧海君说：“不知道他叫什么，我们都叫他大力士，他就在我这里。我出高价请他来的，本来我是想让他给我打江山，可这王八蛋说，不是正义的事，他绝不出手。如今就在我这里白吃白喝，啥活都不干，我又没有能力赶他走。你来得正好，若真能忽悠他去宰嬴政，咱俩就是双赢。”

张良已经迫不及待要见这位“不是正义的事不做”的大力士，沧海君更是迫不及待。于是，张良就和大力士见面了。

张良抚摸着大力士浑身的肌肉，垂涎三尺，大力士浑身都起了鸡皮疙瘩，轻轻把张良推开，说：“你要干啥，摸什么！”

张良说："英雄，我想请你去做一件正义的事。"

大力士问："什么事？"

张良说："杀嬴政。"

大力士问："嬴政是谁？"

张良握紧了拳头，咬牙切齿道："他是坏人。"

大力士一拍桌子，桌子顿时碎裂："走，宰他去。"

说完，大力士就拎着张良，像拎只鸡一样，撞碎了大门，要去宰嬴政。

沧海君阻止两人："等等，你们就这样去啊？"

张良也劝阻大力士："嬴政可不是一般人，不是说宰就宰的，咱们要有计划。"

大力士对计划没有兴趣，他继续在沧海君那里白吃白喝，不过费用却由张良来负责。张良跑去咸阳，打听嬴政的动向，很快就得到了嬴政要第三次巡游的消息，而且还得到了路线图。

按照嬴政出巡的路线图，张良考察地形，最终把刺杀地点选在了河南阳武东南方一个叫博浪沙的地方。张良之所以选择此地，是因为博浪沙有许多山丘，那个时候他心中就已经确定了刺杀的方式：从高处击杀。

但用什么武器来刺杀，张良没有想清楚，他跑回沧海君处，和沧海君商量刺杀工具。

沧海君凭借多年的黑社会打架经验，提出一个扯淡的设想：可以从山丘滚下巨石，碾压嬴政的金根车。

张良觉得这主意不好，却启发了他。他说："可以用达到一定重量的东西，砸向嬴政的金根车。"

两人商量了一晚上，终于商量出刺杀武器来——重达120斤的锤子。

张良特别激动，可吃完早饭，他又沮丧了。因为嬴政把天下所有的青铜器都收走了，在民间，根本就找不到120斤的青铜器。

沧海君又出了个主意："可以用铁。"

张良大摇其头，他曾经是韩国贵族，知道铁是怎么回事。当时中国虽然已经学会冶炼铁，而且有很多农器也用上了铁，但由于没有发现碳，铁还没有达到钢的程度，所以铁作为兵器，并不尽如人意。尤其是要锻造60公斤重的铁锤，技术不到位，这就是妄想。

张良希望刺杀兵器能做到十全十美，可时间不等人。很快就传出消息说，嬴政已经准备从咸阳出发去琅邪。

张良着急了，对沧海君说：“时间紧急，赶紧找人锻造铁锤吧。”

沧海君就拿了张良的钱，到处收集铁器，但这些铁器的质量堪忧，制成铁锤后，张良总感觉它随时都能散架子。

他带着大力士找了个小土山，让大力士演练如何砸中嬴政的金根车。大力士捧着铁锤，不知该如何使用。

沧海君给大力士出主意说：“你可以双手握紧铁锤的手柄，然后原地快速转动，当铁锤和你的身体成90度角时，你就对准嬴政的车扔过去，肯定能砸死嬴政。”

大力士就握着锤柄，原地旋转，旋转了很多圈，铁锤终于和他的身体成90度角了，但大力士被转晕了，铁锤飞向了另外的方向。

在多次实验后，大力士不干了，因为他感觉张良在耍猴。张良也发现了问题，即使大力士能把铁锤砸向目标，可转动的时间太长，也就是积蓄铁锤飞出去的速度和力量的时间太长，夜长梦多，一旦大力士在高处跳旋风舞时被嬴政卫队看到，那就功亏一篑了。

最后，张良想出了个办法：在铁锤末端拴根绳子，大力士把绳子悠起来，带动大铁锤，如此，大铁锤的速度和力量就都有了保证。

可是一实验，问题又出现了：绳子总是脱落。

张良叫苦不迭。沧海君在一旁自言自语道：“如果嬴政在高高的悬崖下，咱们在悬崖上面就好了，直接把锤子扔下去，绝对能把他砸成陕西肉夹馍。”

张良被这句话触发了灵感，他带着大力士跑到博浪沙，找了个相对高的山头，然后在山头上破土动工，增加了山头的高度。只要嬴政从下面路过，大力士把铁锤扔下去，嬴政必死无疑。

张良终于长长地吐出一口气，他现在要做的就只有一件事：等嬴政。

惊天一击

公元前218年，嬴政从咸阳出发，巡狩琅邪。

一出咸阳城，嬴政的右眼皮就跳个不停，他叫来博士、术士和李斯，问：“这是怎么回事？”

李斯说：“眼皮跳很正常，人休息不好，过度劳累，眼皮就会跳。”

嬴政想起这几天一直在后宫，白天黑夜始终没闲过。但术士在一旁掐指一算，说：“皇上此行恐怕有危险。”

嬴政大惊失色，问：“什么危险？”

李斯讨厌术士胡说八道，说：“皇上洪福齐天，能有什么危险，你妖言惑众啊你。”

嬴政让李斯闭嘴，术士闭着眼睛，闭了好久，才缓缓睁开说了一个字：“车。”

“车？”

术士点了点头：“车。”

嬴政焦急，眼皮子跳得更厉害了：“你能不能说清楚点？”

“天机不可泄露。”术士高深莫测道。

嬴政点了点头，他同意术士的说法。

他对李斯说：“注意车。”

李斯云里雾里，问：“皇上，什么叫注意车啊？”

嬴政也不知道，但他不能说自己不知道，他必须假装心领神会，于是他对李斯发脾气说：“蠢货，你怎么就没有点想象力啊，自己想。”

李斯有生以来遇到过很多难题，但每次都能迎刃而解。不过这次的难题，让他异常愤怒，因为难题是那些满嘴跑火车的术士出的，他怎么知道这些人肮脏的脑子里到底想的是什么？也许，他们也不知道，只是胡说八道而已。

可他必须想啊，因为这是皇帝的命令。

嬴政的巡狩队伍就在咸阳城外停了下来，嬴政对李斯说：“你不参透这个‘车’字，咱们就不走。”

李斯气得要死，有人给他出主意，给术士送点礼，让术士点明了不就是了。

李斯呸了一口，说：“他们可能比我还糊涂，一群浑蛋。”

中国有句话叫“急中生智”，李斯被嬴政催得很急，不由得生出了智慧。他对嬴政说：“皇上，术士说车，可能和您的车有关。”

嬴政看着李斯，兴趣十足，看看李斯的想象力到底有多丰富。

李斯说：“皇上您的车是由六匹马拉，按您现在的丰功伟绩，六匹马哪里成啊，至少要十二匹，术士说车，其实就是说，现在六匹马已经配不上您了，要十二匹。”

嬴政看着站在身边闭目养神的术士：“您觉得李斯说得对吗？”

术士微微而笑，如同佛祖看地狱已空的那种微笑。

嬴政说：“好，那就再准备一辆和我一样的车。”

大秦帝国的效率异常高，很快，和嬴政一样的金根车准备完毕。嬴政对术士说：“您坐这个车吧。”

术士狂喜，说：“哎呀，皇上，我怎么能和您坐一样的车呢？”

李斯“哼”了一声。

嬴政说：“您别客气了，这可是圣旨噢。”

术士笑嘻嘻地钻进了车里，然后掀开帘子，对李斯说：“谢谢廷尉啊。”

李斯瞪了他一眼，很不高兴。

巡狩大队重新启程，走向了博浪沙。

在张良的计算下，嬴政早就该到了，可居然没有到。于是他和大力士在山丘上睡了一觉，醒来时，已近黄昏，忽然就起了大风。博浪沙都是山丘，没有树木，所以风吹起沙子，把博浪沙搞成了异域沙尘暴世界。

张良觉得这是天要亡他，风沙一大，就看不到嬴政的车了。但老天好像只是和他开了个玩笑，风很快就停止了。于是他在地平线尽头看到了嬴政的车队。

大力士也看到了，吃惊地张着嘴巴，说：“哇呀，好气派啊。”

张良发自内心瞧不起大力士这种心态，什么气派，这都是六国百姓的心血堆积起来的气派，等会儿我就让他气绝。

两人趴在山丘上，看着车队渐渐变得清晰，张良几乎能看到最前面卫兵的脸了。

这个时候，大力士突然问张良：“咱们砸死嬴政后，怎么逃走？”

张良被问住了，他从来就没有想过这个问题，他是抱着必死的决心来的。正是因为他从来没有想过这样的问题，所以当别人提出时，他就愣住了。

他看着大力士，格外温柔地说：“你乖，等砸死了嬴政，你就知道怎么逃走了。”

大力士频频点头，说：“我就知道你有计划，你不会让我来送死的。”

前面的开路卫队已经过去，嬴政的副车也开了过去，张良看到了嬴政的专车——金根车，像爬行的巨兽一样缓缓来到了山丘下。

又起风了，而且来势凶猛，张良听见嬴政副车旁边的卫队队长喊着：“起风了，注意戒备。”

是时候了！

张良趴在地上，示意大力士站起来抱住铁锤。大力士向上一站，张良感觉天都要被他撑破。

大力士站起来了，把大铁锤举到头顶，只等张良一声令下，他就砸下去。

等了几千个日夜，张良终于等来了刺杀嬴政的大好时机。他浑身的血液都冲向头顶，头发直立，仿佛被人拉着头发从地上拽了起来。

他站得直挺挺的，就像那顶天立地的盘古，要开创一片新天地。

从很远的地方看，张良和举着铁锤的大力士构成了一幅奇异壮阔的图画，大力士像是史前巨人，举着改天换地的雷神之锤，张良昂首挺胸，面向如血一般的夕阳。

一起震动宇宙的事件就要发生，风吹起的黄沙都停滞在空中，观看这惊天一击。

张良气沉丹田，积攒了有生以来全部的气力，把这力气运送到嗓子眼，他要喊出他多年来准备的台词：“嬴政，你去死吧！”

但嗓子眼里的这句台词没有发出来，他被运足的气噎住了，咳嗽起来，这就是泄气了。

他不由自主地蹲了下去，因为他看到有两辆金根车“爬”了过来。

两辆！

张良那时还没有向高人学占卜，所以算不出到底哪辆车里坐的是嬴政。

他让大力士趴下，大力士举了半天60公斤的废铁，胳膊又酸又疼。

“这下完蛋了，有两辆车。”他对大力士说。

大力士往下看，车在缓缓地“爬”：“早知道这样，咱们就带两个铁锤来了。”

张良看了大力士一眼，觉得大力士有时候具备一种别人所不具备的聪慧。

前面的金根车马上就要“爬”出狙击范围，大力士焦急起来：“砸哪辆啊？”

张良不知道，两辆车一模一样，但嬴政肯定在其中一辆车里。现在，就是考验张良智慧的时候了。

按照概率学，砸中嬴政的概率是50%，这个概率是非常大的，但概率学有时候是扯淡，因为即使概率是99%，也还有那1%。

发生在你身上的事，哪怕概率再低，也是100%；没有发生在你身上的事，即使概率再高，也是0%。

当然，张良不懂概率，他的大脑只快速旋转了不到三秒钟，就懊恼地说道：“取消行动吧。”

大力士不干了，他的声音大了起来：“你这个娘儿们，这段时间，你把我当猴子训练，好不容易能上台表演了，你又取消。你不干，我干！”

话音未落，大力士已长身而起，抱起那铁锤，举过头顶，大喊一声：“畜生，我砸死你！”

铁锤应声而落，砸中了第二辆金根车，金根车轰然碎裂，铁锤也四分五裂。这说明，当时的铸铁技术很不过关。

大力士在山丘上大声说话时，嬴政卫队已经听到，循声望去，看到大力士正举着个大铁锤扔下来。嬴政卫队中的火箭军（弩手），动作飞快地向他射击，大力士被射成刺猬，从山上滚落下来。

张良的反应比那些火箭军还要快，大力士才提高嗓门，他爬起来扭头就跑。当大力士被射成刺猬滚落山下时，他已经跑出了半公里。

风沙肆虐，人喊马嘶，山丘下乱成一团，所以根本没有人去追张良。

张良的惊天一击成了惊天一逃。若干年后，他成为西汉帝国的砥柱中流，回忆起这段往事时，大为羞惭，不是羞惭大力士的牺牲，而是羞惭为什么要搞恐怖袭击这种见不得人的事。

铁锤击中第二辆金根车时，第一辆金根车的帘子被掀开，嬴政露出一张睡眼惺忪的脸，问："怎么了？"

卫队长回答："有刺客。"

嬴政问："抓到了吗？"

卫队长回答："死了。"

嬴政点了点头，还没醒过神来，李斯跑过来，幸灾乐祸道："那个术士被砸死啦。"

嬴政清醒了："哎呀，你看人家占卜得多准啊。"

李斯说："是啊是啊，哈哈。"

嬴政更加清醒了，暴跳如雷道："刺客一定还有同党，给我在方圆百里内大搜三天。"

三天后，没有搜到刺客同党。嬴政下令：把方圆百里内的活人全部杀光。

没有人知道张良逃去了哪里，但张良却知道，因他一次恐怖袭击，而让博浪沙方圆百里的人全部被杀。我们没有机会问张良，他是否因此受到良知的谴责。

嬴政这次出巡，因为张良的刺杀而怏怏不乐，在琅邪待了几天，打听不到徐福的任何消息，只好返回咸阳。

“那里安全。”嬴政说。

但咸阳让嬴政失望了。

咸阳城惊魂夜

嬴政回到咸阳后，正是季节转换时，受了点风寒，就病了。嬴政本来就有焦虑症，再加上被暗杀带来的心理负担，所以生了病后更不容易好。

御医来看病，最后得出结论：皇上应该多去外面走动，呼吸新鲜空气，宫里的空气太污浊。

嬴政不置可否，李斯也进来说：“皇上您不是长途跋涉就是憋在宫里，这样对身体很不好，还是应该出去走走。”

嬴政只是象征性地点了点头。

有一天晚上，嬴政睡不着，就出门透气。大地正在沉睡，宫廷正沉浸在梦乡中，嬴政能听到巨柱发出的鼾声，还能听到枯叶从枝头离开的凄叫。

他走着走着，就走出了宫门，向咸阳城最宽阔的大街深处走去。平时跟随他的四个护卫，像影子一样，跟在他后面。四个护卫走在路上和猫一样，嬴政几乎感觉不到他们的存在。

大街的尽头，有一团若隐若现的火光。嬴政对此很好奇，他紧走几步，想要看看是谁这么大胆，敢违抗宵禁的圣旨，在夜里点火。

但那火光似乎在另外的世界，嬴政走了很久，火光仍然在前方，越来越暗。

这似乎有点像夸父追日，越追越远。嬴政几乎跑起来，向火光冲去，后面的四个侍卫也跑起来，而且还点亮了手中的灯笼，但脚步依然如猫步，寂静无声。

忽然，火光灭了，灭得非常迅速离奇。嬴政停住脚步，这时才发现，自己站在一个特别狭窄的巷子里。巷子两边是高高的石墙，墙壁惨白，在微弱月光的照耀下，很是恐怖。

嬴政恍惚了。这是他亲政以来，第一次走进帝国首都的心脏深处。他从来没有想过，原来咸阳城是如此令人窒息，在高高的墙壁之间，这种感觉越发深重，他开始喘不过气来。

他蹲下身，急促地喘气，侍卫们跟上来，要扶他。但他不需要。

他大口大口地喘气，几乎要把巷子里所有的空气全部吸进口里，然后再吐出去。

过了很久，他从恍惚中清醒过来，对侍卫们说："回去吧。"

两个侍卫立即跑到他后面，前面两个提着灯笼开路。

五个人，慢悠悠地走出巷子。前面两个侍卫走到巷子口，突然不动了，就好像是被什么东西钉在原地一样。

嬴政立即觉得脊背后起了阵风，他本能地向边上躲避，那阵风不是自然风，而是剑风。一柄闪烁着黄灿灿光芒的青铜剑，贴着他的肩膀劈到了地上。地上火星四溅，嬴政大叫一声："护驾。"

他话音未落，前面两个提灯笼的护卫扑通倒地，后面两个侍卫声音一变，惊恐地叫起来："保护皇上。"

那把青铜剑，在地上擦出耀眼的火花后，转了一个圈，又去招呼嬴政的大头。

嬴政背靠墙壁，向巷子外面急退，青铜剑就向他的大头拼命招呼，每一剑，都贴着他的头皮飞过。

幸运的是，后面两个护卫的兵器也在招呼青铜剑的主人，所以青铜剑的主人招呼嬴政大头的次数越来越少。嬴政终于逃出了巷子。一逃出，他就听到巷子里传来一声惨叫，那是护卫的声音。

又听到一声惨叫，那是另一个护卫的声音。

嬴政不知道什么原因，没有逃跑，而是站在原地不动了。

漆黑的巷子里，传来急迫的喘息声，那是青铜剑的主人发出的。

但是，没有任何人现身，只有震动耳鼓的喘息声，让嬴政很难受。

突然，那柄青铜剑进入了嬴政的视线，他双眼一眨不眨，紧紧地盯着剑尖，剑的速度是那么快，巷子两面的墙仿佛在飞速后退。

青铜剑慢慢展现，带起昏黄的剑光，这柄剑很长，虽然在不断接近，但始终没有露出剑柄来。

嬴政盯着离他眼睛一毫米处的剑尖，低沉地问道：“怎么不出来杀朕？”

青铜剑抖了一下。

大街上的脚步声如地震般传来，巡逻队来了。

嬴政胆子大起来，他向巷子里走近一步，青铜剑在向后缩，嬴政再向前一步，青铜剑突然消失在黑暗中。

巡逻队跑来了，冲进了巷子。

过了一会儿，巡逻队报告嬴政：“皇上，只有侍卫的尸体。”

嬴政望向天空，突然把上衣扯开，喊起来：“来啊，杀我啊，懦夫。哈哈！”

巡逻队要嬴政马上回宫，嬴政像撒娇一样，向着天空继续喊：“来啊，杀我啊，你杀不了我！哈哈。”

直到回到宫里，嬴政还在狂笑。笑得陪他睡觉的美女惊恐万状，以为皇上疯了。

但嬴政没有疯，第二天，他就下令全城搜寻可疑人物，然后抓了几百个可疑人，全部杀掉。不过据一些术士说，那个刺客根本不在这些人中，因为那天晚上，他使用巫术，把自己变成了城墙，然后就永远消失了。

咸阳城也不太平，嬴政看着那些死尸，嘟囔了一句。

其实博浪沙和咸阳城的这两次刺杀，并没有让嬴政受到多大惊吓。但他还是病了，虽然不重，但每天都没有精神。

李斯怀疑，皇上这病不是被刺客吓出来的，而是盼望徐福那厮的消息，盼望出来的。

自从和徐福见面后，李斯明显感觉到嬴政在发生质变。首先是身体不行了，昼夜不停地咳嗽，急剧消瘦，而且喜欢自言自语；其次是，嬴政特别喜欢去骊山陵墓视察，几乎每隔一天就去一次；最后，让李斯大为惊讶的是，嬴政开始喜欢怀旧。他经常在开会时，忽然就提起灭六国时的往事，他说话的语气就好像这些事情昨天刚发生一样。

更让李斯大惑不解的是，嬴政开始不停地做梦。有时候睁着眼睛就开始做梦，好像他能看到正常人看不到的东西一样。

李斯去找王绾，说出自己的担忧："皇上有点不对劲，都是徐福那厮闹的。"

王绾摇头说："你不要认为皇上傻，你以为皇上真信徐福那神棍的话？皇上资助徐福，恐怕是让他去寻找未知世界，然后皇上再去征服。"

李斯大为惊恐，不是因为还要打仗，而是因为王绾也精神不正常了。

他又去找隗状。隗状几年前被升为宰相时，李斯还有点不忿。因为这个满脸是胡子的家伙是西部的少数民族，因在国家西境防守有功，所以被嬴政提拔来咸阳，后来就给了他个宰相做。

隗状典型的粗线条，但李斯能用他那老鼠般的直觉感觉出，这个人是粗中有细，平时不言，言必有中。

李斯对他说："皇上最近精神状态不好。"

隗状就睁圆了牛眼，说："没有啊，我看皇上倒是挺好的，昨天晚宴还吃了三个肉夹馍呢。"

李斯说："皇上总做梦。"

隗状把眼睛睁得更圆了，说："我也是啊。"

李斯摇头叹息。隗状观察了下四周，见很安全，就小声说："皇上是想让徐福去探测未知之地，然后纳入版图。"

李斯这回就更惊讶了，心说：什么？皇上有如此心思，你们都知道，偏偏我不知道？

隗状继续说："皇上提拔我做宰相，其实只有一个目的。"

李斯问："什么？"

隗状说："我对匈奴熟悉啊。你看着吧，不出三年，皇上肯定揍匈奴。"

李斯怀疑地问："还要打仗？"

隗状正色道："不但要在北边开战，皇上还会在南方（两广）开战。"

李斯半信半疑，这个问题，恐怕只有嬴政才能回答。不过，最近这段时间，嬴政好像不爱见人，除了骊山陵墓的工程师，嬴政连世界上最美丽的女人都不想见，何况是他李斯。

李斯很焦虑，稍微让他感到欣慰的是，皇上还在批示各项国家大事，整个国家还在运转，而且是超负荷运转。

有一天早上，李斯正在睡懒觉。这种懒觉，他睡了至少有两年。嬴政的特使来了，让他马上去见皇上。

李斯很兴奋，一面跑一面穿衣服，见了嬴政，发现他气色还不错。只不过，奇怪的是，嬴政正在神秘兮兮地笑。

嬴政对他说："这两年来，我想通了一件事。"

李斯等着。

嬴政说："还有很多事没有做，神仙的事情先放一边。"

李斯高兴了，他觉得嬴政活过来了。

嬴政接着说："咱们去上郡，看看匈奴。"

李斯忽然就想起了隗状的话，难道真要和匈奴开战?

无论怎样，李斯想，打仗总比找神仙要好得多。

于是，在咸阳消停了两年后，公元前215年，嬴政的巡狩计划重新启动。

碣石一梦

这次巡狩，嬴政从咸阳出发，特意绕过博浪沙，走了很多弯路，抵达碣石（河北昌黎县）。由于嬴政旅途劳累，所以大队人马就在碣石停下来，休息了几天。

碣石这个地方有很深的文化底蕴，燕国唯一名垂青史的国王燕昭王就是在这里和大学问家邹衍进行了一次长谈。燕昭王还特意为邹衍盖了座宫殿，但在秦灭燕国时，被军队毁坏了。

嬴政休息几天后，就开始到处转，这一转，就转出愤怒来了。因为他想到当时荆轲曾经刺杀过他，还有高渐离那个瞎子也刺杀过他。他命人把已成废墟的宫殿焚烧，大火烧起来时，他就在火边哈哈大笑。

不过，很快他的仇恨就淡了。他跑到碣石东面望着波涛汹涌的大海，他又感伤起来，想到了徐福。

这种感伤是非常复杂的，他不知道是该恨徐福，还是该思念徐福。有一天，他坐在岩石上，观看大海，波浪翻滚起伏，他看着波浪，就陷入了恍惚中。

在恍恍惚惚中，他看到海水中间出现了个巨大的漩涡，漩涡中，有个巨人站起来，向他鞠躬，说："我乃海神，皇上，来玩啊。"

嬴政不相信眼前这场景，他使劲揉了揉自己的眼睛，再看时，那个自称海神的巨人慢悠悠地缩回了海里，漩涡消散，大海恢复原样。

嬴政站起来，信以为真，向身边的人命令："给我架桥。"

要想完成这个工程极为困难，即使是在20世纪，在海里架桥，也会难倒很多人。但嬴政不担心，凭他的帝国的实力，什么土木工程都不在话下，因为大秦帝国的人敢干。只要干了，就等于成功了一半。

架桥工程马上开启，开头还顺利，可进入深海后，就麻烦了。嬴政大怒，连斩了好几人，但进度仍然缓慢。

嬴政焦急得不行，李斯、王绾、隗状等人也是干着急。一天晚上，嬴政在工地监工，工人们在海里拼命工作，死亡的气息笼罩着整个大海。

突然，星光暗淡下来，四周漆黑一片，在大海深处，一道光透出，把巨人烘托出来。巨人说："我是海神，看你杀了好多人，罪过。我来帮你把桥墩立起来吧。"

嬴政激动得险些跪下，说："我能近距离拜会您吗？"

海神说："可以，但我相貌丑陋，你答应不要把我画出来，我就给你近距离见我的机会。"

嬴政说："没有问题。"

海神大手一挥，海水就向两边分开，中间显出一条平坦大道来，大道上都是石墩。嬴政踩着石墩来见海神。

海神的确奇丑无比，一双眼睛占据了整张脸，嘴巴像人类的肚脐眼。嬴政正要和海神交谈，海神忽然大怒，说：“你们有人画我，不讲信用的猪猡。”

嬴政一回头，果然看到一个画工偷偷在画东西。他急忙要和海神解释，海神一个喷嚏，惊涛骇浪顿起，嬴政被打回岸上。

再去找海神的石墩，早已消失在茫茫大海上了。

嬴政哭天抢地，先下令诛那个画工的三族，然后对着大海三跪九叩，由于磕头过于虔诚，他磕晕了过去。

醒来时，他正躺在床上，眼前出现了李斯等人的脸。

李斯说：“皇上，您在海边吹了海风，受凉晕倒了。”

嬴政说：“不对，我是叩拜海神累晕了。”

李斯等人面面相觑，不知道嬴政在说什么，御医进来，给嬴政把脉，最后得出结论：“皇上阴阳不调，肝脾不和，五行缺水，总之，要好好休息。”

嬴政在御医的嘱咐下，好好休息，结果越休息，身体越差。李斯一眼就看透了嬴政生病的原因：神仙。

为主上分忧，有时候虽然不是发自良知，可也无可奈何。李斯让人去找术士，但这是燕国故地，不是齐国故地，所以术士很难找。

但李斯训练出来的人，能从大海里捞出针，几天后，他们把两个术士推到了李斯面前。

两个术士，一个叫卢生，一个叫胡生。李斯问二人：“知道叫你们来干什么吗？”

胡生说：“替皇上寻找神仙。”

李斯点了点头，下令：“把胡生拉出去斩了。”

胡生还没有明白怎么回事，人头就已落地。李斯看着卢生：“知道叫你来干什么吗？”

卢生扑通一声就跪下了，说：“大人啊，我只是个读过几年儒家的书的半吊子儒生，真不知神仙之术啊，你放了我吧。”

李斯说：“很好，既然你读过儒家的书，就该知道神仙之说都是扯淡，心中有这个认识就好。不过，你到了皇上那里，就要说自己知道神仙的事，但你绝对不能找回神仙来。”

卢生蒙了：“大人啊，没有神仙怎么找啊，您这不是让我犯欺君之罪吗？”

李斯说：“好，拉出去斩了。”

卢生急忙摆手，急忙道：“等等，我按您说的做。但这玩意儿咋编啊？”

李斯说：“你们儒家不就是喜欢编吗，这还能难住你？赶紧给我滚去皇上那里。”

卢生被两个士兵驾着，浑身发抖地去了嬴政的行宫。嬴政正在愁眉不展，唉声叹气。

有人来报告说：“皇上，有个叫卢生的术士，说知道神仙的事。”

嬴政两眼放光，命卢生赶紧进来。

卢生一路上就开动脑筋编故事，等见到嬴政时，一个完美的故事已出炉。

卢生出场

嬴政激动得直打哆嗦，他打量着卢生，卢生和徐福长得很像，但卢生比徐福年轻，胖嘟嘟的脸上朝气蓬勃，天真无害。

就这副容貌，嬴政已经信了一大半。在嬴政心目中，术士不应该老态龙钟，越是仙风道骨、装模作样的术士，越可能是骗子。就如同那些儒生，穿戴越是古典，可能就越没有文化。

卢生一见嬴政，就被嬴政的容貌镇住了。嬴政年纪大了后，越发威严，威严中带着冷酷，当他审视你时，就像是怒目金刚在审视十恶不赦的人。

嬴政问他：“可知神仙？”

卢生拿出儒家讲故事的手段来：“皇上，神仙古已有之，所谓神仙，万人敬仰，长生不死。然而人不可能长生不死，所以真正的长生不死是精神道德的不死，三皇五帝就是这样的神仙。”

李斯看到嬴政的脸色在变，马上“咳嗽”了一声，卢生发现自己讲歪了，赶紧向回拉：“当然，我说的这神仙其实只是第二等神仙，第一等神仙，就是那些肉体不死的神仙。”

嬴政兴趣回来了：“你知道都有谁吗？”

卢生说：“羡门和高誓就是这样的神仙。”

嬴政渴望地向前探着头，看着卢生：“可能找到他们？”

卢生偷偷去看李斯，李斯眼望着别处，根本不搭理他。

只能自己发挥，卢生清了清嗓子说：“能找到，也找不到。”

嬴政纳闷儿了，问：“这话是什么意思？”

卢生飞速运转他的大脑，咽了口唾沫，道：“皇上，我知道这二人肯定住在海上的神山中，知道他的家庭住址，所以这是能找到；但他们是否在家，我不敢肯定，所以说，这是找不到。”

嬴政一拍大腿说：“只要你确认他们存在，而且还知道去哪里找，就没有问题。你需要什么？”

卢生辛苦了小半辈子，最需要的当然是荣华富贵，他欣喜若狂地去偷偷看李斯，李斯向门外努了努嘴，用手掌在脖子上比画了一下。

卢生马上想到了胡生。他把对荣华富贵的最深沉的欲望硬生生压了下去，对嬴政说：“只需要给我一艘船，我出海去找他们。”

嬴政说：“太好了，你今晚就出发。”

卢生惊讶，这也太急了吧。

嬴政补充道：“我再给你500人，给你打下手，给你粮食淡水若干，你就是这500人的主人，你们共同进退。”

卢生这回傻眼了，这哪里是给500个手下，这是监视我，不让我逃跑啊。他身不由己地去看李斯，焦急地等着李斯给出建议。

李斯上前一步，对嬴政说：“皇上，我觉得这个主意不错。”

卢生险些晕倒，暗暗叫苦：我命休矣。

出来后，卢生向李斯抱怨：“大人啊，这下我完蛋了，您可得帮我。”

李斯说：“靠天靠地，不如靠自己，危难时，没有人能帮你，只能靠你自己了。”

卢生有点恼火：“我说大人，我连根毛都没有得到，最后还要搭上条命，这向哪儿说理去啊。您别忘了，可是您把我找来的。”

李斯阴森一笑，说：“早知道你这么怂，应该留下胡生，把你斩了。”

卢生此时想到的不是胡生的死，也不是李斯的威吓，而是自己如何能活下来。他想到了他曾经的一些好朋友。

这些人本来都是学儒家文化的，但嬴政统一中国后，砸了儒家人的饭碗，所以现在生活质量很差。卢生带着嬴政给他配的卫队来找他的好朋友，他的好朋友一见黑压压的秦军士兵，一哄而散，只有一个叫石生的，腿有残疾，才没有跑掉。

卢生就和石生说了事情经过，并且许诺石生，只要去海上走一遭，以后荣华富贵大大地有。

石生操起拐杖就要揍卢生，说：“你这是对待兄弟的态度吗，这是拉我一起死啊。哪里有什么神仙，你这是瞎编乱造，死路一条。”

卢生只好赔不是，说：“当初咱们可发过誓，有难同当，你得帮我渡过这难关啊。否则，就不是对待兄弟的态度。另外，神仙这玩意儿，固然没有，但咱们可以创造别的啊。胡编是咱们的特长啊。”

石生慢慢冷静下来，因为事已至此，埋怨别人也没用，遇到问题，不要先埋怨，而是先想办法解决。

他对卢生说：“咱不能赔大了，要向嬴政要预付，死前先享受一下。”

卢生说：“这个好办。但我想明白了，要赚就全赚了，干吗只赚个预付？”

石生气急败坏：“你怎么编，也编不出来神仙啊。”

卢生说：“办法是人想出来的嘛，咱们先拿到预付，出了海再说。”

亡秦者，胡也

嬴政真就给了卢生一笔钱，当然，卢生要这笔钱的名义可不是预付款，而是神仙需要钱。两个人拿到嬴政的预付款，先去吃了几十斤肉饼，然后打着饱嗝上了船。船离岸越来越远，两人开始抱头痛哭。

在海上转了一个多月，除了见到狂风巨浪外，什么都没有。在海上待的时间长了，就会忘记时间，仿佛时间停止了。两人的心也逐渐沉静下来，开始琢磨未来之路。

卢生摸了摸下巴，说："遇到事情，如果不能直来直去把事情解决，那就曲线救国。"

于是他们开始研究嬴政。这一研究，真就研究出办法来了。

石生说："嬴政为啥要寻不老药呢？"

卢生说："他不想死呗。"

石生问："他为啥不想死啊？"

卢生说："笨蛋，人人都不想死，你想死吗？"

石生说："孔夫子说，人生不同的阶段就应该活成不同的样子，三十立志，四十不要再为琐事烦恼，五十知道自己的价值所在，六十懂得聆听，少说话，七十就是神仙了。所以，真要如孔夫子所说的这样活法，就不怕死。"

卢生说："嬴政怕死，是因为他责任大，你看他建立这样大的帝国，每天都有很多事。他担心死后，帝国会出问题。"

石生被这句话触动："哎呀，我想到了，咱们可以转移嬴政对神仙的视线，给他个更迫不及待的事情，让他处理。"

卢生问："什么事？"

石生说："嬴政既然担心帝国，那咱们就忽悠他说，帝国有事。"

卢生问："到底什么事？"

石生说："北方的胡人。"

卢生听明白了："北方的胡人的确是大秦帝国的最佳敌人，可咱们怎么和嬴政说？难道直接和他说，胡人是他的敌人吗？”

石生说：“神仙说啊。”

卢生又蒙了。

石生说：“嬴政既然相信神仙，那咱们就伪造本天书，把要说的话嵌进书里。”

卢生恍然大悟，说：“哎呀，关键时刻，还是朋友靠谱啊。”

两人开始在颠簸的船上胡编天书，可编了几天，两人自己都不信。石生又出了个法子，既然编不出来，可以找现成的，把咱们转移嬴政视线的话，加到里面就是了。

卢生马上就想到了《录图书》，《录图书》是一部神秘的预言集，战国后期，这本书是超级畅销书，读者群是那些术士还有各种国王。吕不韦编《吕氏春秋》时，就把这本书收入其中。这一收录，这本书就成了长销书。

卢生凭借记忆把《录图书》写了下来，最后，找了个上文不接下文的地方，插入了一句“亡秦者，胡也”的话。

然后和随行的秦兵说：“走，返程。”

秦兵虎着脸问：“神仙呢？”

卢生举着手里的《录图书》说：“在这里。”

嬴政当时已离开碣石，抵达上郡（陕西北部），卢生在秦军的“护卫”下昼夜不停地跑到上郡。

卢生就向嬴政献上《录图书》，嬴政看了一眼书名，似曾相识，问：“什么意思？”

卢生说：“这是一本预言经，里面有句话，您看下，叫‘亡秦者，胡也’。”

嬴政琢磨了下这句话，吓了一跳，赶紧去翻，翻了几个来回，才翻到那句话。他在翻的过程中，突然记起来了，当初在吕不韦那里，他随手翻过这本书。

嬴政的记忆力很好，但此时怎么也想不起来，当时在吕不韦那里看的书里是否有这句话。

他问卢生："这句话是什么意思？"

卢生假装惊讶，说："皇上，意思是灭亡您大秦帝国的是胡人啊。"

嬴政皱起眉头，半天自言自语道："胡人不就是北边的匈奴吗？"

卢生说："是啊。"

嬴政陷入沉思，突然从恍惚中醒转，想起了正事，问卢生："你可曾找到神仙？"

卢生早就准备好了对付嬴政的这句话，他回答："神仙惧胡，胡灭则神仙出。"

在场的李斯简直想笑出声来，赞赏地看了眼卢生，卢生现在很有些趾高气扬的架势。

嬴政闭上眼睛，他的气息特别粗，连远在五米外的卢生都听得一清二楚。

"蒙恬何在？"嬴政低沉地说。

一位英姿飒爽的将军站出队列，说："蒙恬在。"

嬴政用一副半死不活的语气说："朕命你带30万人驱逐匈奴，修建长城。"

这是个重任，也就是说，蒙恬手中已经掌握了秦帝国一半的兵力，蒙恬的力量瞬间爆棚，已成一人之下万人之上。

自嬴政上台以来，除了王翦之外，从来没有人能率领这么多部队。抗击匈奴和灭楚不同，匈奴没有固定居处，很难捕捉到它的主力而歼灭，所以这是个长期任务。也就是说，蒙恬在很长一段时间内，都将是大秦帝国的中流砥柱。

嬴政为什么会把这么多军队交给蒙恬，而不是王贲？根本原因是，蒙恬这个人特别忠诚，而且根正苗红。他爷爷蒙骜，父亲蒙武，虽没有做到秦王国军界的最高层，但始终对秦忠诚不贰，嬴政上台后，对蒙家从未产生过怀疑。

另外，蒙恬很能打，秦帝国建立那年，他就被嬴政派到北方，监视和抵御匈奴，功勋卓著。最重要的一点是，蒙恬这个人性格孤僻，或者说是足够智慧，他在朝中没有朋友，唯一亲近的人就是他的弟弟蒙毅。蒙毅更受嬴政喜爱，位列上卿，在咸阳城外出时常常和嬴政坐一辆车。和哥哥蒙恬一样，蒙毅在朝中也没有朋友，因为他从不讲人情。

这两人正是嬴政喜欢的对象，所以把一半军队交给蒙家，他一点都不担心。

虽然对蒙恬特别放心，嬴政还是加了个保险，他让隗状从丞相位退下来，为蒙恬出谋划策。

李斯高兴了，因为隗状一走，丞相位上只剩下个老头王绾了，而嬴政不可能让一个丞相独揽大权。

卢生也高兴了，嬴政非常相信“亡秦者，胡也”这句话。所以卢生置之死地而后生，成了嬴政的重大科学（长生不老）小组的领头人。他一跃成为嬴政身前的红人，从此开始了荣华富贵的人生。

蒙恬不用说，就更高兴了。和李斯、卢生不一样，他是为受到皇上的重视而高兴。他要甩开膀子，和匈奴大干一场。

在之后几年的时间里，蒙恬如开了挂一般，他一鼓作气地收复了被匈奴霸占多年的河南地区（今内蒙古河套南伊克昭盟一带），自榆中（今内蒙古伊金霍洛旗以北）至阴山，建县44座。同时又渡过黄河，占据阳山，迁徙那里的人民充实边县。

最名留青史的一件事就是，他把原燕、赵、秦长城连为一体，修筑了西起陇西的临洮（今甘肃岷县），东至辽东（今辽宁境内）的万里长城。

万里长城利用地形，凭借天险，设置要塞，有力地遏制了匈奴的南进。这个伟大的建筑，后来成为中国的名片。

卢生只和嬴政说匈奴可能灭秦，但嬴政这种人做事，向来滴水不漏。他忽然想起当初李斯和他说，没有解放全中国，因为还有南方的广东、广西人，这些人也算是胡人。于是，他调遣秦帝国最后的力量，30万大军（一说是50万），开始了解放两广的战争。

解放两广

两广只是个统称，在当时它被称为陆梁地。陆梁地当初是原楚国的卫星国，嬴政灭楚后，它们就脱离了楚国，宣布完全独立。当然，陆梁地并不是一个统一的政府，部落或部落联盟众多，彼此之间时而和平，时而争吵，不相统属。

嬴政派秦帝国的新生代大将军屠睢南征，屠睢指着两广地图，一划拉说："干脆把这些地方都解放得了吧。"

嬴政看了他一眼，夸张地说："好啊。"

屠睢立即兵分五路，气势如虹，同时向南方发起凌厉的进攻。但是，除了第一路东向攻取东瓯和闽越有战果，其他四路（第二、三路进攻南越；第四、五路进攻广西）全部失败。

屠睢立即傻眼了，他知道嬴政的秦帝国对败将的态度是什么，正准备自杀谢罪时，嬴政给他来信说："你呀，果然年轻，和当年的李信一样。这次失败，在我意料之中，我就是想让你吸取这次失败的教训，以后别那么牛气冲天。"

屠睢感叹皇上未卜先知，嬴政却在信中分析道："南方那鬼地方的气候咱们北方人是无法适应的，丛林众多，酷热潮湿，北方人一到那里，就会生病，军中没有暴发瘟疫，我就很欣慰了。你们和南蛮子打仗，他们地形复杂，如同老鼠洞，河道纵横，如同蜘蛛网，咱们的军队以野战的骑兵和阵地战的步兵为主，根本发挥不出力量，怎能不失败？况且，补给线太长，你们作战必然不利。"

屠睢感动得涕泪横流，马上整顿残军，准备玩命一战，以谢皇上的慈悲。

不愧是大秦帝国的将军，屠睢抖擞精神，一鼓作气，连下敌人数座城池（其实就是破烂寨子）。可很快，敌人主力赶来，将其团团围困，屠睢粮草将尽，为了活命，屡次冲锋，屡次受阻。正要放弃时，嬴政又来了信。

信中说：你已经尽力了，只要能保全主力，就是大功一件，其他的事情，我来办。

屠睢又是鼻涕一把泪一把，他专心于防守，保存着秦帝国的主力。他相信无所不能的皇上，能为他解决困境。

嬴政用了两招。第一，修筑灵渠，打通长江和珠江流域，解决粮草补给问题。在工程建设上极有经验的大秦帝国很快就把灵渠修好，如此，大秦几十万远征军的粮草问题轻松解决。

第二招，也是看似比较损的一招：征集“诸尝逋亡人、赘婿、贾人为兵”，把他们组成远征军，上前线与剩余的秦军主力一同作战。

所谓“诸尝逋亡人、赘婿、贾人为兵”，指的是秦帝国时代执行的“七科谪”国家政策。简单而言，就是强制征发七种人远戍边远地区，这七种人是商人、曾当过商人的人、父母当过商人的人、祖父母当过商人的人、逃脱国家户籍控制的流亡人口、上门女婿（赘婿）、犯错的官吏。

在建造长城时，为了给蒙恬补充力量，嬴政就执行过这一国家政策，但那只是工程建设，而不是打仗。让一群根本没有受过军事训练的社会闲杂人员上战场，这无异于把羊送进虎口。

李斯不同意，他的意见是，这些人如果有过错，应该以法律杀掉他们，名正言顺，让百姓知道畏惧，可把他们扔上战场当炮灰，没有任何意义啊。

嬴政说：“你不懂了吧。秦帝国向来是以军功论高低，一个再卑贱的人，只要能在战场上立功，就能成为人上人。这些人在社会最底层，已经受够了底层社会，给他们一个机会，他们就会拼命抓住。所以，我不是把一群羊扔到了战场上，他们是一群老虎。”

李斯恍然大悟，这就叫废物利用。大秦帝国这列火车不停地前进，其实始终就是这个思路。

奇迹终于发生，这个10万人的“杂牌军”被投入到两广战场后，强烈地要出人头地的亡命精神，让他们势不可挡。

一年后，这些人居然解放了两广！

这个故事告诉我们：千万别小瞧那些身处社会底层、总受欺负的人，一旦给他们一个亡命可以得到富贵的机会，他们要比勇士勇敢万倍。

嬴政为解放两广的事情大为高兴，设置了南海（广州）、桂林（广西凌云）、象郡（广西崇左）三郡，两广自此成为中国不可分割的一部分。

南北两个胡人的倒下，让嬴政绷着的神经放松下来。他又把精力拉回，重新投入到伟大的科学——长生不老中去。

卢生有福了。

李斯也有福了。

卢生的馊主意

卢生不是纯粹的术士，他是个半吊子儒家，而且还略懂其他学说。人最怕的就是这个，样样通，样样松。因为通，所以他觉得自己很了不起；又因为松，所以当他搞不定某个东西时，就会胡说八道。

嬴政在确定对匈奴和两广进行军事打击后，当精力松弛下来，就又回想起了让卢生去海上找神仙的事。

他把卢生叫来说："不对啊，我让你去海上找神仙，你给我弄回个《录图书》来。神仙的事怎样了啊？"

卢生就胡编起来："皇上，我们去寻找神仙，但怎么找也碰不上（他不能说碰上，因为有秦兵跟着他呢，秦兵可不是瞎子）。我后来夜观天象，掐指一算，惊奇地发现原来有东西在故意捣鬼。"

嬴政惊问："什么东西？"

卢生说："我们术士有专业秘籍，秘籍中曾这样写着：人主要经常偷偷外出，远避恶鬼。只要远离恶鬼，真人就会来访。如果人臣知道人主的住所，就会妨碍神的到来。"

这段玄乎的话，让嬴政大感兴趣。他问："什么是真人？"

卢生回答："所谓真人，就是进入水中，身体不湿，跳进火坑，身体不燃，腾云驾雾，与天地共存的神仙。现在皇上您已成了统治天下的君主，对龙体不能不倍加珍重。您住在哪一座宫殿千万不可让人知道，只要无人知道你住在哪儿，那样肯定就能得到长生不老药。”

卢生的这段话，很有看点，首先他定义了“真人”，真人就是神仙，当然，关于“真人”的描述是他从庄子那里偷来的；其次，他说之所以没法替嬴政找到神仙，是因为有人妨碍嬴政见到“真人”；最后，他告诉嬴政，若想见到真人，那所有行动就都要保密，包括人主住的地方都不能让臣子知晓。即是说，嬴政必须做到居无定所，居无人知，才有可能得到长生不老药。

从卢生这段话中，我们可以确定的一点是，卢生是个心理学大师。嬴政寻找长生不老药，这本身就是神秘的事，卢生顺势让嬴政先保持起神秘来，恰好迎合了嬴政的心思。

嬴政终于明白了卢生的意思，他说：“你这是让我玩神秘啊。”

卢生严肃地说：“不是玩，而是要自然而然，就如神仙长生不死一样自然而然。”

嬴政说：“这要是换作别人，还真玩不起来，谁家里有矿啊，能有几套房子？但我不同，我的房子，你做梦都想不到有多少，每天换一间，恐怕一年都换不完。”

卢生接上嬴政的话尾说：“是啊，所以不是谁都有资格成真人的啊。”

嬴政说：“从此以后，我就自称真人，让所有人都叫我真人。”

真人嬴政马上就玩起了神秘：他在咸阳周围的许多宫殿中，通过暗道不断转移住所，身边的人谁透露他的住所，谁就要被就地处决。

从这以后，除非是真人嬴政要找别人，否则，任何人都不知道皇上在哪里。

但这又造成了新的问题，有时候政事紧急，必须嬴政亲自处理，官员们急得团团转，可真人嬴政就是不出现。他们只好去找卢生，卢生正在和兄弟们花天酒地，他对请求的官员说：“我如此神奇，都不知道真人在哪里，你们就不必费劲了。”

李斯在背地里诅咒卢生，他觉得，这种状态必须改变。在一次嬴政主动召集的会议上，李斯提出了这个问题：“皇上……”

嬴政瞪了他一眼说："叫我真人。"

李斯唯唯："真人，您这经常不露面，重要事情找不到您，这不是事啊。"

嬴政说："哎呀，李斯，你不提我倒忘了，我正要和你说这事呢。"

李斯听着。

嬴政说："真人我决定，让你做第一丞相（左丞相）。"

李斯闻听此言，激动得一口气没喘上来，浑身抽动着倒在了地上。

李斯的运作

李斯苏醒过来时，看到嬴政因经常换房间而失眠的苍白的脸，他听到御医在说话，好像自己的身体没啥大问题。于是他一骨碌爬起来，对嬴政说："皇上，啊不，真人，您刚才说什么？"

嬴政笑了，说："你明明听到了，否则怎么会晕倒？"

李斯不出声，他想再确认一次。

嬴政就再次说了一遍："真人我封你为第一丞相。"

李斯顿时又上不来气了，只感觉天旋地转。嬴政赶紧吼了他一嗓子："行了，你再晕过去，丞相就给别人啦。"

李斯这才咬牙站稳，内心却是波涛汹涌，他坚持了多少年不重要，重要的是，这种坚持终于有了回报，而这回报是他做梦都想得到的。

他忽然不知道该对嬴政说什么了，人在长时间的等待中忽然等到了想要的东西，就是李斯这种情状，六神无主，身心俱疲。他只是僵硬地向嬴政拱手道："真人，真人，真人啊。"

嬴政话锋一转："不过李斯，你这个人我最了解，所以呢，我要给你配个助手，我希望你以后有什么特别重要的事，和他商量一下。"

李斯等着嬴政说出这个人的名字，此时他的心情已彻底平静，或者应该说是有点沉重了。

嬴政叫了声："蒙毅。"

蒙恬的弟弟蒙毅从队列中站出，他长了一张天生不讲情面的脸，类似愤青的容颜，但容颜深处透出的却是刚直和稳重。

李斯嘀咕了一声："果然是他。"

蒙毅上前，向嬴政鞠躬，说："臣必当尽心为丞相大人分忧解难。"

分你个屁，李斯心里说，我又不是三岁孩子。

嬴政看了看李斯，李斯打起精神来，说："臣感谢皇上真人的帮助。"

嬴政笑了，笑起来很好看，脸色也变得红润起来。他说："李斯你负责大战略，蒙毅负责执行，天衣无缝啊。这下我就可以放心玩神秘了。"

李斯皱了皱眉，但马上又舒展开，皇上玩神秘，丞相有事做，这真是件其乐无穷的事啊。

不过很快，他就失望透顶。

之所以失望，是因为蒙毅。蒙毅和李斯印象中的分毫不差：对事不对人，不懂人情世故，是典型的嬴政特别喜欢的那种冷血大臣。

蒙毅对秦帝国的法律了如指掌，所以执行起来游刃有余，职业的特性加上他的性格，让很多人都讨厌他，尤其是和他合作的人，但只要皇上喜欢，那所有人的讨厌就都不是问题了。

李斯和蒙毅商议了几次事后，所有的冲劲都消散了。李斯注意到，只要他觉得好的事，蒙毅就鸡蛋里挑骨头；反过来，只要他认为一件事不好，那蒙毅就会头头是道地论述这件事利大于弊，可以执行。

李斯被蒙毅搞得毫无脾气，他又不能耍丞相脾气，因为蒙毅就不吃他这一套。

某次，两人在嬴政专设的丞相会议室争吵起来，争吵声越来越大，门就被轻轻推开了。推门的人白净净的脸，没有一根胡须，低头哈腰地向二人露出谄媚的微笑。

蒙毅正在气头上，对着那人吼了一嗓子："赵高，你进来作甚？"

来人叫赵高，他注定将改变秦帝国的历史，遗臭万年。

赵高的身世很苦，他家族本是秦国宗室远亲，母亲怀他时因犯罪而遭受肉刑，后被关进政府收容所，赵高就出生在这里。

按照我们之前对嬴政名字的叙述，赵高应该叫嬴高，但赵高比嬴高知名度无疑要高得多，所以我们只好称他为赵高。

赵高天赋异禀，记忆力和理解力超级强大，当时秦政府在收容所中开设法律培训班，赵高脱颖而出，渐渐为嬴政所知。

嬴政在和他接触许久后，发现了他身上的很多优点，比如赵高做事干净利落，很擅长调和各种关系，再比如，他似乎天赋异禀，能很快知道主人需要什么，而且能马上像变魔术一样变出主人需要的东西。

嬴政就不停地提拔他，还把自己最喜欢的小儿子胡亥交给赵高教导，最后任命赵高为中车府令（交通部长）。虽然是交通部长，可赵高与嬴政之间的距离，无论是心理上还是身体上都特别近。李斯当上宰相后，嬴政居然把掌管玉玺的重任也交给了赵高。

但是，赵高从来不因此而骄傲，他在法律上一板一眼，但对人永远彬彬有礼，集字典上所有关于谦虚的美德于一身，大家都喜欢他，除了蒙毅。

赵高也不喜欢蒙毅，因为二人有不共戴天之仇。这个仇发生在赵高正步步高升时。某次，据蒙毅说，赵高钻法律空子，知法犯法，按当时的秦律，应该处斩。

赵高不服蒙毅的判决。两人就在嬴政面前，用秦律做武器，你来我往，唇枪舌剑，最后，两人不分胜负。嬴政跑出来做和事佬，以皇帝名义取消了赵高的“罪状”。蒙毅没有据理力争，因为他明白，如果再论下去，赵高可能真就无罪了。

赵高虽然免死，可他恨透了蒙毅，蒙毅因为没能把赵高处死，也恨死了赵高。两人心里都憋着一股气，随时准备爆发。

李斯和蒙毅在争吵时，赵高在门外早已听了多时，他敢推门进来，就证明他已经心中有数，谁对谁错。

蒙毅吼他，他脸上仍然挂着笑。他冷冷地看了蒙毅一眼，却对李斯鞠躬说："丞相大人，我觉得这事，您是对的，但蒙大人也没有错，只不过他的角度有点古怪罢了。"

这话，乍一听，好像是说双方都没有错。但仔细分析就能知道，赵高其实是承认李斯是对的。

蒙毅当然也能听出来，他气冲斗牛，从椅子上站起来，指着赵高的鼻子斥责："这里哪有你说话的份啊，出去！"

李斯以老鼠般的机警，刹那间发现了政治盟友，现在必须做出决策，是联合这个盟友，还是把他踢出去。

直觉告诉他，要联合。他马上也站起来，拦住蒙毅，语气生硬地说："赵大人精通法律，又是皇家法律顾问，我们讨论的是法律问题，他当然有资格说话啊。"

蒙毅发现了自己所处的不利境地：二打一，他肯定无法胜出。但就算无法胜出，也要据理力争，这是蒙毅最宝贵的性格，也是一个执法人员的基本素质。

其实李斯和蒙毅争论的问题很简单：几天前，咸阳城发生了件命案，凶手被当场活捉，正要判刑时，忽然发现凶手是个被人施过妖术的精神病。蒙毅认为，精神病患者因不能控制自己的意志，所以其行为无善无恶，不能像对待正常人一样判其死刑。李斯则认为，法律明文规定：凡是人，只要杀人，就要判处死刑。精神病患者也是人，所以就要处斩。

精神病患者犯罪在今天的文明社会，根本不必讨论，就如同未成年人犯罪一样，肯定要法外开恩。在当时的大秦帝国，这也是不必讨论的问题。用李斯的话说就是，只要你是人，管你是疯子还是傻子，管你是老头还是小孩，你有犯罪的行为，就必须承担相应的后果。

蒙毅似乎有些人道主义的关怀，所以他违背了当时的大秦律例，赵高对秦律的研究十分透彻，而且这种事情，根本不必辩论，直接按法律办事即可。这是大秦帝国最好的地方，它不好的地方就在于，法律过于严苛，给人的感觉是，秦帝国永远都在严打。

蒙毅不服气的地方在于赵高参与了此事，在他看来，赵高没有资格参与他和李斯的讨论。但他错了，赵高不仅是交通部部长，还是皇家法律顾问，这个职务的话语权，有时候要远比蒙毅的“上卿”大得多。

最终，蒙毅一打二，输给了李斯和赵高。他气咻咻地走了。李斯马上就对赵高表示出了强烈的热情，他说：“谢谢你啊，老赵。”

赵高很严肃地说：“丞相大人，咱们都是为了皇上。”

李斯马上发现了赵高的摆谱，他很尴尬，此时，化解尴尬的唯一办法就是和赵高一样摆谱：“我说谢谢你，不是因为你帮了我，而是你站在法律一边，这就是为了皇上啊。”

这回轮到赵高尴尬了。

但李斯化解了尴尬，他抓起赵高的手说：“赵顾问啊，您真是大秦的顶梁柱，希望咱二人能内外合作，为皇上排忧解难。”

这是要拉合作，赵高当然听得出来，白净的脸上堆起训练有素的微笑，说：“哎哟，谢谢丞相大人，有事您说话，老赵我肯定鞠躬尽瘁。”

李斯这天大为高兴，因为他得到了一个看上去永不倒塌的政治盟友。

多年的媳妇熬成婆后，李斯开始飘了。

飘的结果就是，嬴政当头一棒，险些把他打死。

李斯车队事件

嬴政玩神秘，玩得特别起劲。这是李斯希望的，因为他可以暂时掌控大局，虽然有蒙毅那个捣乱鬼，但在李斯看来，蒙毅只在与法律相关的事情上有话语权，其他的权力，蒙毅似乎也没有兴趣，而且他也管不着。

大秦政府在李斯的操纵下，快速向前飞奔。每当他的车队在大街上掀起暴风般的尘土时，他坐在车里，就如同嬴政坐在车里一样。

他不仅能设计一个帝国，还能设计各种政治关系，和赵高假装结盟，和卢生假装和好，而且还经常向卢生请教各种狗屁神秘问题。同时，在嬴政的宫中和政府中，他结交了一大批根本看不上眼的人物。

李斯由此达到了一个高明政客的最高境界：一片和谐。

很快，丞相李斯在嬴政耳中就成了神一样的存在，几乎比当初的吕不韦还要受到他人的崇拜。

嬴政开始还觉得不错，有李斯在，他就可以尽情地玩神秘，成仙成神。不过随着称赞李斯的话语滚雪球般增加，嬴政忽然发现，有点不对劲。

正是在这种心念的催动下，李斯车队事件发生了。

有一天，嬴政跑到骊山上玩神秘。那天风很大，陕西地区特有的风沙从地面盘旋而上，把嬴政吹得眯起眼，很不舒服。

他正要去另外的地方玩神秘，忽然见山下起了阵黄褐色的风，风里带着梅花特有的寒冷的香气。

嬴政仔细看去，那是一群秦帝国的士兵，至少有几千人，向骊山奔驰而来。士兵之后，是蔽日的旌旗，旗子过后，则是一台六人大轿子，轿子装饰奢华，庞然庄重，嬴政的金根车与之相比顿时失色。

嬴政的脸色难看，冷冷地问身边的几个太监："这是什么人？"

太监回答："这是丞相大人的车队。"

嬴政狞笑道："妈的，比朕的排场都大啊。"

身边的太监，脸色已变，有一个小心翼翼地说："恐怕是有急事吧。"

嬴政猛地回头，怒目圆睁，太监立即感到杀机四伏，瘫软在地。他以为自己死定了。

但是，嬴政什么命令都没下，慢慢地转过头去，继续恶毒地欣赏那嚣张的李斯的车队。

第二天，嬴政鬼使神差地又跑到骊山上，没有人知道他为什么会打破玩神秘的常规，连续两天来同一个地方。

很快，李斯的车队又来了，前面开道的十个士兵，只有一面写着丞相的大旗，轿子也特别小，可谓轻车简从。

嬴政面无表情地观赏着这个寒酸的大秦丞相的车队，他身边的太监希望能从他脸上看出点高兴的样子来。

但是没有。

不但没有，而且嬴政的脸色慢慢地变化，变得恐怖起来。太监们大为诧异，就在百思不得其解时，嬴政突然震怒，像炸药一样爆炸了，怒吼一声：“来人，把他们几个太监全都拉出去砍了。”

太监们魂飞天外，喊冤起来：“皇上，我们无罪啊！”

嬴政怒气冲天道：“我昨天说李斯车队太过猖狂，今天他的排场就小了，这就说明肯定是你们告密了。还说没有罪！”

太监们恐惧万分，但还是不忘喊：“哎呀，皇上，我们冤枉啊。”

几个太监就在大喊大哭中被就地斩首，嬴政叫来卢生说：“知道他们是怎么死的吗？”

卢生说：“和李斯有勾结。”

嬴政摇头说：“这不算啥，最要命的是，他们能告诉李斯，就能告诉别人，我就玩不了神秘啦。”

卢生大为惊叹嬴政的逻辑，看来，在嬴政心中，寻找神仙要远比李斯勾结太监重要得多。

嬴政叫来李斯，和他谈天，这是自李斯上任丞相以来，君臣二人第一次见面。李斯很惶恐，表现得极端谨慎。

嬴政却很轻松，李斯也渐渐被嬴政的轻松所感化，君臣二人和谐地谈话，卢生在嬴政身边一直给李斯使眼色，赵高也使，但李斯太高兴了，根本没有发现两人的不对劲。

两人谈到高潮时，嬴政让一个太监捧着个大木盒，走向李斯。李斯发现不对劲，这个太监，他从来没有见过。直到此时，他才发现，他那几个好友太监不在现场。

那个太监站在他面前，捧着盒子。嬴政对他说：“李斯，打开它。”

此时，李斯还没有感到恐惧，但他知道肯定有哪里不对劲。他犹豫了一下，还是打开了盒子。

他只看了一眼，顿时魂飞天外。盒子里整齐地排列着三颗人头，正是李斯费了很大劲才结交的那三个太监好友。

“李斯！”嬴政的声音沙哑但惊魂摄魄，“你怎么看？！”

李斯像条在树上的死蛇一样，瘫软在地。他闭上眼睛，眼前出现了当年公共厕所里的那只张皇失措的老鼠。

但是，那只老鼠很快就变成了粮仓里那只闲庭信步的老鼠。李斯感觉时光好像又回到了原点。

他慢慢地睁开眼睛，发现所有人都不见了。只有那三颗人头在提醒他，这不是梦，这是嬴政对他最严厉的一次警告，如果再有一次，李斯面对的将不再是嬴政，而是死神。

一定要小心，这是李斯在车队事件后给自己的座右铭。他要重新确定自己的人生观：做一个帝国的丞相，而不是权臣。

李斯无疑是幸运的，因为已近50的嬴政，把所有精力都聚焦在神仙之事上，似乎他对世俗的权力已经失去了兴趣。但这只是假象，当他的帝国平稳时，他大隐隐于市，当他的帝国稍微受到质疑时，他立即像老虎一样，面对敌人，发出惊天动地的一吼，然后猛地扑过去，把敌人狠狠地撕碎。

第五章

极致创造力的体现：向守旧与死亡开战

焚书

公元前213年，嬴政派到两广的远征兵团取得决定性胜利。为了庆祝这次胜利，嬴政从神秘的行宫中走出来，和群臣欢宴。

这场宴席排场之大，从古未有。这让李斯、蒙毅，甚至包括赵高在内，都感觉奇怪。只有卢生明白，这场宴席不仅是祝贺远征军凯旋，还是为了庆祝嬴政的真人境界。

从公元前217年开始，经过了四年的时间，嬴政的身体越来越差，但他却觉得精神境界越来越高，远征军凯旋的前一天，他做了个美梦。梦中，他看到海上三神山的神仙围坐在一起喝酒。他跑过去请求神仙不老药，神仙们对他说："不出三年，你就能和我们一样了。"

这让嬴政从睡梦中欢喜地醒来，远征军胜利的消息同时传来，所以嬴政才要大摆宴席。

没有人了解嬴政的这种心思。嬴政在宴席上大口喝酒，由于抵抗力特别差，而导致酒精过敏，所以脸红得发紫，但这并不影响他把宴会带上高潮。

所有人都在大喝大笑，他们知道，帝国再也不可能有劲敌了，帝国将天下独大，宇宙无二。始终阴森冰冷的咸阳城像是得到了灵丹妙药，忽然恢复生机，成为一座当时世界上最光辉幸福的大城。

当宴会在高潮中接近尾声时，70个参加宴会的儒生一起走出队列，站在嬴政面前，向他表达儒家只曾向尧舜表达过的溢美之词。

他们说："从前秦王国的疆域不过千里，幸好上天降下嬴政大帝您，又有嬴家列祖列宗显灵，让您平定海内，放逐蛮夷，日月所照之地，没有不臣服您的。您凭借创造力把封建制变成郡县制，大权在握，没有争吵，人人各安其乐，从前的三皇五帝捆到一块，都不如您的贡献大。"

嬴政很高兴，对儒生们说："你们是好人啊，但你们的同伙也有坏人，今后要好好为帝国做事。"

儒生中的代表，秘书处秘书周青臣觉得还没有把马屁拍尽，于是就单独站出来，带着点韵律高喊道："郡县制好啊，郡县制好，郡县制啊就是好就是好。"

嬴政哈哈大笑，李斯也跟着笑，蒙毅的脸则抽动一下，暗暗说了句："马屁精。"赵高在一旁笑得像大头菜一样，场面很和谐。

然而，和谐迅速被打破。

周青臣还准备来第二遍时，博士淳于越站了出来，打断了周青臣的马屁歌。他向嬴政说道："皇上，我有点想法想跟您说。"

嬴政见是淳于越，就有点不高兴，因为这家伙自从做了帝国的博士后，总不与人同。人家说什么，他总有不同见解。

不过，今天是个大喜的日子，嬴政不想扫兴，就点头表示同意。

淳于越就说开了："商王朝和周王朝的统治达1000多年，最重要的原因是这两朝都分封子弟及功臣作为臂膀辅翼。而现在皇上您虽统一天下，但子弟却还是平民百姓。一旦出现了齐国田常（齐王国大臣田常篡夺了齐王国）、晋国六卿（春秋时期，晋国被六个高级干部所掌控，最终韩赵魏三个大臣瓜分了晋国）夺权篡位的祸患，在朝中又没有高度智慧的辅佐之臣，谁来救您的江山呢？咱们做事如果不学习长期统治的那些朝代，思路就不对。现在周青臣等人又当面阿谀奉承以加重您的错误，这些都是奸贼。”

嬴政还没有说话，那70个儒生不乐意了，朝淳于越吼叫起来：“说谁是奸贼呢，你这个奸贼。”

淳于越微笑着，不还口。

宴会进入尴尬境地，大家都不再笑谈喝酒。嬴政闭着眼睛，好久，才说道：“这件事，早就讨论过，而且郡县制已是咱们帝国的国策，为何现在还要拿出来讨论？”

淳于越低头，不说话。

嬴政忽然就问李斯：“丞相，你怎么看？”

李斯想了想说：“这都是有些人读书把脑子读坏了的缘故。”

淳于越和儒生们都看向李斯，双方都想知道李斯在说谁把脑子读坏了。嬴政也想知道。

李斯直截了当地说：“淳于越这种议论简直是脑子进水。”

儒生们低声欢呼起来，淳于越脸色变得很难看。

李斯就说出了下面这段话，这段话几乎可以和他从前的《谏逐客书》的某些段落旗鼓相当。

他说：

> 五帝不相复，三代不相袭，各以治，非其相反，时变异也。
>
> 今陛下创大业，建万世之功，固非愚儒所知。且越言乃三代之事，何足法也？
>
> 异时诸侯并争，厚招游学。今皇帝并有天下，别黑白而定一尊。私学而相与非法教，人闻令下，则各以其学议之；入则心非，出则巷议，夸主以为名，异取以为高，率群下以造谤。如此弗禁，则主势降乎上，党与成乎下，禁之便。

李斯这段话的大意是说，世界随着时代的发展而变化，政治和制度也得顺应不同时代而变化。人必须选择适合当世的政治和制度。三皇五帝、夏商周治国的方法并非完全沿袭前朝，这都是因为他们所处的时代不同。皇上您开创前无古人的大业，本来就出乎淳于越这种人意料，所以他们现在也比较蒙。而且，夏商周三代的统治，也没见得有多好，为什么要效仿？

这段话，李斯的立场是很清晰的：一切价值的基准和源泉都来自当世。人在世上，必须向前走，向前走就不能向后看，否则注定摔死。这和儒家的向前走向后看（尊古）水火不容。

另外，李斯还狠毒地说，思想这种东西应该国有，不应该私有。现在很多人都有思想可以学，学了后就厚古薄今，议论纷纷，扰乱民心。皇上下的命令，他们也叽叽歪歪地议论对错，导致政令不行，执行官怀疑，百姓犹疑，这样的局面不加以控制，很容易就形成结党营私的局面。

嬴政说："你说得对，这些事情，其实咱们早就讨论过了。"

李斯说："从前只是谈论和确定，并没有处理方式。我觉得现在应该拿出处理方式来，皇上请下令，除了秦帝国史官写的秦史和博士官收藏的书籍，所有非医药、占卜和农艺技术的书籍要全部销毁。如果有人私藏禁书，就处死。"

嬴政当着所有人的面，下令："按丞相的意思，焚书！"

很多人都认为，嬴政焚书是其诸多罪恶中最重的。因为焚书之后，中国人再也看不到哲学、文学等陶冶身心的书籍，目光所到之处，都是单一的实用性的指导书。

这是对人追求智慧的阻碍，不过，我们仍然有几个问题需要澄清。

第一，嬴政和李斯焚书的后果，随着秦帝国的灭亡即刻消失，其恶劣影响远没有后世所说的那样重大。

第二，嬴政焚书，并没有全焚，他还保留了几套当时的书籍，后来项羽进咸阳，才一把火将其焚烧了。这样看来，项羽的行为要比嬴政恶劣万倍。

第三，嬴政焚书，是对国家政策走向的一次肯定。看似烧书，其实是给类似淳于越这种人敲响警钟：不要再谈封建制和郡县制的好坏，因为已经确定的国家方向，根本不需要谈。

最后一点，在那个情境下，嬴政和李斯的烧书政策，是正确的。

儒家思想是站在尊古的角度，即是说，所有的真理和天理都掌握在已经死掉的古人手中，今人是不可能有真理和天理的，即使有，也是从古人那里借来的。

这种思路下，就导致儒家始终认为，他们是真理的解释者，类似于和上天沟通的巫师，而君王，无论你创建了什么样的事功，由于你手中没有真理，所以必须听我们的。

因此而引来的祸患就是，儒家人从不想变革、创新，而嬴政的大秦帝国恰好是创造力的产物，这简直就是在和嬴政叫板。

如果没有创造力，人就会失去前进的动力，不思进取，故步自封，最终落于人后。李斯深刻地认识到了这点，所以才坚决反对淳于越“事要师古”之儒家言论。

同时，李斯也清醒地意识到，作为中央集权的国制，嬴政若想充分地使用权力，那就必须把真理掌握在自己手中，而不是古人手里。

焚书事件，看似是焚烧了几本书，其实是中华帝国开创以来第一次也是最后一次的革新和再创造，一切都要向前走，向前看，而不是回头去看那些死人的经验和建议。

倘若我们不能理解嬴政和李斯的想法，就很容易将二人的行为和扼杀思想联系起来，这是不成立的，就如同接下来要发生的坑儒一样。

卢生逃跑

坑儒事件的直接挑起者是卢生，还有他的好“基友”侯生。自从卢生和石生胡编了“亡秦者，胡也”的话后，石生就和卢生告辞了。

卢生请他留下来，一起享受荣华富贵。石生说：“吃香喝辣，号令众人，谁不想？但是靠坑蒙拐骗得来的荣华权力，岂能长久？趁现在嬴政还没有抽风，我还是走吧，你也要远离嬴政。”

卢生叹息道：“哪里那么容易，你走可以，我想走就难了。既然你要走，我也不挽留，他日江湖之上相见，请赏碗饭吃。”

石生走后，卢生就开始忽悠嬴政，把嬴政忽悠得晕头转向，卢生也成了人上人。后来他衣锦还乡，遇到了他的狂热崇拜者侯生。

两人交谈之下，立即成为好友，卢生把侯生推荐给嬴政，二人同时享受嬴政赏赐的荣华富贵。

在卢生有限的人生智慧里，他以为让嬴政躲藏起来玩神秘，可以让嬴政脑子退化，最后成为一个傻子。

然而，很快他就发现了自己的智慧局限，嬴政要比他高明得多。嬴政的确在玩神秘，可依然保持着对事物的洞察力。

他常常问卢生这样的问题：玩神秘到底要玩多久才能见到神仙？神仙给的长生不老药是否可以得到配方？这种不老药是否可以大批生产，从而更廉价，让所有人都能吃上？

卢生对这些问题的回答，渐渐力不从心，不能让嬴政满意。

嬴政改变了从前对他的友好态度，渐渐代以冷淡，后来就是冷漠。卢生感受到了。内心不强大的人，做了亏心事后，总是心虚。卢生整日都生活在惶恐中，这种心理状态特别糟糕，他不能和别人说，只敢和侯生说。

他说给侯生听，侯生不以为然。侯生是读过很多历史的人，他说：“最高领导人都是这个德行，情绪化，喜怒无常，因为他们压力大啊，所以他们很容易就会赞赏一个人，也很轻易就会对一个人愤怒，这是他们的基本特征。你担心什么啊？”

卢生仔细想了想，竟然觉得这话有点道理。卢生想岔了，他因为不希望被嬴政抛弃，而相信了嬴政不会将他抛弃。

某天，嬴政在一个隐秘的行宫里召见他。卢生在去的路上，看到山上的花正在努力绽放，虫子从地下钻出，对这个世界发出叹息。他的眼皮就开始跳起来。

他试图用某种法术让眼皮停止跳动，可很快他就想到，自己根本没有任何法术。

见到嬴政时，嬴政正懒洋洋地斜躺在椅上，旁边有几个美女，正在给他打扇子。

卢生浑身哆嗦，当时是春天，根本不冷。

嬴政向他伸出手去，招呼他：“近一点。”

卢生就向前多走了几步，嬴政又向他招手，他又向前多走了几步。

嬴政命令他：“抬头看我。”

卢生就看，他吓了一跳，嬴政的脸苍白无一丝血色，而且像是发霉了，卢生能听到嬴政像蜥蜴一样的呼吸声。

嬴政对他说：“最近朕的身体特别差，你准备好了吗？”

卢生明白嬴政的意思，说：“差不多了。”

嬴政又问：“那什么时候可以启程去海上？”

卢生只好说：“随时都可以。”

嬴政从椅子上挣扎着坐正了，盯着卢生，把卢生的屎尿都盯了出来。他问：“你知道徐福吧？”

卢生点头，在大秦帝国，没有人不知道徐福的。

嬴政压低了声音说：“有探子回报，这个孙子在琅邪出现了。他居然没有去找神仙！”

卢生并不吃惊，因为世界上根本就没有神仙，除非徐福自己变出一个神仙来。

嬴政看着卢生说：“咱们一起去找徐福，问问他什么意思。”

卢生知道，嬴政的话还没有说完。

嬴政果然还有话：“你这次要和神仙见面，拿回长生不老药，否则……”

卢生看了眼嬴政，他好像看到了嬴政脸上的苔藓，正在快速生长。

不知什么原因，卢生忽然觉得恐惧消失了，从他内心深处，升起了一股从来没有过的勇气。他站直了，双腿夹得特别紧，为的是不让屎尿继续下行：

“皇上，您千万不能有所怀疑，一旦怀疑，就心不诚，心不诚就不灵。但我向您保证，这次一定拿到不老药，否则我把人头给您。”

嬴政向他伸出拇指，说：“好，这可是你说的，我不相信你不怕死，哪怕你是神仙。”

卢生离开嬴政，跑回自己的房间，换了身新衣服，就去找侯生。

两人进行了一场对嬴政为人、为政的精彩评价。

卢生对侯生说：“嬴政这个人一旦打定主意便一条道走到黑，死不回头，你说这是缺点还是优点？”

侯生回答：“只有偏执狂才能成功，认定一件事情是正确的，为何要回头？我认为这是优点。”

卢生说：“他本来就是个国王，侥幸吞并了天下，什么事情都为所欲为，自认为从古至今没有人能胜过他。你说这是不是缺点？”

侯生回答：“这是优点啊，人要有高度自信，至于你说他为所欲为，恐怕是因为你不是他，无法了解他为所欲为的真实想法。”

卢生说：“嬴政一心只信任狱吏，只把狱吏当成宝贝，虽然找了许多儒家学者做博士，可只是个摆设，根本不加以重用。那几个丞相，也只是按照他的意思行事。”

侯生说：“这是因为秦国就是靠狱吏起家的，儒家知识分子只是作为思想的代言人存在。他不让儒家人有具体职权，全是他的制度所定。中央集权，丞相当然要听皇帝的，否则，就不是中央集权了。”

卢生说：“他的权力太大，没有人敢对他提出反对意见，现在大臣、知识分子那么多，都是畏首畏尾，敷衍应对。照此下去，他就成了孤独的暴君，而他的下属也丧失了血气，渐渐变成娘儿们。”

侯生说：“哎呀，你这话说得就严重了，想当年，嬴政扫六合，如扫灶台灰。”

卢生说：“时移事易，现在不是从前。嬴政为了集中权力，即使玩神秘，仍然每天要批示大量奏折，可见其对权欲的渴求多么重。咱们给他这种人找不老药，就是为害天下。”

侯生说：“勤奋是好事啊，怎么到你嘴里，就成了坏事？”

卢生说：“少废话，咱俩赶紧逃吧。”

侯生不明白了：“就因为你说的这些？”

卢生说：“我跟你直说吧，刚才这些都是借口。咱们真正要跑的原因是，嬴政让咱们去找不老药，如果找不到，就宰了咱们。”

侯生大叫一声：“哎呀，你不早说，赶紧逃跑。”

两人在逃跑前，还做了件无耻的事。他们逃跑也要跑出个正当理由来，所以到处传播上面那段对话，他们想给别人一个感觉：我们逃跑，不是因为找不到不老药，而是因为嬴政的种种恶行，不能让他得到不老药。

世界上有一种最无耻的东西，叫借口。它最大的恶就是掩盖真相。卢生与侯生的行为，就是明证。

捉拿儒生

不得不说，卢生这个人很好面子。而好面子的人大都有个特点，那就是半瓶子醋。卢生本来就不是什么术士，对神仙之道的了解非常肤浅。只不过上天向他打开了幸运之门，让他和嬴政有了交集。

和嬴政产生联系，让他忽然觉得自己伟大起来，认为自己真知神仙之术。他把自己忽悠成了无所不能的术士。最后，他有了面子，为了不丢这个面子，他诋毁嬴政不配得到不老药。

咸阳城的术士群，立即被他的那番话激起了反应，到处都在说嬴政的刚愎自用，大权独揽，不听人言。

嬴政虽然在玩神秘，但耳目仍然好用，他很快就知道了。

他暴跳如雷，说：“我前段时间没收天下的图书，让人把没有用的书籍都废弃了。我还广招方术之士，以兴太平之世。方士们都说他们要苦思秘计，寻找长生不老药。现在我却听说，不知是什么缘故，卢生居然把我诽谤得一文不值，把我看作一个极不道德的人。”

他说完这段话，由于生气而气喘吁吁，喘了好久，他拿出皇帝的威严命令司法部门：“你们给我把卢生找到，生要见人，死要见尸，如果找不到，你们就不用回来了！”

同时，他还下令：“把咸阳城卢生那些同党都捉起来，不要再让他们妖言惑众。”

赵高在一旁早就煞有介事地气得鼻子冒烟，说：“皇上您对卢生多好，他竟然如此诽谤您，而且他的同党也是不分青红皂白，竟然说您是个暴君，应该把他们都捉住处死。”

嬴政敲着桌子说：“快快快，把卢生和他的同党全部捉来。”

很遗憾，卢生没有找到，他就如同被大地吞没一样，不见任何踪影。但在咸阳城中没有来得及跑掉的术士，却全部被捉。

赵高请嬴政训话，嬴政看了一下人数，才几十人，就暴怒起来：“人太少。”

赵高说：“咸阳城里所有的术士都在这里了。”

嬴政说：“不行，人太少。”

赵高觉得这个工作有难度，就跑去找李斯。

两人最近暗地里走得很近，因为赵高需要李斯，李斯也需要赵高。

卢生诽谤嬴政事件，李斯早就听闻了。而且初闻时，还心惊胆战了一会儿，毕竟是他把卢生介绍给嬴政的，尤其让他担心的是，卢生是个假术士，如果嬴政知道了这点，非宰了他不可。

赵高来找他，他也正要找赵高，探听嬴政的虚实。赵高就把事情的来龙去脉说了一遍，李斯认真分析了一下嬴政说的那番话。

最后，聪明的老鼠发现了隐藏的食物。他问赵高：“你知道皇上为啥生这么大气吗？”

赵高说：“这也叫问题？不就是卢生诽谤皇上嘛。”

李斯摇头说："这只是一方面，最重要的还有两方面。第一，卢生本来是给皇上找不老药的，居然逃跑，而且还说皇上不配得到不老药，皇上多喜欢卢生啊，对他寄予厚望，想不到被卢生背叛，这种滋味可不好受；第二，皇上提到了烧书，你还不明白吗？其实皇上觉得单纯的那些术士，不可能把诽谤传播开，只有那些喜欢议论是非的儒生，才是罪魁祸首。"

赵高立即就反应过来了，直赞李斯："丞相大人啊，您真是高人有大智啊。"

李斯说："其实这件事很好解决，皇上说的人少，不是说术士人少，而是想把儒生也牵扯进来。从前这些家伙胡乱谈论国家政治，现在又谈论皇上本人，这都是皇上反感的。"

赵高打了个响指，说："我明白了，您就瞧好吧。"

李斯还要嘱咐他点什么，但赵高已经小跑出去，因为时不我待，他要尽快建立旷世奇功。

逮捕行动在赵高的指示下很快开始，秦帝国的司法官员效率出奇地高，捉住一个儒生，就先来一顿严刑拷打，先让他承认诽谤皇上，然后再让他供出其他同伙来。

儒生细皮嫩肉，哪里经受得起酷刑，纷纷招供。但他们供出的人太少，司法官员不满意，儒生只好胡编，如此一来，被抓的人越来越多，最后有460人都承认了自己诽谤皇上，罪该万死。

赵高原本要把案宗立刻呈给嬴政，可半路杀出个他的死对头蒙毅。

蒙毅把案宗全部看完，儒生们听说蒙毅插手了这件案子，都感动得号啕大哭。可蒙毅并非想为他们平反，蒙毅只是想看看，赵高在进行司法程序时是否有漏洞。

结果，赵高对法律程序的熟悉让他吃惊，滴水不漏。

但蒙毅还是想给赵高找点麻烦，因为不找麻烦，他这个主管整个帝国司法的人，就成了摆设。

李斯听说蒙毅插手进来，急忙跑来给赵高镇场。

三人又是一阵短兵相接。蒙毅指出问题："皇上要查的是术士，为何把儒生牵扯进来？"

李斯回答道："卢生的身份很尴尬，他既是术士也是儒生。"

蒙毅马上找到李斯的命门："卢生可是你介绍给皇上的，他如今犯事，你要担责。"

李斯没有慌张，因为他不是一个人在战斗，还有他的实力派队友赵高。

赵高替李斯辩护道："皇上问的不是卢生的来由，而是卢生产生的影响。"

蒙毅也揪住了赵高这句话的缺陷："如果没有卢生，是不是就没有诽谤皇上这件事？"

赵高回答："对。"

蒙毅问："谁把卢生介绍给皇上的？"

赵高回答："丞相大人。"

"啊哈！"蒙毅像是猜中了别人出的谜底，"那李斯是不是有罪？"

赵高说："无罪。"

蒙毅跳了起来，说："老赵，你脑子没事吧，明明是有罪，怎么会无罪？"

赵高说："皇上现在最关心的事情是诽谤案，卢生是谁介绍给皇上的，皇上不过问。"

蒙毅说："咱们一起去见皇上，看皇上是否过问。"

赵高马上反击："那咱们也问问皇上，蒙毅日夜和皇长子扶苏在一起，到底什么意思。"

这回，蒙毅被戳中了命门，的确，他每天都和嬴政的长子扶苏在一起。扶苏虽然没有被嬴政立为太子，但按传统，嬴政之后肯定就是扶苏。两人每天到底都在谈什么，只有蒙毅和扶苏知道。

被人莫名其妙地刺了一刀，任何人都会大怒。蒙毅叫起来："赵高，你……"

赵高回击："你什么你！"

李斯适时地站出来，以丞相的身份训斥二人："够了，你们以为咱们这是姬丹的太子宫啊，黑社会啊，不成体统。”

他看了看两人，赵高假装老实，蒙毅是真老实了。因为即使他没有和扶苏商量什么，嬴政知道此事后的反应，也是可以想见的。

李斯快速地结束这场谈话：“咱们也别纠缠什么卢生的来源，扶苏和蒙毅天天在一起的事情。咱们就事论事，诽谤皇上这件事，案宗已成，是不是交给皇上，大家再琢磨一下，咱们都表个态。”

赵高说：“交给皇上。”

李斯看了看蒙毅，蒙毅不说话。

李斯说：“那就马上交给皇上，一切都听皇上的。”

扶苏的出场

嬴政拿到了案宗，看到上面犯罪人的供词，气得浑身发抖。李斯发现皇上脸上的苔藓更加茂盛了，而且因为长期缺少睡眠，两眼肿胀如同青蛙。

蒙毅站在那里，铁青着脸。赵高则得意扬扬，他办了件大案，应该能名垂秦史，至少在秦帝国的司法史上，他会有一席之地。

“丞相，”嬴政气得气管炎犯了，上气不接下气，每次喘气都带着响尾蛇吐信子似的咝咝声，“这群儒家的王八蛋为什么总和我作对？帝国一建立，我就把他们放进政府做博士，难道我亏待他们了吗？”

李斯站出来云淡风轻地回答了这个问题：“因为咱们在创新，他们不喜欢创新，只喜欢守旧，价值观不同，当然就水火不容。”

嬴政剧烈地咳嗽了一会儿，气息稍定，看着蒙毅问：“我对这些人不好吗？”

蒙毅想：这个问题为什么要问我呢？

他快速运转大脑，也没有得到答案，嬴政却替他说了：“我对他们很好啊，虽然我烧了他们儒家的书，但只要来我政府，我都会给他们看没有烧的那些儒书。他们和扶苏天天谈论仁义道德，我也没有反对过啊。”

蒙毅惊了，的确，扶苏常常和这些儒生谈论王道，谈论仁义，他也劝过扶苏离这些人远些，但扶苏不听。想不到，这些事情皇上都知道。

他的冷汗从脊背上慢慢向下流。

嬴政有些气急败坏地捶打着桌子，嘶吼道：“为什么，为什么？！”

蒙毅真想把实情说出来。在他多年的司法工作中，他很明白一点，罪犯的口供根本没有意义，因为大秦帝国的司法官员向来是以严刑拷打来获取口供的，重口供而不重证据，这是秦帝国司法的弊端。所以，大多数儒生根本就没有诽谤嬴政，只不过在酷刑拷打下，承认自己诽谤。

但他不敢说这些事，因为他本人也被牵连其中。更重要的是，此时此刻，替儒生说话就是在替扶苏说话，替未来的皇上说话，现在的皇上肯定不开心。

他看了眼李斯，李斯正朝他挤眉弄眼。他叹了口气，这李斯，哪里像个帝国的丞相啊。

李斯挤眉弄眼后，也想到了这个问题：做人要低调，要庄重啊。

两人都在想着心事，就听到嬴政在上面声音微弱地问赵高：“你说怎么宰这些人？”

赵高看了看李斯和蒙毅，见二人没有反对他说话，就说：“皇上您说。”

嬴政吐出一个字：“坑。”

李斯和蒙毅离得远，没有听明白，赵高则扯起嗓子喊道：“遵旨，将儒生们活埋。”

活埋在秦帝国不算最残酷的死刑，秦帝国最残忍的死刑是具五刑，李斯后来就死于此刑。具五刑是一套流畅的组合拳：黥（在罪犯脸上刺字）、劓（用刀割掉罪犯鼻子）、斩左右趾（砍掉罪犯左右脚趾）、笞杀之（用藤条或荆条将罪犯活活打死）、枭其首（斩罪犯首并将首级示众）、菹其骨（将罪犯尸骨捣烂）、肉于市（在市场上将罪犯的肉卖掉以供食用），其诽谤詈诅者又先断其舌（有诽谤漫骂行为者，先割断其舌）。

由此可知，嬴政并没有对460多个儒生进行具五刑，这说明他对知识分子还是有一点尊重的。

这460多人被活埋，对于他们本人而言，没有任何意义，关键在于，他们的死去引出了大秦帝国相当重要的一个人，他就是皇长子扶苏。

扶苏在整个大秦帝国的统一和创建过程中，形象一直很模糊。我们甚至不知道他是哪年出生的，只知道，他和嬴政的性格迥然不同。嬴政刚硬中带有阴柔，扶苏只有温柔没有刚硬；嬴政喜欢用严酷法律来办事，扶苏则喜欢谈仁义讲道德；嬴政做事向来雷厉风行，认准事情，必要做到底，扶苏则优柔寡断。

但有人喜欢扶苏，那就是那些儒生还有蒙毅。儒生喜欢扶苏，是因为扶苏的品质很符合他们对一个君子的要求；蒙毅喜欢扶苏，是因为他将来有可能成为皇帝。

460多人要被活埋的消息传到扶苏那里时，扶苏正在修身养性。一听到消息，他马上就要死要活地见嬴政。

老爹嬴政只好接见他。扶苏就劝老爹说："天下刚平定，远方的百姓尚未归顺。这些书生口称孔子之教，以孔子为榜样。现在您以重法严惩他们，我恐怕天下会发生动乱，请您考虑。"

这段谈话，如果不是后来写历史的儒家知识分子瞎编的，那就只能证明扶苏是个蠢材。

他所说的每一句，甚至每一个字，都在挑动嬴政的敏感神经。这不是劝阻，而是威胁。另外，他的这段话，和事实不符，嬴政不可能听。

扶苏说，天下刚平定——难道他脑子坏掉了，大秦帝国已经存在了快十年，怎么能说天下刚平定？他说，远方的百姓尚未归顺——这似乎是事实，但靠儒家那一套就能让远方归附？书生们口称孔子之教——好像天下所有人都认识孔子一样，但实际上，当时除了读书人，有谁认识孔子？所以处罚拿孔子做挡箭牌的那些人，根本没有任何问题。

扶苏的意思是说，只要您处置了这些儒生，就有可能天下大乱——这是高烧烧糊涂后才会说的话。嬴政消灭东方齐国，那里儒生多如驴毛，被嬴政杀掉的也多如驴毛，也没见这十年来，齐国儒生们反抗。

所以，这段说辞，给嬴政的感觉是危言耸听。它不但不能说服嬴政，反而让嬴政对儒生更加厌恶。

他一怒之下，在下令活埋儒生的同时，也下令让扶苏到北方的蒙恬大军中去做监军。

我们现在无法猜测嬴政的本意，是让扶苏去体验生活、锻炼自己，还是真就是特别反感扶苏。但我们能确信的一点是：刚性的嬴政不可能喜欢柔顺的扶苏。

随着儒生在坑里哀号惨叫，扶苏孤零零地踏上了北上的行程，他的出场就是离场，对于他这种性格的人而言，人生其实在此刻已经结束了。

嬴政的精彩人生好像才走过一半，他焚书和坑儒是为了向帝国内不和谐的思想开战，当思想再也掀不起一点浪花时，他开始向死亡开战。

始皇帝死而地分

公元前211年，嬴政开始谋划下一次巡狩。他和李斯、赵高、蒙毅等人商量巡狩路线。三人的见解很不一致。

蒙毅主张去北方，据说蒙恬虽然在北方把匈奴打得到处逃窜，还修建了长城用来防御，但匈奴的残余势力仍在，皇上应该去那里用皇威震慑匈奴，把他们活活震死。

赵高则认为北方匈奴不足为患，现在迫在眉睫的事就是要解决不老药的问题，所以应该去东方。

李斯站在丞相的角度建议嬴政去东南方，据可靠情报，楚国故地局势不稳。

三人都有各自的理由，嬴政就来了个大杂烩，说：“那咱们就东南西北全都巡狩一遍。”

说完这句话，他就开始剧烈地咳嗽，咳嗽声震动屋瓦，震散了白云。

巡狩事宜正在紧张筹备时，嬴政偷偷跑到骊山陵墓去视察，现场工作人员兴奋地对他说，按现在的进度，要完工的话不出两年。

嬴政点头，但不是那种满意的点头。然后他下令：“把报告的人拖出去枭首。”

其他工作人员，魂飞魄散又莫名其妙。嬴政再问工程进度时，这些人不知该怎么回答，其中只有一个和术士有过来往的人，窥透了嬴政的心思。骊山陵对嬴政而言，就是个催命符，它越是早建成，嬴政心里就越不安。

所以在回答嬴政对工程进度的问话时，他回答：“皇上您说什么时候完工就什么时候完工。”

嬴政大为满意，但他马上下令将此人“具五刑”，因为这人居然胆大妄为，敢猜测皇上的心理。

这件事很快就传到李斯的耳里，他确信一点，皇上神经已经不正常了，儿时被迫害的恐惧潜伏了多年后终于发作了。

公元前211年时，嬴政49岁，这个年纪在那个时代已算高寿，或者说，离死亡不太远了。对于他人而言，这并不算什么，人都有生老病死，但对于一直追求长生的嬴政而言，这就是晴天霹雳。

李斯和赵高谈起皇上在玩神秘后的许多不正常行为时，赵高不以为然。他说：“皇上的心思你别猜，你猜来猜去的，猜不明白徒增烦恼，而一旦猜中，你就完蛋了。”

李斯认为赵高有高超的侍奉嬴政的智慧，然而，皇上如果真完蛋了，那这个帝国怎么办?

可这个问题，他并没有深究下去，原因是大秦帝国的事务太多，永远都处理不完，仅以咸阳为例，两大基建工程——阿房宫和骊山陵墓就够中央政府的全部官员从早忙到晚了。

所有大秦帝国的高级官员，在和嬴政接触后，都达成一致：皇上怕死，所以这次肯定要得到长生不老药，如果得不到，倒霉的可就不仅仅是那些术士了。

嬴政越是怕死，死亡来得就越快。

这年（公元前211年）夏天，帝国东郡（河南、河北、山东交界处）行政长官忽然就跑到咸阳城求见丞相李斯。他有大事报告。

东郡行政长官对李斯陈述大事经过："几天前的一个晚上，天空忽然大亮，照耀得大地如白昼。一块巨大的石头砸在地上，砸出个深坑。第二天，我检查了石头，不过是在天上和家人走散的一块陨石。"

李斯打断他道："只是块陨石，你就跑来报告，想升官想疯了吧。"

东郡行政长官说："非也，陨石很正常，但陨石上有字正常吗？"

李斯问："什么字？"

东郡行政长官说："您让皇上赦我无罪，我才敢说。"

李斯说："你的老命包我身上。"

东郡行政长官才神秘地说道："七个字——始皇帝死而地分。"

李斯一惊，不说话了。

东郡行政长官凑过来，展开一卷竹简，上面画了块巨石，巨石很丑，可以确定不是地球上的石头，石上有凿刻出的七个字：始皇帝死而地分。

李斯说："这事非同小可，必须报告给皇上。"

东郡行政长官频频点头，他想亲自去见皇上，但李斯却认为，还是他自己去最好。他对这个呆头呆脑的家伙说："这种事不是什么好事，万一皇上认为这是你们那里的百姓伪造的，你就吃不了兜着走啦。"

呆头呆脑的家伙被李斯这句话吓了个半死，结巴起来："丞相大人，我……我……我，您说过……"

李斯打断他，说："你放心，我保你老命。"

送走那个浑身哆嗦的官员，李斯急忙跑来找嬴政，把事情经过一说，然后呈上竹简。嬴政看得特别仔细，满脸冒汗。

最后，他把竹简递给赵高。赵高只看了一眼，就说："这可不是什么天意，你看这字，明显是人为的。"

嬴政点了点头，心情沉重地说："但这石头可是真的，天降怪石，不是好兆头。"

李斯说："皇上，天上掉东西本是正常的，历史上记载了很多天上掉石头的事，没有什么大不了的。只不过当地百姓可恶，居然刻字，毁坏文物，应该诛杀。”

嬴政又拿过来看，最后问李斯和赵高：“你俩确信这是人的字，不是神的字？”

两人异口同声说：“的确是人刻上去的。”

嬴政茫然地点了点头，他非常不高兴。这七个字和他一直追求的长生不老的愿望截然相反，打破了他心中的美梦。

即使他相信这是人刻的而不是神仙刻的，他也不高兴。天意民心，天上掉下个石头，有人在上面刻下这种恶毒的话，这分明是老百姓希望他早点死。一个人活在别人的诅咒中，无论如何都不会开心。

他自称皇帝以来，第一次反省自己，反省了许久，也没有发现自己的错误。他问李斯和赵高：“朕有什么地方做得不对吗？草民们如此希望朕去死？”

这种问题，只有一个答案。李斯和赵高同时说：“皇上永远是对的，草民不识好歹，应该处以重刑。”

嬴政紫色的嘴唇动了动，下令：“查！”

秦政府马上在陨石附近开始搜查，对各种可疑人士严刑拷打，但最终也没有查出谁是刻字人。

嬴政对这种结果似乎早已料到，所以根本没有继续查下去。他下令：“当地所有居民全部具五刑。”只有在那些人全部死透了，血水在地上开始凝固后，嬴政的心情才慢慢平静下来。

很快，他又下令：“把那块石头烧了。”

李斯和赵高，吃惊得张大了嘴巴。

燃烧自己，烤死别人

在大秦时代烧毁一块陨石，困难程度可想而知。陨石不是地球上的石头，它的硬度和耐热性极高。秦代对火焰温度的控制远不能达到要求，所以必须玩命烧，才能烧掉。

嬴政独自一人待在深宫，这是他有生以来，第一次在如此冷清的情境下，胡乱思考他的人生。这种胡乱思考，不受他控制，就如同一匹脱缰的马，在他脑子里纵横驰骋。

脑海里冒出来的都不是好念头。他想到自己注定会有一死，这个念头激烈地冲击他的大脑。他想把它从脑子里清除，但怎么也做不到。他竭尽全力试图把这个可恶的想法扭转，可这匹脱缰的马，正在控制他，而不是受他控制。

嬴政只觉得一阵无力，嘴唇泛起紫色，眼神中流露出一丝悲伤，名为恐惧的大手此时紧紧攥住了他的心脏。透过重重帘幕，他只觉得那块陨石仿佛长了一双眼睛，正冷冷地凝视着自己。

陨石正在被几千人用火燃烧，发出凄厉的惨叫。它从天上来时，根本没有想到会受到如此待遇。

陨石的惨叫声入了嬴政的耳。他受不了了，眼前出现了各种妖魔鬼怪，就在这些妖魔鬼怪全部扑向他时，他大喊一声："来人！"

话音才落，从黑暗中立即奔出来无数太监还有侍卫。他们一股脑地跪下，山呼万岁。

嬴政从沙哑的嗓子里挤出几个字："去请李斯。"

李斯正和赵高在焚烧陨石现场监工，两人被火烤得浑身冒汗，但陨石似乎没有一点变化。

闻听嬴政召见，李斯高兴得要命，屁颠屁颠地就跑来见嬴政。

嬴政问他："石头怎样了？"

李斯说："正在烧。"

嬴政想了一想，自言自语道："石头上的字，是石头自带的还是人刻上去的呢？"

李斯正色道："皇上，那字明显是人刻上去的，如果宇宙中真有未知生命，他也不会懂咱们的文字，怎么会刻字？"

嬴政长长地叹了一口气，以一种委屈万状的语气说："李斯啊，天下人怎么就如此盼望我死？我为他们呕心沥血，他们却恩将仇报！”

这也是李斯搞不明白的问题，嬴政未统一天下时，天下一月一小战，两月一大战，尸横遍野，妻离子散。嬴政统一天下后，百姓都不知战争为何物，为什么百姓不爱太平爱战争呢？

李斯正不知该如何回答这个问题，嬴政已经继续说下去了。

他说：“我就像那夜晚荒野里的竹子，有人看不到光明，我就点燃自己，照亮别人的路。可被照的人，看到了路，结果却诅咒我。世界上，还有什么能比燃烧自己，照亮别人更伟大的事情呢？”

李斯说：“是啊，我早就说过，人这种东西，本性是恶的，他只顾自己那点利益，无论你对他有多好，一旦自己丧失一点小利益，他就指责恩人。”

嬴政咳嗽起来，许久才停止，但脸因剧烈咳嗽而憋得通红。他看着李斯，疑惑道：“他们丧失了什么小利益？”

李斯“呃”了一声，说：“皇上，我只是打个比方。”

嬴政怅然若失，过了一会儿，缓缓说道：“我是在想啊，自帝国建立以来，大搞建设，百姓们本应该在战乱之后休养生息，可咱们没让他们闲着啊，阿房宫和骊山陵墓，工程紧急，死伤无数。北境建长城，南境又派远征军，咱们是不是太折腾了，所以才让老百姓对咱们不满？”

李斯大叫一声：“皇上，不可这样想。”

嬴政被吓了一跳，李斯神色焦虑地道：“皇上，咱们做的事业——皇帝制度、郡县制、中央集权，可是千万年来没有人做过的，没有经验可以借鉴，只能摸着石头过河，休养生息理论上固然好，但要看形势啊，六国贵族和百姓，被我们以血腥手段征服，心中怨气过重。如果我们让他们休养生息，不就是给他们喘息的机会吗？到时，他们休养好了，又卷土重来，那咱们还要经历一番血流成河的战争。皇上您想想，哪个更保险？”

嬴政若有所思，李斯继续说道：“让百姓忙碌起来，是不给他们积蓄造反资本的机会，当初咱们就是这样说的啊。皇上您可千万不能改弦更张，让他们服劳役，只是在消耗他们的体力，去除他们对大秦的愤怒，消去他们的斗志，等这一切完成，我们自然会让他们休养生息。”

嬴政晕晕乎乎地说了句：“按你的意思，我这是燃烧自己，烤死别人啊。”

李斯说：“此时此刻，只能如此，否则，帝国会垮台。”

嬴政意味深长地看了他一眼，说：“我要永生永世统治我的帝国。”

这句话，无论是李斯还是嬴政都不信，所以两人都陷入了沉默，长时间的沉默，最终变成了死寂。

在一片死寂中，嬴政终于开口说话了：“李斯，你去烧那块石头吧。”

李斯还想说点什么，但看出嬴政已经不想再和他多谈一个字，马上就鞠躬出去，他隐约听到嬴政召唤一个太监，命令太监：“去请蒙毅。”

李斯竖起耳朵，把耳朵竖得好长，他清晰地听到了“蒙毅”这两个字。

陨石何以落东郡

蒙毅急匆匆地来了，他永远都是这样。只要是嬴政召见，不管在做什么，他都会急匆匆地来，就如同这是他最后一次见嬴政一样。

嬴政几乎是瘫坐在椅子里，房间特别大，但除了嬴政，空无一人。

嬴政要蒙毅坐在他对面，然后是长时间的沉默。嬴政不开口，蒙毅绝不会开口。

“你知道东郡那块石头的事吧？”嬴政终于开口。

蒙毅点头说：“知道。”

嬴政问：“你怎么看？”

蒙毅说：“这是奸民捣鬼。”

嬴政不说话了。

蒙毅也不说话。

不知是哪里来的风，从嬴政背后厚重的帘子里吹了出来，阴风阵阵。

“你想没想过陨石为什么会落在东郡？”

蒙毅不是术士，回答不了这个问题。嬴政就拍了拍手，帘子后面突然闪过一个影子，像是鬼魅，飘到了嬴政身边。

蒙毅吓了一跳，问：“皇上，这是谁？”

嬴政说：“他叫徐仲，是我新认识的术士。”

蒙毅要叫起来：“皇上，卢生事件……”

嬴政摆手，制止他：“不要和我谈卢生，他和卢生不一样。”

蒙毅只好不谈，可内心已经升起愤怒，正是因为这些术士，皇上才变得神经兮兮的。但徐仲的确和卢生他们不一样，他从不和嬴政谈长生不老药，他只谈天象。他所有的知识和高度智慧都放在用天象来解释人事上了。

嬴政说：“徐先生，请解释一下这件事吧。”

徐先生很谦卑地向蒙毅行了个礼，清瘦的脸色很红润，眼睛炯炯有神，不像是骗子。他行礼完毕，就开口说道：“最近天象有变，但这东西太复杂，我说了，你们也不明白。我就直接说结果，陨石落东郡，不是偶然的。”

蒙毅来了句：“难道陨石知道自己会落到哪里？”

徐仲看了眼嬴政，嬴政示意他继续。

徐先生继续说：“此陨石落到东郡，东郡是什么地方？是当初秦国宰相吕不韦攻下来的。而石头上又有字，丞相李斯说，是有人刻上的。我倒认为是天象所示。”

蒙毅接过话头：“你凭什么这么认为？”

徐仲笑了笑，向嬴政鞠躬道：“请允许我说句冒犯的话。”

嬴政点头说：“尽管说。”

徐仲看着蒙毅说：“当今天下，没有一人称皇上为‘始皇帝’，连皇上自己也只说过一次，谁人知道这件事？”

蒙毅一想，这个家伙说得还真对，在人间，的确是没有人称皇上为“始皇帝”啊。

“所以，”徐仲扬扬得意地说，“我觉得这是天神，或者说是天象所刻。”

嬴政苍白的脸如雪一般，因紧张而咬破了紫色的嘴唇，红黑色的血流了出来。

他哆嗦着，对蒙毅说：“你看，这就是天意，吕不韦打下的东郡落下块石头，上面刻了我要死的字，这是吕不韦来报复我了，看来我真要死了。”

蒙毅觉得这太可笑，但这话是皇上说的，所以一点都不可笑，而且很严肃。他想了想，说道：“人死了就死了，吕不韦不可能来报复您，您对他可是仁至义尽啊，他是自己作死的，一个死有余辜的人，怎么会来报复？”

嬴政没有说话，徐仲却有他的独特解释：“陨石落东郡，天显吕不韦。当然不是吕不韦亲自来报复，这是陨石给皇上的信号，说明朝中有如吕不韦这样的人，要篡权夺位。”

蒙毅这回叫出了声：“这是放屁！”

他脸色因激动而泛红：“皇上，当今朝堂之上，谁有当初吕不韦的权力？即使有，君臣和睦，不可能有二心人。徐仲借天象，挑拨君臣关系，按律法，当枭首。”

徐仲暗骂蒙毅，心说，怪不得整个朝堂上没有人喜欢这个家伙，原来是个畜生啊。

蒙毅不是畜生，他深谙大体，即使和李斯经常吵得不可开交，但那是政见的不同，和私人恩怨无关。他和原赵国的蔺相如一样，都认为国家的稳定乃至于强盛，需要重要官员的和而不同。

他立即察觉徐仲这个浑蛋比卢生以及那些被活埋的人还要卑鄙可怕，当他说完要把徐仲枭首的话后，他希望嬴政能同意。

但嬴政不同意，嬴政相信徐仲的话，就如同他当初相信徐福、卢生的话一样。不过，嬴政也有自己的判断，他问蒙毅：“李斯如何？”

蒙毅高声道：“丞相李斯虽然对法律问题一窍不通，但对于帝国大方向上的把握很精准，而且对皇上忠心耿耿，皇上不应该问这样的话。”

嬴政笑了笑，说：“蒙毅啊，你呀，太没有心眼了。”

蒙毅又高声回答："皇上，臣有心眼，是为皇上和帝国服务一辈子的大心眼。"

嬴政满意地点头，嘱咐他："今天的事，你就当没有发生过。"

蒙毅不说话。

嬴政说："我也当没有发生过。"

蒙毅这才很高兴地行礼，喊道："皇上万岁。"

嬴政听到"万岁"这两个字，不禁轻轻地叹口气。

叹息绕梁，久久不散。

荧惑守心

陨石继续在大秦帝国的东郡燃烧着，它发出的痛苦呻吟让燃烧它的人，忍不住想放声大哭。在黑暗中，冲天的大火光顾了大秦帝国最黑暗的角落，只有骊山陵例外。在骊山陵里，时光停滞，寂静无声，嬴政走在里面，就如神仙行走在云上。

似乎只有在骊山陵里，嬴政的头脑才特别清醒。他知道帝国现在的发展速度，也知道哪里有障碍，更知道帝国这艘巨轮的舵虽然在他手中，他也仍然用他这个年纪不可能有的精力在精心治国，但是，他能听得到帝国在气喘吁吁。

他想让帝国恢复元气，可是，正如李斯所说，帝国不能歇息，绝对不能。即使前面是万丈深渊，帝国也不能停下来，因为一旦停下来就会轰然崩塌。

嬴政别无他法，只好用权力来让时间"变慢"一些，让帝国活得更久一些。他对掌管历法、天象的官员说："把历法向后退一年。"官员说："是，皇上，皇上万岁。"他又说："让时间停止一天，今天就是昨天。"官员说："是，皇上，皇上万岁。"他又说："我今年三十岁，你们也把年纪退后二十年。"官员说："是，皇上，皇上万岁。"

他让术士徐仲盯着天空，观察天象，不能睡觉。徐仲因为几个月不睡觉，眼睛就再也闭不上了。在陨石燃烧了十天后，徐仲来找嬴政，对他说：“皇上，大事不妙啦。”

嬴政一个鲤鱼打挺从床上起来，惊问：“怎么啦？”

徐仲说：“我观察到了荧惑守心。”

嬴政“哦”了一声，脸色发青，嘴唇变绿，险些晕倒。

荧惑指的是火星，由于它荧荧似火，行踪捉摸不定，因此中国古人称它为“荧惑”。

荧惑守心的“心”指的是二十八星宿中的心宿。心宿有三颗星，古代天文学家认为它分别代表了皇上、皇太子以及宰相。荧惑守心，则是指火星在心宿内停住了。

古代天文学家认为这是最不吉祥的事情，它预示着皇帝玩完，皇太子玩完，宰相也玩完。总之，对于一个国家而言，就是最高领导集体被一窝端。

嬴政还没有从陨石刻字的痛苦中苏醒，又来了荧惑守心，纵然意志力再强大，也受不了如此连击。

他的嘴唇哆嗦着，命令道：“去请李斯、蒙毅、赵高来。”

李斯、赵高乐呵呵地来了，最近几天，两人在陨石现场烟熏火燎，难受得要命。蒙毅也急匆匆地来了。

三人看到嬴政半死不活的样子，很是心疼，就问什么事。徐仲代替嬴政回答：“荧惑守心。”

蒙毅惊了一下，赵高脸色发白，呜咽起来：“皇上，这这这……”

只有李斯，出奇地平静。

嬴政对李斯的反应，大为疑惑，问他：“你怎么回事？”

李斯说：“臣想到一个故事。”

赵高在一旁擦着眼泪，说：“丞相，都什么时候了，你还讲故事。”

嬴政让李斯接着说。

李斯就讲了起来：“东周时期宋国的领导人宋景公在位时，就发生过一次荧惑守心。当时主管天文的官员就对宋景公说，可以把灾祸转移给相国。

“宋景公说：‘相国是我的左膀右臂，我不忍。’

“天文官员说：‘那就转移给百姓。’

“宋景公又说：‘百姓是为君之本，我不忍。’

“天文官员说：‘那就转移给年岁。’

“宋景公更不同意，说：‘年岁不好，百姓会饿死，我还当谁的君主？’

“最后，天文官员高兴地对宋景公说：‘您这三句有君主之德的话，上天会听到的，荧惑应该会移走。’

“很快，荧惑果然移走了。”

李斯这个故事一讲完，赵高先叫起来：“哎呀，原来可以转移祸害啊，皇上，咱们赶紧转移吧。”

蒙毅在心里啐了赵高一口，向嬴政说道：“皇上，丞相的这个故事是想告诉您，只要具备君主之德，什么荧惑守心，都不怕。”

嬴政看向李斯，他想知道李斯讲这个故事的用意。

李斯说：“皇上，其实天象也会乱来的，只要人事不乱来，天象奈何不了人事。”

嬴政又去看徐仲，徐仲喜欢赵高的意见，因为赵高认可了他的专业。他对嬴政说：“荧惑守心乃天机呈现，帝国必有大变，不过我认为此次灾难不在皇帝身上，而在……”

李斯一哆嗦，不在皇上那里，那就只能在皇太子和丞相那里。但嬴政没有立皇太子，那就只能在丞相那里了。

他不高兴了，对徐仲说道：“你观察清楚没有？”

徐仲笑了，说：“丞相大人，帝国又不是只有您一个丞相，还有冯丞相（冯去疾）呢。”

李斯这回就更不高兴了，有些恼怒地说：“你是和我们做丞相的过不去是吧？”

徐仲要辩解，嬴政气愤地打断了两人的争吵，问徐仲：“如何破解？”

徐仲想了想说：“皇上不要待在咸阳了，出去巡狩，就可以完全避开灾祸。”

嬴政说：“我早就有此想法，只不过因为陨石的事，没有即刻成行。赵高，准备一下，去巡狩。”

赵高行了个礼，就乐颠颠地跑出去。跑到门口，又跑回来，问嬴政：“那块陨石怎么办？”

嬴政想了想说：“再烧两天，如果还烧不毁，那就是天意，便算了。”

明年祖龙死

陨石刻字事件和荧惑守心天象把嬴政折磨得心神不宁，宫中太监们看到皇上行动僵硬，脸色苍白，黑紫色的双唇让人心惊。

嬴政彻夜难眠，耳边总响起人类的惨叫声，在黑漆漆的皇宫中，他总能看到无数鬼魂。他至此才终于明白一点：永远统治这个帝国的美梦，正在慢慢醒来。无论是上天，还是百姓，都希望他去死。

但他不能死，因为另一个世界还没有向他发出召唤，骊山陵还没有竣工，他也不允许竣工。他不希望再听到和看到任何预示他死亡的消息，一个都不想。

但是，预示死亡的消息一旦开始，就不会停止，除非他死去。

一个晚秋的黄昏，树木挂上了惊人的黄色，一骑飞驰在通往咸阳的路上。马上的人是嬴政的特使，他被派出去寻找徐福，不过半路上，发生了一件事，让他不得不原路折返，向嬴政报告。

嬴政以为使者找到了活的徐福，但遗憾的是，使者告诉他，他在半路被一个路人拦下。路人仙衣飘飘，宛若神仙。当时路上起了大雾，所以使者没有看清仙人的模样。

仙人在浓雾中把一块玉璧交给使者，说：“请替我把它交给镐池君，并且带句话给他。”

使者就问：“什么话？”

仙人说：“明年祖龙死。”

嬴政眼前一黑，张了张嘴，却什么都没有说。使者已经把玉璧奉上，嬴政拿过来看，心里咯噔一下，这块玉璧，是九年前他巡游长江时扔进江中给江神的。

镐池君，指的就是水神。这说明什么？秦乃水德，玉璧给江神，江神不要了，不是预示着秦帝国的水德将尽？

至于“祖龙”，“祖”同“始”，而天子的颜面称龙颜，登上天子之位就叫作龙飞，“龙”是天子的象征。所以，“祖龙”就是他嬴政。

嬴政的灵魂被恐惧缠绕着，犹如陷进黑暗的泥潭，渐渐下沉。这种感觉非常痛苦，是飘浮在太空中，什么声音都没有，对一切都无能为力的那种无法排解的痛苦。许久，他才从这种情绪中缓过神来，他自言自语道：“那不是神仙，只不过是山中鬼怪而已，鬼怪只不过知道一年内的事，怎么可能知道明年的事！”

他问使者：“此事可有第二人知？”

使者回答：“只我一人知。”

嬴政点头说：“很好，来人，拉出去砍了。”

杀了使者后，嬴政的心情更加沉重。他现在的心理出奇地矛盾，一方面，他知道死亡之神在不停地向他明示要来找他；另一方面，他又不太相信自己将会死去。近十年来，他始终坚信长生不老是客观存在的，只不过因为自己的种种行为，无法满足神仙的要求，所以得不到长生不老药。

人，总是如此，明知道相信的是错的，却死不承认，还告诉自己，这是对的。

他在庄严冷肃的皇宫中走来走去，不停地喘息，声音在巨大的柱子间回荡，于是他听到宇宙爆炸前的痛苦呐喊，看到许多相貌丑陋的小鬼，在他身边上蹿下跳，朝他狞笑。

他在活埋了许多术士后，又到齐地找来了很多术士。现在，这些术士围绕着他，向他诉说万年以前的神鬼。这些神鬼不在人间，若想见到他们，就必须进入另外一个空间。

他万分焦虑，脑子都要爆炸了，纵然睡觉时，也是噩梦连连，根本休息不好。他越来越虚弱，他让术士占卜如何终结这段不知从何时开始的痛苦岁月。

术士占卜后得到了三个字：游徙吉。

嬴政让术士解释。术士的解释很简单："不要待在皇宫，要去巡游，此外还要迁徙他人。"

于是，嬴政随即下达了一个命令，三万户居民从全国各地被迁徙到北方的北河和榆中（今陕西省榆林县）。他又下命令给李斯和赵高："立即启程去巡游。"

李斯和赵高都深知，皇上的龙体无法承受长途跋涉的折腾，李斯委婉地劝嬴政："待身体好些再走吧，天下永远是您的，它就在那里，您什么时候去，它都在那里。"

赵高也劝说嬴政："皇上的龙体最重要。"

嬴政不听，他召开全体高级官员会议，让右丞相冯去疾留守咸阳，李斯、赵高、蒙毅等人跟他去巡游。

没有人知道他这次为何如此郑重其事，只有他自己知道，这次巡游，必须见到神仙，得到长生不老药。因为，直觉告诉他，这一次如果得不到，就永远得不到了。

会议即将结束时，嬴政恍恍惚惚中忽然看到空中一面黑色的旗倒了下去，黑旗，这是秦帝国的主色。他痛苦地摇了摇头，或许是命中注定，他突然问赵高："胡亥呢？"

胡亥是嬴政最小的儿子，也是嬴政认为在诸多儿子中性格最像自己的一个，他始终跟着赵高学习秦律法，而且有超常的发挥。

胡亥就在会议室门外，他已经站了很久，此时听到父亲问起他，大为高兴。他根本不等守门太监传唤，推开门就进来了。

强烈的阳光从门外射进来，群臣都回头看，胡亥的影子在阳光里显得异常黑暗，李斯忽然就从这情景中看到多年前他在公共厕所中看到的那只老鼠。

李斯心上喊了一句："大事不妙。"

胡亥摇摇晃晃走了进来，向嬴政问好。

嬴政仍然恍恍惚惚的，说了句："这次，你跟着吧。"过了一会儿，又补充了一句："你也该跟着了。"

胡亥跪拜他的父皇，跪下去时，他斜眼看了看赵高，脸上露出特别诡异的微笑。

云梦祭大舜

嬴政生命中最后一次巡狩，路线图大为古怪。从前巡游，要么先去东方找神仙，要么先去北方视察匈奴，但这次巡游，他的第一站却是和神仙与匈奴毫不搭边的湖北云梦（今湖北孝感云梦县）。

当李斯、蒙毅等人困惑于皇上这次的行程时，嬴政的回答是："几年前咱们来云梦，就建了许多行宫，而且如今驰道已经修好，所以去那里比较方便。"

这是假话，李斯和蒙毅不信，但他们不知道嬴政的真实想法是什么，只有赵高知道。

赵高是心理大师，特别在揣摩圣意方面，相当有一套。嬴政为何要先来云梦，和最近发生的事有很大关系。

对嬴政而言，公元前221年是"天启年"，陨石刻字、荧惑守心、江神玉璧，这三件事都给了嬴政心理上最强烈的冲击。他从前太傲慢，大权在握时，认为可以扭转乾坤，天下无敌，所以他肆无忌惮，对三皇五帝都嗤之以鼻，特别是对大舜，把他两个妻子的湘山祠一把火烧光，而且还砍掉了山上的所有树木。

当年，嬴政可没有认为这是大不敬，但"天启年"的种种"天启"，让他收起了傲慢。人就是人，人定胜天，只是一时，人终究斗不过天。最终，他认为，是自己得罪了大舜，所以才有这些启示的降临。他去云梦，唯一的目的就是赎罪。

但赵高这些话，是不可能说给李斯和蒙毅听的，即使他想说，李斯和蒙毅也不想听。因为揣摩圣意，而且还揣摩得如此有道理，是大逆不道，说的人该诛三族，听的人就是同党，也该诛三族。

其实按赵高的意思，嬴政终于害怕了。这是在“天启年”之前从没有发生过的事。他和他的超级团队建立起这样一个前无古人的大帝国，他认为自己就是天，三皇五帝只不过是个屁。

从咸阳到云梦的路上，李斯敏锐地发现了这点。嬴政所到之处，但凡有古圣先贤的地方，他都要下车，焚香沐浴，祭拜一番。

这是迷信！

李斯向嬴政提出抗议：“皇上，您是千古一帝，为何要祭拜这些人？这太掉价了。”

嬴政不说话，我行我素。

让李斯更疑惑不解的是，嬴政抵达云梦后，居然让人准备最隆重的祭祀仪式，向着九嶷山（传说舜帝葬于九嶷山）遥祭大舜。

李斯张皇奔走，和蒙毅说，和赵高说。

蒙毅也觉得奇怪，赵高却一言不发。每当李斯气急败坏地絮叨时，赵高就说：“公子胡亥还等我给他讲律法，我先走了。”

李斯就和蒙毅絮叨，认为皇上变了，变得像个娘儿们，没有当年雷厉风行、唯我独尊的架势了。统治这样一个错综复杂的大帝国，没有盲目的高度自信，不能坚信自己是神，反而到处崇拜神，这是万万要不得的。

蒙毅说：“这好办，咱们去找皇上问问。”

两人就去觐见嬴政，嬴政开始不见，说是在为大舜祈祷。李斯和蒙毅就在行宫外站着，夜凉如水，嬴政怕冻坏两个人，就把他们请了进来。

李斯单刀直入，问嬴政：“皇上，您这是闹哪一出啊？”

嬴政很祥和地说：“哎呀李斯，我是在祭祀咱们的祖先啊。”

李斯哭笑不得，说：“皇上，打个不恰当的比喻吧，您见过阎王祭拜小鬼的吗？”

嬴政不说话。

蒙毅跳出来说：“皇上，您要真心祭拜大舜，应该上九嶷山当面祭拜才对。如今在云梦，离这么远。说您心不诚吧，的确是祭拜了；说您心诚吧，好像缺了点什么。如果是‘望祭’，那在咸阳城也可以做到，为何跑这么远啊？”

嬴政仍是一言不发。

两人不能像对待囚犯一样，用暴力手段让嬴政招供，所以聊了一会儿，不见嬴政任何回响，就都告辞出去了。

二人出去时，云梦所有的鸡都叫起来，太阳在山后面，射出耀眼的光芒。

李斯向远方望去，不知是真看到了，还是他的幻觉，他突然看到了湘山祠。这一刻，他终于明白了嬴政的心思。

他想和蒙毅说，但终究没有说。当他看蒙毅时，蒙毅也在向湘山祠的方向看，也许，蒙毅也看到了。

因为他隐约听到蒙毅自言自语道：“哦，我明白了。”

没有人敢说出嬴政的心理，但似乎大家都知道了。嬴政这是在向当年火烧湘山祠的鲁莽行为忏悔，弥补他的罪过。

当然，这不是他良知的主动发现，而是被那些天启逼迫出来的。他不到湘山祠去祭拜，就是不想让人窥破其心思。但凡有点智慧的人，都能明白他的心思。

嬴政的忏悔故事在继续上演，在云梦望祭大舜后，他乘船顺长江而下到钱塘江，当时波涛汹涌，掀翻了几艘船。嬴政却很平和，让船只绕路120里，从狭窄的地方渡过，抵达会稽。

嬴政这种平和的行为令李斯吃惊得张大了嘴巴，一直到会稽都没有合上。他仍然清晰地记得，八年前，嬴政在长江上遇到风浪，一面大吼着“朕不是船，朕是大海，再大的海浪也掀不翻大海”，一面就把湘山祠烧了个精光。

皇上变得温和了，李斯却胆战心惊，这绝对不是好兆头，皇帝心软了，这个帝国，如果让心软的皇帝来治理，那就是灾难！

他的所有想法，以及和嬴政的所有沟通，都不能让嬴政变回从前的嬴政，李斯心里升起一股不祥的预感，但到底是什么，他搞不清楚。

在会稽，嬴政把各种祭祀山川神仙的仪式搞了个遍，直到乘船离开会稽去苏州时，嬴政还在船舱里沐浴更衣，抵达江苏南京附近的江乘（今南京栖霞区）时，他停了下来。

他召见了几个术士，让李斯、蒙毅、赵高，还有胡亥都到场，因为他昨晚做了个梦，梦中，他看到大舜指着江乘，又指了指他。

他觉得这是大舜想告诉他什么事。

术士掐指一算，又看了看江乘上空，说："皇上，的确有事。"

术士说的事，就是嬴政做的梦。

嬴政在梦中看到大舜指了指江乘又指了指他，意思是，江乘将有皇帝。用术士的专业术语来说就是，东南有天子气。

李斯认为这是扯淡，皇上梦中大舜指的是江乘，不是东南方。东南方可大了。

术士回答，以防万一，还是东南吧。

嬴政立即恢复了他从前的严酷，说："不如把当地人全部杀掉。"

蒙毅立即阻止说："如果东南真有天子气，杀人解决不了问题啊。"

术士就出主意说："这个其实好办。第一，让河流改向；第二，找座当地比较奇怪的山，揍它一顿；第三，把当地的地名改得很恶心，这就叫破坏它的风水。"

嬴政同意术士的方法，赵高也同意，胡亥插嘴说："父皇，为了稳妥，还是把当地人都杀了吧，咱们又不是没搞过这样的屠杀。"

李斯愕然，蒙毅也惊了一下。嬴政看了看胡亥，又去看赵高。赵高从嬴政迷茫的眼神里揣摩不出意思来，就用最简单实用的手段，跪下说："皇上恕罪，这都是我的过错。"

嬴政深吸一口气，说："你有什么错，胡亥说得对。不过，既然术士有办法去除天子气，杀人的事就免了吧，多此一举干甚。"

去除天子气，其实又是个浩大工程。首先是让河流改向，南京城外有条河叫“藏龙浦”，本来不流经南京城区，但嬴政让它改向，最后，这条河流经南京城区，就是今天的秦淮河。

按术士的讲法，这是让河水进来冲刷天子气。第二件事就是找一座山，术士认为南京南郊的奇山——方山很奇怪，它特别像玉玺，嬴政就让人制作了长长的一条鞭子，术士在上面吹了口气，鞭子就成了神鞭，一群人在山脚下抽打方山。

最后一招则是改地名。今天的南京在秦代时称为金陵，嬴政把它改成“秣陵”，意思是喂马，所以金陵就成了马场。不但如此，嬴政还真把它变成了马场，驱赶了许多马在南京喂养。

今天的南京有山有水，是一座充满文化气息的大城，但在嬴政时代，这里只有成群的马和马粪。

在彻底去除天子气后，嬴政问术士：“可保万无一失吗？”

术士说：“万无一失，我昨天夜观天象，发现此后五百年的天子气消散了。”

嬴政怀疑地点了点头。

术士急忙加了一句：“五百年后的天子气也彻底消散，皇上您的帝国将万万年。”

嬴政放心地点了点头，他跑到海边，沿着海岸线一路向北去琅邪，做他此次出来最重要的一件事：和神仙谈谈。

神仙在哪里

嬴政抵达琅邪的当晚，大海退了潮，整个海面寂静如墓道。嬴政在昏黄的灯光下，注视着海面，海面上全是泡沫，就像死鱼的眼珠子，嬴政始终向往的大海，此时糟透了。

不过第二天早上，大海带着另一个宇宙的空气归来了，浪涛冲击着沙滩，发出哗哗的响声。嬴政高兴得像个孩子，在沙滩上走来走去，让海水浸泡他的脚丫子，如果不是碍于皇帝的身份，他很有可能跳到海里游泳。

他一边在海边玩耍，一边等着他的特别卫队。特别卫队早在他于南京去除天子气时就已派出，任务是找到徐福，而且必须是活的。

徐福这几年干了很多事，他把嬴政给他的童男童女放到了一个极度神秘的地方，并且在那里种植谷物，渐渐建成了一个聚居地。但他还经常回琅邪，他在那个神秘之地常常水土不服，身体大不如前。

可他越是清瘦，越是无精打采，他的创造力就越丰富，他缔造的那个世界，渐渐变成了天堂。有人劝告他，不要回琅邪了，一旦被嬴政捉到，你就玩完了。

徐福说："我和皇上有一段缘未了，必须把这段缘了了，我才能去往另外的空间，长生不死。"

这种胡话，只有他自己相信，所以他时不时在琅邪现身一次，然后又消失不见。嬴政卫队来找他时，他正要出海去他的神秘国度，忽然他眼前一亮，跳下船说："该来的终于来了。"

所以不等嬴政特别卫队捉拿他，他就主动自首，跟着卫队来见嬴政。

两人见面时，大海上出现了无数的海鸟，它们吵嚷着向海面俯冲，然后就掉进海里，再也没有上来。

嬴政见到徐福时，吃了一大惊，徐福瘦成了皮包骨，仿佛海风一吹，他就会跌倒。但嬴政看到徐福的精神很好，却不是那种属于人类的好，是另外一种好，嬴政说不出来。

徐福见到嬴政时，也吃了一惊，嬴政像个失魂落魄的老人，正在地狱门前，拍打着大门，让地狱开门。

两人见面，不胜唏嘘。嬴政没有责怪徐福的言而无信，因为他清醒地认识到，他要徐福做的事，徐福做不到。他这次来，是希望徐福能指引出一条路来，而不是再让徐福去寻找不老药。

徐福实话实说道："我的确见过神仙，但代价太大。神仙所住的世界是另外的空间，它不在我们这个空间，人一旦去了另外的空间，就是世人所认为的白日飞升，就成了神仙。可是，另外的空间也有生老病死，只不过那里的人按照我们的时间来算，活得长久一些罢了。可是，当你在那儿待得久了，就会发现，那儿和我们这儿没有分别。”

嬴政对这种奇思怪论不太相信，他说：“世上有千山万水，有大海，有高山，必有不死奇人。当初我在大海上看到仙宫，就能证明世上的确有神仙，或许是我很多地方做得不对，不能满足神仙对我成仙的要求，但请你指出一条明路，不需要你去走，我来走！”

徐福望着苍老无助的嬴政，心生怜悯。他只好说出自认为可以让眼前这位老人无忧虑地去死的话。他说：“蓬莱岛上的长生不老药是可以弄到手的。可是去求不老药的人都会遭到海上大鱼的阻拦，没有人能躲过大鱼的攻击而顺利登山。若想得到不老药，就必须射杀大鱼。”

徐福还补充道：“大鱼会迷惑人，它们擅长唱歌，在茫茫大海上，人听到它们的歌声时，就会忘记航向，最终消失在大海的另一边。”

嬴政叫来他最信赖的术士，说：“徐福的话，可当真？”

术士说：“半真半假，徐福的法力不足以理解大鱼，其实大鱼就是海神。它能幻化成各种样子，比如大鱼、海水、船只、泡沫，它始终阻挠着人类向仙山进发，因为如果有一个人得到不老药成仙，那神仙世界就将死去一个神仙，海神的任务就是保护这些神仙。”

嬴政点头，觉得这种解释合情合理。他对徐福和术士说：“海神真是好人。尔等真不知我用意，我求不老药，岂是仅为了我自己？我是为了天下百姓，若能大批量生产，这功劳比一统天下还要大。世人不理解我，认为我自私自利，为寻不老药，花费巨资。我不求他们理解，我只做我应该做的事，真相自有大白于天下之时。”

徐福叹了口气，他不是不相信嬴政的话，但相信和不相信，又有什么意义呢？

嬴政和他在海边彻夜畅谈，没有人知道两人谈话的内容是什么，因为包括嬴政最信任的李斯、蒙毅和赵高等人，都在百米之外，望洋兴叹。

夜晚时，苍茫的大海呜咽起来，悲壮地吹出几万年来始终为人类吹奏的曲调，嬴政和徐福观望着大海，一动不动，如同两座塑像。

第二天，徐福不见了。李斯要派人去追，嬴政制止道："是我让他走的。该来的总会来，该走的总会走，这许多年来，我太执着，所以失去了很多人生乐趣。"

嬴政说完这番话，猛地口吐白沫，浑身痉挛。众人大惊，急忙叫来御医。御医在认真地望闻问切后，对众臣说："皇上的疾恐怕要转为病了。"

疾，是不碍事的小病，比如头疼脑热之类的；病，则是大病，有生命危险。

李斯等人露出焦急的神色，但嬴政却突然从床上爬了起来，说道："走，趁我还有精力，咱们去射大鱼。"

士兵们按照嬴政的命令，准备好了捕杀大鱼的工具，还特意给嬴政准备好了秦帝国独有的连发弩，巡狩队伍从琅邪出发，顺着崂山、成山方向绕山东半岛东行，但始终没有见到大鱼的踪影。

一天早上，嬴政还在半梦半醒中，忽然感觉有人在他胸口狠狠地捶了一拳，他哇呀叫出声，众人跑进来，发现他口吐鲜血，已经昏迷不醒。

几个御医跑进来，连捶带做人工呼吸，嬴政才悠悠醒转。他让众人都退下，只留下李斯、赵高、蒙毅三人。

三人面色沉重，嬴政拿出所有的精神头来，对三人说："朕暂时还不会驾鹤西去，所以你们记住了，绝对不能让我听到一个'死'字，否则，诛三族。"

这是圣旨，三人不得不遵从，但三人都能从嬴政最近的表现中看出，死亡正在临近。御医们的脸色很难看，他们用各种草根熬制中药，希望能发生奇迹。

嬴政不相信吃药能带来奇迹，他见过太多人的死亡，知道有些人注定会死去，所以药物的唯一作用，不是改变注定的死亡，而是在延缓死亡。

他用毕生的毅力让自己相信，只要能找到大鱼，射杀它，神仙就会出现，将不老药交到他手上。

“我不是为死亡而来到这个世界的，我将永生。”他看着李斯等三人的脸，极为严肃地说。

三人只好相信嬴政的这种鬼话，跪下来山呼万岁。

几天后，他们终于在颠簸的海上遥遥望见一条大鱼，大鱼在海水中激情地翻滚，嬴政巡狩部队的船只全部围了上去，嬴政就在船上，用他那特制的弩，将那条大鱼射杀。当士兵们把大鱼的尸体抬到岸上时，所有人都认为那不过是一条普通的鲸鱼。

但嬴政却一口咬定，这鱼是海神幻化，神仙马上就来。他忽然就精神抖擞起来，连几个御医都大为惊讶皇上的身体居然可以化腐朽为神奇。

嬴政说：“你们统统给我沐浴更衣，焚香祷告，因为神仙马上就来了。我不希望看到任何人对神仙不敬。”

迫于命令，所有人都脱光了衣服，在海边洗澡，场面之壮观，连当初灭六国时都比不上。

洗澡完毕，众人就都跪在岸边，听着海水咆哮的声音，把无数的泡沫洒在沙滩上，又拿走。

嬴政看着大海，太阳落下海去，海上升起明月，夜色冰凉，有人喷嚏连连。嬴政反感这些惊扰神仙的人，就让人把打喷嚏的人拖到离海边很远的地方斩首。

那天晚上，海上明月看着嬴政带领着几万人在海边跪拜，又看着嬴政下令处决打喷嚏的人，明月观察得烦了，就躲进乌云里，打起了呼噜。

后半夜，嬴政困乏之极，可海上没有一丝神仙的影子。围绕在他身边的术士们闭目养神，自信神仙一定能来。嬴政看着他们，胃里翻腾起来，口中酸水涌上来，他吐了一口，说了句：“好恶心。”

第二天凌晨，大海从遥远的地方如千军万马奔腾而回，波涛拍打海岸，发出惊天动地的响声，有些士兵因为跪得太靠前，而被大海卷走。

大海仍然是大海，连几年前在海边见到的三座仙山都没有出现。嬴政失望了。

他在几个太监的搀扶下，站起来，面向大海，对术士们说：

“你们跟随我多年，坑儒时没有死，说明你们命大，神仙今日未来，我想他们不会来了。”

术士们齐声说：“皇上，神仙世界的时间和咱们的时间不一样，恐怕他已经在路上，不如再等等。”

嬴政点头说：“你们去和神仙说一下，我在咸阳等他。”

术士们惊呼：“皇上，怎么能让神仙去找您呢？”

嬴政说：“你们去吧。”

话音一落，术士身后早已准备好的刀斧手，手起刀落，几十个术士的人头滚落地上。嬴政看着滚落在他脚下的一颗人头，飞起一脚，踢进了海里。

这个动作本是偶然，可当他踢出去一颗人头时，忽然就有了快感，所以他一个接一个地把那些术士的人头，全踢进了大海。

最后，他长出一口气，说了句：“终于完了。”

完是完了，但完的过程，还很艰难。

平原津会议

嬴政巡狩车队离开大海，走到平原津（山东平原县）时，嬴政病情更加沉重，而且产生了无法抑制的幻觉。当他坐在车里时，他总能听到大海的咆哮，他也始终认为自己仍然在海上。

他掀开车帘，卫士们就能看到他悲伤的眼神和苍白的脸，以及那让人望而生畏的紫色双唇。他模糊地看到车窗外的路边，跪拜着他的子民，并向他山呼万岁。

他很高兴，但突然就愤怒起来，找来赵高，训斥道：“怎么会有那么多百姓在路边？”

赵高哑然，很快就回答：“我把他们都杀掉。”

嬴政点了点头，随即又改变主意道：“让他们欢呼吧。”

然后他掀开车帘，缓缓地向路边挥手示意。直到此时，他才对他的子民产生了些许好感，允许他们离自己如此近。

住宿在平原津的那天晚上，他被人从车里抬出来。他仍然能看到好多平民跪在车前，向他叩头。他说：“平身。”但平民们太尊敬、崇拜他了，死都不肯起身。

他意识模糊地对李斯说：“你看，天下如此太平，百姓如此敬我，这就是长生啊。”

李斯眼眶发红，他知道，一个人的幻觉如此深重，离死恐怕就不远了。

他和赵高去找御医，把所有御医都抓起来，让他们说实话。

首先，他想知道，皇上怎么会突然就病得如此严重。

御医们从中医极度专业的角度说：“皇上多年来为处理政事而操劳过度，又多次巡游天下，道路不好，饮食没有规律，今天吃肉夹馍，明天就吃大螃蟹，所以才会病重，而且冰冻三尺，非一日之寒，皇上的病是日积月累而形成的。”

赵高就问：“可还有救？”

御医们说：“除非有灵丹妙药，否则无力回天。”

赵高和李斯对望了一眼，两人商议说：“皇上病重，这些御医却束手无策，该如何是好？”

这个问题，他们两人是没有答案的，唯一的答案在嬴政那里。

两人商议了半天，最终也明白了这个道理，所以就走进关押御医的屋子，让人砍掉了所有的御医，只剩下一个，然后对那个瑟瑟发抖的御医说：“你记住，皇上是不会死的，你若敢和他人透露半个字，诛你三族。”

御医吓得屎尿齐下，急忙叩头。

李斯和赵高干完这件事，浑身轻松，就跑来见嬴政。巧的是，嬴政也想见他们。

两人进入嬴政的临时住所时，蒙毅已经到了，双眼通红，不知道他是哭了，还是最近休息不好的缘故。

嬴政让三人就座，命令太监给三人倒了一杯水。

嬴政的神情极为古怪，如同佛祖准备讲经，他认真地注视着眼前这三个人，注视得眼睛酸疼，才开始说话。

嬴政的语调也大为奇怪，有些语重心长，又有些像是看透了自己的人生。

他说："我终于明白为何我求不到长生不老药了，秦帝国是水德，神仙在海上属于水，水不能征服水，只能征服陆地。所以咱们能征服陆地的东方六国，但无法征服大海。可恨的是，神仙偏偏在海上。"

李斯哑然："皇上，神仙之说，都是那群术士搞的鬼，您现在居然还相信？"

嬴政示意李斯："闭嘴。"

他接着说："我们创造了水德，却奈何不了水，这真是天大的讽刺。大秦帝国是不是要一世而亡？"

三人闻听此话，魂飞天外，全都离开椅子，跪下去，说："皇上乃万万世之帝王，怎么能说这种没有骨气的话啊。"

嬴政要他们起来，指了指自己的头，说："头疼头晕，难受得很。我总能看到很多从前看不到的东西。就在刚刚，我看到大海深处有个巨大无比的黑洞，所有的天地万物都被它吸了进去。大海可以吸纳一切，摧毁一切，净化一切，而我却无法从它那里得到长生不老药，你们说，这是不是天大的讽刺？"

赵高站出来对嬴政说："皇上，您的身体没有问题，只需要回咸阳后精心调养，就能好起来。"

嬴政笑了，苦涩地道："我还能回得了咸阳吗？"

三人又要跪下，嬴政阻止了。

他转向蒙毅，说道："你即刻回咸阳，替我祭祀祖先和山神，让他们保佑我能安然回宫。"

蒙毅激动得要流泪，在这个时候，最不应该走的就是他，他隐约感觉到李斯和赵高头顶飘浮着凶神恶煞，这凶神恶煞不仅针对大秦帝国，还针对着他。

可他向来如此，皇上说什么，他就做什么，而且要做到最好。

蒙毅带着说不出的忐忑走了，嬴政这才对李斯说："你做丞相，我很放心。"

李斯听这话很不对劲，他心想，皇上这是要立遗嘱啊，但为何要支开蒙毅呢？

嬴政当然看出了李斯的心思，于是说："你不要误会，我信任蒙毅要重于你，祭祀山神和祖先是大事，当然要由蒙毅去。"

李斯沉默起来，赵高见缝插针："皇上，早点休息吧，明天还有好远的路要赶。"

嬴政缓缓地从身后拿出一竹简，递给赵高："我死后，你盖玉玺，宣告天下。"

两人又跪下了："皇上，您不会死的，蒙毅已经回去祭祀山神和祖先，他们会保佑你的。呜呜……"

嬴政板起脸来，训斥二人："先别哭丧，我是说一旦我死，听明白没有？"

赵高已经快速地哭成泪人，嬴政要他打开竹简。赵高颤抖着，打开了，上面只有几个字："以兵属蒙恬，与丧会咸阳而葬。"

赵高一看，就知道这遗嘱是写给正在蒙恬军中监军的扶苏的。

他去看嬴政，眼神里有渴望，意思是，没有别的了？

嬴政看了他一眼，吼起来："你还想要啥？"

赵高哇哇大哭，哭声悲伤得可以让佛祖流泪。

嬴政摆手，让他闭上嘴巴，对二人说："我所有儿子中，只有扶苏不在咸阳，我让他回咸阳，很正常的事。你们不要多想。"

两人一面点着头，一面就多想起来，这种事，不由得人不多想。而李斯和赵高的这一多想，就想出了大秦帝国二世而亡的结局。

第六章

帝国倒塌，嬴政不死

不祥之地：沙丘

公元前210年阴历七月初，嬴政的巡狩车队抵达河北平乡县境内的沙丘，一切注定之事，即将发生。

沙丘这个地方，很邪门。传说商纣王曾经在此建造沙丘苑台，设置“酒池肉林”，在玩弄了自己和天下多年后，终于被周武王消灭。战国时期，赵国最伟大的国王赵雍（武灵王）因宫廷内斗而被困于沙丘行宫，被活活饿死。

可以说，这是个不祥之地。嬴政车队本来可以绕过这个地方，但不知什么原因，车队转来转去，终于就转到此地。当嬴政听说此地的名字和历史时，心上一痛，就晕了过去。

醒转时，他看到赵高那张雪白的脸，还有李斯老鼠般的脸。没有蒙毅！

他支撑着爬起来，问了句：“蒙毅呢？”

李斯回答：“此时应该在咸阳祭祖先和山神。”

嬴政想起来了，当然，他想起来更重要的一件事，问赵高：“那道竹简呢？”

赵高从怀里拿出，恭敬地呈上，嬴政想了想，就拿过来，打开看了一眼，然后还给赵高。

他让太监搀扶着，要出去转转。七月的河北，天气酷热，虽然太阳已经下山，但热浪仍然汹涌。嬴政转了几圈，体力已不支，浑身湿透。

李斯和赵高不远不近地跟着，嬴政能听到两人的呼吸，李斯很急促，赵高很平和。

他转过身来，向两人招手。

两人小跑过来，嬴政不怀好意地审视两人：“你们俩有话要说吗？”

两人面面相觑，然后摇头。

嬴政点了点头，转过身去，继续走，前面是一个沙堆，不高，但对于嬴政而言，爬上去可谓比登天还难。

他望着沙丘，对身后二人说话：“你俩要好好做。”

两人心上一惊，他们无法理解这句话，因为这句话不能从字面上理解。

那个晚上，嬴政不停地从噩梦中惊醒，醒来又睡去，睡去又醒来。就这样过了很久，终于，噩梦终止了，他做了个长时间的美梦。在梦中，他见到了十几年来始终想见的神仙。神仙相貌并没有传说中的那样高大上，很像一个秦帝国的士兵。

嬴政向神仙祈求不老药，神仙说：“你随我来。”

嬴政跟在神仙屁股后面，像个欢乐的孩子一样朝阳光里走去。阳光明媚得刺眼，嬴政看东西很模糊，不过那种感觉特别好，所以他根本没想过要停下来，他跟着神仙越走越远，他回头看了一眼，发现自己躺在床上已一动不动。

他恍然大悟，笑了。因为这足以说明自己已经成仙，去往不同于人间的空间，长生不死了。

当李斯和赵高发现皇上已经死去时，嬴政的尸体已经僵硬，尸斑开始慢慢出现。两人当机立断，将那个唯一的御医就地正法，然后留下三个太监，让他们必须严格保密皇上的死讯，并且还让他们坐在嬴政的车里，装成皇上仍然在世的假象。

李斯和赵高之所以这样做，各有想法。李斯想的是，嬴政没有立太子，如果宣布嬴政死讯，那后果不堪设想；而赵高的想法则是，正好趁皇上死讯还没有发布的这个空当，做他想要做的事。

赵高要做的事，是李斯想象不到的，也是他不敢想的。赵高骨子里就有种叛逆，这是李斯所没有的。赵高手上有个超级奇货，而李斯没有。这个奇货比当初吕不韦手中的奇货的价值还要大，他就是胡亥。

胡亥受到的所有教育都来自赵高，赵高懂法，而且能极为巧妙地钻法律的空子，并且搞得人不知鬼不觉。胡亥的性格自私任性，恰好是赵高最理想的徒弟。两人多年来之所以始终相处融洽，和二人的性格和行为方式关系密切。

现在，密谋开始上演。

赵高把嬴政去世的消息通知了胡亥，胡亥只是一惊，并没有过多表情。他对父亲的感情纯粹来自血缘，没有后天的情感培养。父亲的死，在他看来就如同一个他从来没有往来过的亲戚死掉一样。

赵高看到胡亥的表情，认定此事必成。他说："皇上驾崩，并没有留下遗诏封你们几个皇子为王，只给你大哥扶苏留下一封信。你大哥回到咸阳后，可能就直接登上皇帝宝座了。这样一来，你连一寸的封地也得不到，你打算怎么办？"

胡亥认为这不是什么问题："这是理所当然的事情啊，现在我也没有一寸封地。俗话说，明君知臣，明父知子。只要父皇没有下命令分封，做儿子的当然没什么好说的。"

赵高扼腕叹息："你的话错了，当今之际，要么把天下掌握在手中，要么失去控制天下的大权。"

胡亥转动眼珠说："您这话模棱两可，您也说了父皇没说要把皇位传给兄长。况且，真要是给他，又如何，难道让我干掉他吗？不遵父命，这是大逆不道。"

赵高有点急躁了，开始摆事实："商汤、周武王干掉君主，建立王朝，而天下人都称赞说这是义举，没有人骂他们大逆不道。"然后他继续灌输心灵鸡汤："大行不拘细谨，盛德无须辞让。这就是说要干一番大事业，不必拘泥小节，德高不必谦让多虑。正如同各地的村庄有各自的规矩，百官有各自不同的工作一样，情况变了，立场也要跟着变化。所以说，光注意小事而忘了大事，到头来肯定会有灾祸。迟疑不决，拖延误事，将来一定会后悔。不失时机，敢作敢为，鬼神都不敢来阻挡，将来一定会成功的。您赶紧下决心吧。”

胡亥说：“可这事很危险啊，就咱俩？”

赵高说：“如今知道皇上驾崩消息的人只有你和我，还有丞相李斯，另外几个太监不足为虑。只要我们把李斯拉上船，此事必成。”

胡亥说：“父皇刚刚驾崩，丧事还没有操办，怎么能去麻烦丞相大人？”

赵高说：“时机，时机！最关键的就是时机，现在不做，以后就做不了了。”

胡亥问：“李斯能答应吗？”

赵高说：“我了解人性，更了解李斯，这件事交给我。”

胡亥拍手道：“啊哈，老赵，赶紧去吧。”

赵高愣住了，想不到胡亥反转会如此快。胡亥解释道：“谁不想做皇帝？但我怕做不来，可听了你的一番解释，我觉得可以做。赶紧去找李斯啊，还愣在这里作甚！”

李斯的私欲

赵高来找李斯，李斯心事重重。他一个人呆坐着，不知道将去何方。直到此时，他才明白，自己自从和嬴政合作以来，始终是把嬴政当成自己的灵魂的，现在灵魂消散，他就成了行尸走肉。

崭新的未来即将来临，但李斯不知将如何面对这个未来。若干年前，他和嬴政指点着江山，思考着如何运作一个大帝国，希望让它永恒地转动下去；而现在，他不知道该做什么。

这是最麻烦的事，当一个人不知道该做什么时，命运就已经不归自己掌控了。

所以当赵高走进房间，迎着炽热的阳光向他发出致命的一笑时，他终于明白了，命运之神就在这个房间里，而他的代言人可能就是赵高。

赵高找他谈心，开场白毫不新奇："丞相，皇上驾崩前给扶苏写的那封信，您都知道吧？"

李斯点头说："知道。"

赵高像狐狸一样笑出声："哎哟，丞相，您就没从这封信上看到您的命运吗？"

李斯看了眼赵高，说："信上根本没有提到我，何来我的命运之说！"

赵高摇头道："丞相大人，不能看表面，我来给您分析一下吧。"

李斯望着他，神情似乎在说，愿闻高论。

赵高说："皇上让扶苏回咸阳参加葬礼，虽然没有指定他做继承人，可稍有头脑的人都知道，扶苏是皇长子，按传统，这个皇位就该是他的。即使有人反对，也无法反对。因为扶苏和蒙恬的关系非常融洽，蒙恬手里有30万能征善战的士兵。扶苏纵然没有资格继承皇位，这30万士兵也能让扶苏获得这个资格。"

李斯点头说："你说得对，但这和我有什么关系？"

赵高大笑，说："丞相啊，如果扶苏做了皇帝，您觉得他还会让您做丞相吗？一朝天子一朝臣，扶苏必然会让蒙毅做丞相，到时候，整个朝堂之上，就是蒙家天下，您可能就得回家养老了。"

李斯脸色微变，叹口气说："如果事情真如你所说，我也没有办法。"

赵高正色道："李丞相，您年轻时可不会产生这种丢人的想法，当初您从楚国来到秦国，可是凭自己的努力，您那时怎么不说'我也没有办法'的话？"

李斯沉思了一会儿，看见赵高离自己越来越近，就问："你有什么好办法？"

赵高一拍巴掌说："我就等你这句话。如今，皇上的那封信还没有发出，现在只有你、我和胡亥，以及几个微不足道的太监知道皇上驾崩。我手里有玉玺，决定谁是太子，只要你和我还有胡亥就够了。"

李斯听明白了，他思考了许久，说："篡改遗诏，这可不行。"

赵高紧逼道："皇上在，你就能享福；皇上不在了，你是福是祸无法预料。如今只有一招能让你继续享福，那就是让胡亥做继承人。"

李斯大摇其头说："我本是楚国一个小人物，多亏了皇上在万人之中提拔我，让我做丞相，我不能做违背皇上意志的事。"

赵高说："皇上已经死了，他已无法掌控你的命运。你的命运在你自己手中，于你个人而言，扶苏上台，必重用蒙氏兄弟，你就靠边站，这还是最好的，我就担心你死无葬身之地啊。于帝国而言，扶苏上台，必重用儒家，和你的法治截然相反，你到时和皇帝意志相违背，恐怕是生不如死啊。"

李斯仍然摇头，但摇头的幅度明显不如之前。

赵高已逼近他的底线："若想做一只高贵的老鼠，就必须找适合自己的平台，扶苏的平台根本不适合你。而胡亥可是我一手调教大的，他是什么样的人，我一清二楚。他懂法，喜欢用法行事，他在位和皇上在位，有什么区别？况且胡亥还有扶苏没有的品德，待人慈爱温和，轻财重士，头脑聪明，虽然很少说话，但礼贤下士，您这样的人，正是他所需要的。"

李斯的头不再摇动。

赵高最后说："我从胡亥那里来时，胡亥说，'请告诉丞相，一定要像当初吕不韦辅佐我父皇一样辅佐我'。"

李斯"哎呀"了一声，说："这可使不得啊。"

赵高说："您看，胡亥，啊不，皇上对您是多么重视，您现在就能决定自己的命运，为什么偏偏要把命运交给扶苏？"

李斯已浑身发抖，这是他人生中的重大时刻。他必须做出决断。门外，就有他的嫡系卫队，只要他一声令下，赵高就人头落地。但是，赵高这孙子，说得太有道理了。

"你容我想一想。"李斯毫无底气地说。

赵高捶胸顿足道："还想什么！夜长梦多，没有人敢保证明天太阳升起时，是什么样的情景。如今你的前途全都寄托在胡亥那里，我担心如果你犹豫不决，胡亥一旦改变心意，后果就不堪设想。现在马上决定，大丈夫做事，绝不能拖拖拉拉。”

李斯转过身去，想彻底理清思绪，但赵高不给他这个机会，赵高转到他面前，催促道：“丞相，快下决定吧，成败在此一举。”

李斯又转身，赵高跟着他转，两人始终保持着面对面。

李斯被转晕了，最后仰天长叹道：“苍天啊，为何让我生在这样的时代，既然不能死，那我只好把生命寄托在能寄托的人身上了。”

赵高兴奋得发狂，从怀里拿出一捆竹简说：“我已经准备妥当，您的命运就在这里。”

这是一份赵高和胡亥伪造的嬴政遗诏：

> 朕巡天下，祷祀名山诸神以延寿命。今扶苏与将军蒙恬将师数十万以屯边，十有余年矣，不能进而前，士卒多耗，无尺寸之功，乃反数上书直言诽谤我所为，以不得罢归为太子，日夜怨望。扶苏为人子不孝，其赐剑以自裁！将军恬与扶苏居外，不匡正，宜知其谋。为人臣不忠，其赐死，以兵属副将王离。

李斯几乎是捧着竹简，双手哆嗦着看完。看完之后，他霎时万念俱灰。他对扶苏没有感情，对蒙氏兄弟更是如此。但让两人去死，李斯心上仍然过不去。

这说明他还有良知，然而在权力欲望的驱使下，这点良知之光已经泯灭，中国古语云：利令智昏。其实，再大的利益也不会遮蔽智慧，相反，当事人所认为做出的错误决定，正是他人生中最高智慧的体现。

李斯何以要和赵高、胡亥结盟，站在人性的角度来解释，他从年轻时就对权力、利益看得很重，在关键时刻权衡任何事时，利益就是他的判断标准。而站在大秦帝国的角度，他也希望喜欢儒家的扶苏不要上台，他更希望的是和他有共同政见的胡亥上台。

但他永远不知道的是，赵高欺骗了他，胡亥根本就没有什么政见，他只不过是个自私任性的杂种。

嬴政阴魂大起威风

被赵高盖了玉玺的嬴政伪诏被快速送到蒙恬军营，扶苏和蒙恬见了这道诏书后，先是大哭。哭完，扶苏就要自杀。蒙恬一把夺过他的剑，扔在地上，先把来送诏书的使者捆了，讯问道："皇上杀扶苏，立谁为太子？"

使者回答："胡亥。"

蒙恬追问："皇上几十个皇子，为何偏偏立他？"

使者回答不上来了，因为这就不是人能回答的问题，他支吾了半天，才说："皇上要立谁，需要理由吗？"

蒙恬让人把使者推出门外，对扶苏说："只是来了个半真半假的使者，您就自杀，您也太不看重自己的命了。"

扶苏说："父皇始终讨厌我，这道诏书是合情合理的。"

蒙恬说："不对。我最了解皇上，皇上不可能立太子，因为皇上认为自己会永生。而且你发现没有，立的太子偏偏是跟随他巡游的胡亥，这就更让人起疑。"

扶苏哭泣道："蒙将军，我知道你是为我好，但父皇的话就是命令。儿子不听爹的话，算什么儿子？诏书上有玉玺，这显然就是父皇的意思啊。"

蒙恬见无法从正面说服扶苏，只好从不光彩的侧面来说服："您这样想，当初皇上派您来我军中监军，这是多大的重任？您监管30万劲旅，你我的关系又很融洽，皇上如果讨厌你，会把你和我捆绑到一块儿？"

扶苏张大了嘴巴，满脸冒汗，说："蒙将军，您这话是什么意思？"

蒙恬说："皇上很有可能是立你为太子，让您来监军，其实就是让您来锻炼的，将来有能力治国。"

扶苏大摇其头，说：“这只是你一厢情愿的想法，我不管你怎么想，我认个死理，君让臣死，臣不得不死，父让儿亡，儿不得不亡。”

蒙恬痛苦地叫喊起来：“您这是愚孝！”

扶苏也痛苦地回答：“纵然愚，也有个孝在。父皇一直就讨厌我，现在让我死，我已经多活了好多年。”

这话未完，他已经以迅雷不及掩耳之势，抽出蒙恬的佩剑，蒙恬还没反应过来，扶苏已抹了脖子。

蒙恬像头失去了伙伴的狼一样，哀号起来。他哀号的不只是扶苏，还有自己。

扶苏的血都干了，蒙恬才从悲伤中醒过来，他下令放了使者，对使者说：“我是不会自杀的，要杀的话，你们来杀。”

使者不敢，只好先将蒙恬囚禁，回去复命。

扶苏自杀的消息传到胡亥处，赵高和胡亥手舞足蹈。胡亥当场问赵高：“为何蒙恬束手待毙，难道他看不出来诏书有假？”

赵高得意扬扬道：“扶苏和蒙恬，都忠诚于先皇。先皇说什么，他们自然就做什么。蒙恬束手就擒，无非是因为扶苏已死，他没有了可以辅佐的对象，万念俱灰啊。”

胡亥就跳起来说：“哎呀，看来蒙恬真是忠诚，我看就放他一马吧。让他这样的人效忠我，岂不是更好！”

李斯在一旁脸色大变，双手已开始颤抖。赵高及时发现了这个问题，急忙对胡亥说：“万万不可，蒙氏兄弟只忠诚于先皇，万一哪天他们发现了咱们搞鬼，非造咱们的反不可。不但蒙恬要处决，蒙毅也不能留。”

胡亥点了点头说：“就依你说的办。”

（不久后，蒙恬、蒙毅兄弟在监狱被处决。蒙恬和蒙毅在临死前都有反省。蒙恬说：“我该死，因为我动用近百万人修建长城，死伤无数。”蒙毅也反省说：“我也该死，因为我没有保护好皇上，让他孤魂野鬼似的回到咸阳。”）

胡亥说完这句话，就去看了看李斯，问："丞相，我让赵高处理这件事，你没有问题吧？"

李斯顿时惊觉，他的权力在缩小，而且肉眼可见。

但为时已晚，他如今唯一能做的就是服从，希望用无底线的服从换来丞相位置的稳固。

他叩拜胡亥："皇上，我没有意见。"

胡亥坐在那里，抖着双腿，装腔作势道："你平身吧。"

李斯走出胡亥的临时住所时，嬴政的巡狩车队正准备开动，他们的下一站自然是咸阳。而那个李斯在外始终梦牵魂绕的壮丽的大城咸阳，笼罩在一片阴影中。

七月最热的那天晚上，李斯失眠了。他已经很久没有失眠了，而这次失眠可能是他日后无数次失眠的起点。

他在想，事情发展得太顺利了。为什么一道破绽百出的假诏书，就能让扶苏自杀，就能让威风八面的蒙恬束手待毙？

人的理智到底去了哪里？

思来想去，天蒙蒙亮时，他终于想明白了：嬴政阴魂。

自帝国创建之初，嬴政就用严苛的法律和说一不二的命令在统治着这个帝国。整个帝国中，嬴政说什么就是什么，从来没有回旋余地，自然也就从来没有人敢反抗，甚至连质疑都不敢。

嬴政将其手中的权力运用到极致，并且深入帝国的行政机器中，这是一种很难在短时间内消除的后遗症。嬴政亲手制造了这样一个无人敢质疑、反抗的帝国，包括他最亲的人和最信任的人。

然而李斯又想到，那么为什么赵高和胡亥就敢谋逆？

这是个很好的问题，直到巡狩车队上路了，他也没有想得太明白。

他看着沿路被炽热的阳光烤得将要死亡的树木，终于给这个问题找到一个并不完美的答案：严酷之下，并非没有质疑和反抗，只不过没有好机会，或者是没有抓住机会的恶人。

而赵高和胡亥，恰好满足了两个条件：他们是恶人，同时他们有了这样一个机会。

回到自己身上来，李斯最终得出这个问题的答案：人凭借贪欲可以做出不同寻常的事情，这不同寻常的事有好有坏，而大多数时候都是坏的。

发臭的嬴政

嬴政巡狩车队走在荒原上，每个人都热得难以忍受。嬴政的尸体被放在“空调车”里，但尸体已经臭了，赵高出了个鬼主意，在“空调车”的背后特意准备了几辆车，车里放的都是臭鱼烂虾。

臭鱼烂虾掩盖了嬴政尸体的恶臭，鱼的腥味和嬴政的臭味混合在一起，整个车队都被熏得臭气熏天。

嬴政生前绝不会想到，他死后居然和臭鱼烂虾待在一起。然而，这就是人生，你预料的事永不发生，而真正发生的，却往往都是你从没有想过的。

抵达咸阳的赵高和李斯立即找到宰相冯去疾，说了嬴政已死的事情。冯去疾就问李斯：“谁是继承人？”

李斯脑袋一片空白，赵高急忙上前补充道：“当今皇上是胡亥。”

冯去疾看了李斯一眼，觉得李斯苍老了很多，而且毫无生气。这可不是他从前认识的李丞相。

他又问：“为何要囚禁蒙恬和蒙毅？”

李斯还在那里晕着，赵高补充道：“这是先皇的命令，而且还要处决。”

冯去疾吃了一惊，说：“先皇对蒙氏兄弟倍加信赖，怎么会……”

赵高咳嗽了一下，拿出了一人之下，万人之上的威严，训斥冯去疾：“这是猜测圣意，你好大胆子！”

冯去疾要跳起来，和赵高争执，可看到李斯蔫了吧唧的，只好忍了下来。

当夜，冯去疾从一场噩梦中醒来，在梦中，他看到嬴政浑身湿透，神情哀伤，用手指着大海的方向，说："我好臭啊。"

冯去疾马上醒来，整个房间里充满了海水的腥味和死尸的恶臭。他捂住鼻子，跑出门外，觉得这事不太对劲。

所以，他跑去找李斯。李斯不见他。冯去疾越发觉得可疑，他去问所有他能问到的文臣武将："皇上到底是怎么死的？"

所有人都回答他："才抵达咸阳，就去世了。"

冯去疾无可奈何地叹了口气说："李斯啊，你到底做了什么？"

李斯也不知道自己做了什么，冯去疾做噩梦时，他也在神情恍惚中，见到了嬴政。

他一看到嬴政，就魂飞魄散，跪在地上，磕头如捣蒜。

嬴政却很慈悲地让他站起来，而且还让他坐在自己身边。李斯刚贴近嬴政，就喘不过气来，阵阵恶臭，从嬴政的七窍中喷涌而出，李斯被呛得差点昏死过去。

嬴政对他说："不要晕，我有几句话要说。"

李斯频频点头。

嬴政问他："你做了什么事？"

李斯在嬴政面前，绝对不敢撒谎，他没有这个能力，因此他如实相告。

嬴政听完这个阴谋后，不禁点头说："你做得对，胡亥似我，你若能像辅佐我一样用心辅佐他，大秦将会万万年。"

李斯要哭出声来，嬴政拍了拍他的后背，叹息说："可惜啊，有个赵高，你怕是朝不保夕了。"

李斯惊恐地大叫一声，惊醒过来。他一醒过来，就发现，嬴政在房间里，浑身湿透，神情哀伤，和冯去疾见到的一样。

他又叩拜，嬴政要他起来，说："赶紧把我送进骊山陵，进去的人，一个都不要出来。我那些没有怀孕的小老婆，全部扔进去。"

李斯磕头，连连称是。

嬴政叹息了一声，就如同他当初在靠近大海的窗户，望向大海的神山时的叹息一个模样。

他对李斯说：“我没有死亡，我去了另一个空间，那里和这里没有什么分别，只不过人类不知还有另外的空间，所以都惧怕死亡。”

李斯看到嬴政温柔如处女，终于鼓起勇气，问：“另外一个空间是什么？”

嬴政说：“另外一个空间的人也不知道你们这个空间，所以他们也惧怕在那边死亡。其实人就是永生的。只不过，你们这个空间的人不知道我们那个空间的人，反之亦然。”

李斯脑子终于转回来了：“皇上，这么说你又去另外的空间做皇帝了？”

嬴政说：“你想知道吗？”

李斯说：“当然想。”

嬴政说：“我还没有在那个空间站稳脚跟，在你们这个空间就已经臭了。”

显然，这是个双关语。一方面，嬴政说自己的尸体臭了；另一方面，则是说，他的名声也臭了。

但李斯却说：“您永远青春，不可能臭。”

李斯说得对，嬴政是中华第一个皇帝，是他构建了中国的版图，这个版图从此以后再也没有缩小过，被后人不断扩大，终于成为今天的中国；又是他，统一六国和各少数民族，凝聚成了中华民族；更是他，确立了中央集权制，使后来无论多么优秀的人，都要在这个制度里转圈，没有人可以出得去。

嬴政永远不死，是因为他的灵魂始终没有离开，深入每个想要做出惊天动地事业的中国人的心。他希望他的帝国万万世，老天让他如了愿。

李斯说这话时，嬴政已悄然无息地走了。

李斯此时就站在房间里，房间里什么都没有，只有阵阵恶臭，是那种人的尸体和咸鱼混合而成的恶臭。

他回想刚才嬴政和他说的话，但越是回想，越是什么都想不起来。当他走出房门，准备去上朝时，甚至连是否有这样的梦，都不记得了。

他只记得嬴政离开前说的最后一句话：我将永生。

帝国崩溃

嬴政被送进骊山陵后，胡亥和赵高打得火热，天下所有的目光都集中在他两人身上。

嬴政在位时，虽然天下已“苦秦”久矣，但嬴政还能控制住，可胡亥有嬴政的欲望，却没有嬴政的能力，他只想享受权力带来的丰厚利润，却不想承担权力带给他的责任。又由于赵高毫无脑子地操纵，大秦帝国急转直下。

赵高其实只做了两件事，就彻底断绝了大秦帝国的后路。第一件，杀掉嬴政的所有儿子和亲信大臣，这里就包括蒙毅和蒙恬；第二件，让胡亥也效仿嬴政玩神秘。嬴政玩神秘，至少还批阅奏折，但胡亥玩神秘，除了睡女人，什么都不管。

于是，赵高开始一手遮天，掌控大秦帝国。他把一头鹿牵到殿上，说这是马，胡亥叫起来，说这明明是鹿。赵高问众臣，有的说是马，有的说是鹿。事情结束后，赵高把那些说是鹿的全部逮捕，秘密处死。从此，朝堂之上，再也没有人敢和他持不同意见了。大秦帝国此时成了瞎子、聋子。

骊山陵和阿房宫的建设继续进行，赵高认为工程太慢，所以加大力度，从全国各地调派民工，整个帝国怨声载道，愤怒的火焰再也无法压制。

当然，搞建设向来是大秦帝国的主要政治路线，李斯同意赵高的行为，但他不同意赵高把帝国搞成了瞎子和聋子。他不知疲倦地希望当面向胡亥反映这个问题，赵高不停地阻止他，最后，两人陷入了僵局。

赵高认为，此时除掉李斯，时机已经成熟。所以他在胡亥面前不停诽谤李斯，让胡亥坚信，李斯的忠诚只限于嬴政。

胡亥大怒，立即下令逮捕李斯，将李家三族抄斩。秦王国和秦帝国的宰相，几乎没有善终的，商鞅、吕不韦和李斯是典型代表。

据说，李斯在刑场上说了一句话，话是说给儿子听的，其实也是说给他自己听的：要是能牵着小狗到老家的郊区去追赶兔子，该多好啊。

这是李斯的遗言，大人物的小儿语，正因此，才透露出人生的变幻不定。

当李斯和嬴政在黄泉下相逢，嬴政看李斯时，一定是灰头土脸的老鼠模样，而李斯不敢去看嬴政，因为他背叛了嬴政。

李斯一死，大秦帝国在赵高的掌控下加速下坠。

公元前209年，陈胜、吴广在大泽乡竖起抗暴大旗，几个农民在两人的率领下，突然向秦帝国开战。两人当时打出的宣传语是：王侯将相，宁有种乎？

注意这句话，它很重要。

秦国自商鞅变法后，焕然一新，其中有一新是其他诸国都做不到的，那就是在人才任用上的不拘一格，不管你是什么国籍，不管你是什么出身，只要你有才能，对大秦有用，大秦就会把你当成宝贝。

大秦的成功，就依赖此，从前的贵族政治开始和平民政治相结合，最终创造了奇迹。

陈胜、吴广敢说这句话，无非是看到了这点。在他们看来，处于社会最底层的吕不韦和李斯这种人，都能成为大秦宰相，那就说明，帝王将相不是注定的，而是后天努力的结果。

这是大秦给中国留下的最宝贵的财产，陈胜、吴广在名义上继承了这一财产。

不过，陈胜、吴广的这种反叛行为，若是嬴政在时，简直就是闭着眼跳万丈深渊，绝对没有不死的道理。

然而，奇迹出现了，陈胜、吴广这一开战，战出了连锁反应，原东方六国贵族的后裔们纷纷起兵抗秦，并且势如破竹。二十年前，东方六国的正规军在秦帝国兵团面前不堪一击，可这次，秦帝国兵团反而变成了不堪一击的那个。

但我们不能高估了原东方六国贵族后裔们的才能，尤其是军事才能。因为当时大秦帝国的全部主力都在最南和最北，最南的是在两广，根本回不来；最北的则在长城，因为蒙恬的被杀，这支兵团失去了主心骨，再也没有兴趣参加拯救帝国的行动。

抗秦组织里，大多是乌合之众，最闪耀的明星只有两个：原楚国遗民项羽和刘邦。这两人都曾对着嬴政的巡狩车队发出英雄之叹，现在，他们开始竭尽全力实现这个目标。

所有的抗秦兵团，在全国各地横扫秦帝国的民兵势力，最后渐渐逼近秦帝国心脏——咸阳。胡亥在咸阳城玩了多日神秘后，眼皮直跳，后来有人偷偷和他说："大秦的暴民都快进咸阳城了。"

胡亥急忙召开会议，他问赵高："怎么回事？"

赵高说："没事，小小的盗贼而已，已被扑灭。"

胡亥怀疑。

赵高就问众臣："你们说是不是？"

众臣齐声说："是，皇上不必担心。"

胡亥半信半疑，然后就跑去深宫和嬴政留下来的那些美女厮混。就在他厮混到高潮时，赵高带领卫队闯进来，胡亥大感意外。

赵高在这个时候闯进来，是被吓的，他知道遍地的反抗迟早会被胡亥知道，不如先下手干掉胡亥，再立新君。

胡亥问赵高："你这是干什么？"

赵高回答："杀你，谢天下。"

胡亥恍恍惚惚地问："为啥要谢天下？"

赵高说："现在这个局势，如同您老子出生时一样，已经乱成一锅粥。"

胡亥清醒了些："老赵，原来遍地反抗是真的啊。"

赵高说："是真的，都是你闹的。"

胡亥委屈万状道："怎么是我闹的，我自从做了皇帝，除了和美女睡觉，所有事都交给你在做啊。我啥都没做啊。"

赵高以哲学家的思辨说："就因为你啥都没做，所以一切都是你做的。你赶紧受死吧。"

胡亥知道，老赵这次是玩真的了。

他请求做回秦王。

赵高说："你老子的制度里没有这条。"

胡亥又请求道："那就给我点金银财宝，我去隐居。"

赵高说："员工可以说走就走，没听说做最高领导人的也能这样。"

胡亥暴跳如雷，吼道："老赵，你这是逼我死啊。"

赵高说："没错。"

说完，手起刀落，胡亥的人头滚到地面，嘴巴张着，眼中全是愤怒和茫然。

大秦帝国第二任领导人，就这样糊里糊涂地死掉了。

如果我们仍然记得卢生胡说的"亡秦者，胡也"的话，我们就会坚信，有些时候，命运真就是注定的，不注定这个就会注定那个。灭秦的不是胡人（匈奴），而恰好是嬴政的好儿子胡亥。

胡亥一死，赵高早有准备，他另立胡亥的侄儿子婴为帝。可子婴才当了两天皇帝，赵高就急吼吼地把他从皇帝降格为王。

按赵高的思路，那些六国贵族后裔之所以反叛，就是因为秦帝国灭了他们的国，如果秦帝国再变回秦王国，那么，大家又可以像从前那样，各自为政地相处了。

自此，嬴政和他的祖先们千辛万苦打造的庞大帝国，被赵高悄无声息地灭掉。大秦帝国在十几年时间里，创造了无数血腥和罪恶后，就这样吊诡地玩完了。

赵高的一厢情愿，不但没让六国贵族后裔满意，也没让秦王国国王子婴满意。子婴联合几个亲信，把赵高诱进宫中，斩杀。

在灭掉大秦帝国不足一个月后，赵高也被灭掉。

子婴试图力挽狂澜，但这已不可能。在做了46天的秦王国国王后，刘邦兵团抵达咸阳郊区，子婴出门投降，重建不到50天的秦王国，转瞬灭亡。刘邦没有杀子婴，可不代表子婴安全了。

一个多月后，残暴的项羽进入咸阳城，杀掉子婴，彻底灭掉了秦国。

大秦帝国只在人间存在了14年（公元前221—公元前207），就和它的创建者嬴政一样，永远地离开了人间。

当嬴政在另一个空间，重新开始他的传奇时，不知是否会想到这样一个问题：一切都是个笑话，从他寻找神仙到他说大秦帝国存在万万年，他人生中最重要的两件事全部成了笑话。

而只有他自己，成了中华传奇。

帝国何以快速崩溃

最后，我们要探讨的是嬴政所建立的帝国为何如此快速地崩溃。值得注意的一点是，以下这些分析，都是事后诸葛亮的分析，它不是绝对的真理。它如果是正确的，那也只是部分正确。而且，会有相反的证词来证明它的不正确。

第一：不能及时转向。嬴政和李斯建立大秦帝国后，按儒家思路，应该休养生息，正如马上得天下，不能马上治之一样。但是，秦帝国把对手从战场上转到社会上，从前不停的征战杀伐已让民力疲惫，后来又大搞基建，民力更为不堪。天下苦秦已经很久，嬴政和李斯却好像浑然不知。

这种分析，看上去头头是道。但正如李斯所指出的那样：我们在很短的时间内吞吃了六国，还没有消化，他们的怨恨还在，如果让他们休养生息，那就是给他们的贵族遗民积攒反抗的时间和精力，所以必须折腾他们。

第二：胡亥。亡秦者的确是胡——胡亥，胡亥这个人没有嬴政的智慧，再加上赵高的阴谋，导致帝国的灵魂——李斯被杀，局势遂一发不可收拾。

这种分析，同样有道理。但反过来想，如果继任者不是胡亥，而是扶苏，秦帝国能活下去吗？扶苏上台，必不重用李斯，蒙毅和蒙恬虽然有才能，但和李斯不是一个量级。所以，扶苏上台，也可能只是延缓帝国崩溃的命运，并不能让行将就木的帝国起死回生。其实到了嬴政死亡时，秦帝国已经提前穿上了寿衣，经过若干年的折腾，大秦帝国的地盘虽然广大，然而经济已接近崩溃。嬴政在咸阳城被刺杀的那年，秦帝国境内粮食价格暴涨数十倍，这是通货膨胀，典型的经济危机。

第三：不实行分封制。分封制和郡县制之争，在秦帝国史上发生过两次，最后一次还造成了焚书暴行。分析者认为，如果秦帝国实行分封制，那当全国大乱时，封国就会帮助中央削平暴乱。

这种分析，又犯了个致命错误，那就是，嬴政和李斯绝对不可能实行分封制，所以就没有讨论的必要。

第四点，也是很多人不曾留意到的：嬴政有生之年，并没有立皇后，更没有立太子。一种说法认为嬴政觉得自己肯定能长生，所以根本不用立太子。如果能提前立太子，就不会发生赵高、胡亥篡夺政权之事。但嬴政这人非常苛刻，他的几十个儿子里，似乎没有让他完全满意的。至于立皇后，嬴政的老妈对他的影响太大。他老娘掌管权力十年，而且还搞外遇，这就让他对后宫立后之事很反感，认为女人一旦守寡，就不会安分。倘若他能立个皇后，那就多了个权力中心，胡亥和赵高也不会快速把帝国搞垮。

最后一点，秦帝国之所以快速崩溃，可能就因为它的制度太超前了。公元前221年，嬴政建帝国实行中央集权时，整个地球上，至少有三分之二的人还在部落、部落联盟、政权联合体的落后制度中自娱自乐。没有人敢想象，一个人可以直接统治万万人。

这就像今天，有的人还在坐牛车，而有的人已经开始驾驶飞机。人类创造一个崭新的事物，固然让人眼前一亮，但绝对称不上震撼。能创造一个崭新的制度，那才叫震撼。

可正因为是崭新的制度，创建它的人在运用和保护它上面，就毫无经验，只能摸着石头过河。

我们不能责怪嬴政和李斯把这个崭新的制度搞砸了，他们最伟大的地方是敢于想象，敢于创新，并且知行合一。中国之后的汉唐元明清的帝王将相们无论多么杰出，都不得不承认，嬴政和李斯是他们不可更改的祖宗。

认准读客熊猫

读客所有图书，在书脊、腰封、封底和前后勒口都有“**读客熊猫**”标志。

两步帮你快速找到读客图书

1. 找读客熊猫

2. 找黑白格子

图书在版编目（CIP）数据

秦始皇：创造力一统天下 / 度阴山著 . -- 南京：
江苏凤凰文艺出版社，2019.4（2025.10 重印）
（读客这本史书真好看）
ISBN 978-7-5594-3453-1

Ⅰ . ①秦… Ⅱ . ①度… Ⅲ . ①秦始皇（前 259- 前
210）- 传记 Ⅳ . ① K827=33

中国版本图书馆 CIP 数据核字 (2019) 第 050069 号

秦始皇：创造力一统天下

度阴山 著

责任编辑	丁小卉
特约编辑	乔佳晨　蔡若兰
装帧设计	读客文化　021-33608311
责任印制	刘　巍
出版发行	江苏凤凰文艺出版社
	南京市中央路 165 号，邮编：210009
网　　址	http://www.jswenyi.com
印　　刷	三河市龙大印装有限公司
开　　本	710 毫米 ×1000 毫米 1/16
印　　张	19
字　　数	366 千字
版　　次	2019 年 4 月第 1 版
印　　次	2025 年 10 月第 21 次印刷
标准书号	ISBN 978-7-5594-3453-1
定　　价	49.90 元